# Sammlung Außerdeutscher Strafgesetzbücher
## in deutscher Übersetzung

Herausgegeben von
Professor Dr. Hans-Heinrich Jescheck,
Direktor des Instituts für ausländisches und internationales Strafrecht
an der Universität Freiburg i. Br.
und Professor Dr. Gerhard Kielwein, Saarbrücken

## LXXXVI.

# Entwurf eines amerikanischen Musterstrafgesetzbuches
## (Model Penal Code)

Berlin 1965

Walter de Gruyter & Co.

vormals G. J. Göschen'sche Verlagshandlung · J. Guttentag, Verlagsbuchhandlung · Georg Reimer · Karl J. Trübner · Veit & Comp.

# Entwurf eines amerikanischen Musterstrafgesetzbuches

**vom 4. Mai 1962**

Übersetzt, eingeleitet und mit Anmerkungen versehen von

Dr. Richard M. Honig
Professor an der Universität Göttingen

Berlin 1965

Walter de Gruyter & Co.

vormals G. J. Göschen'sche Verlagshandlung · J. Guttentag, Verlagsbuchhandlung · Georg Reimer · Karl J. Trübner · Veit & Comp.

Gedruckt mit Unterstützung der Gesellschaft für Rechtsvergleichung

Archiv-Nr.: 2 463 65 1

Satz und Druck: Thormann & Goetsch · Berlin 44

# VORWORT

Das fast gleichzeitige Erscheinen des deutschen Entwurfs eines Strafgesetzbuchs vom Jahre 1962 und des amerikanischen *Model Penal Code* vom 4. Mai 1962 (mit Veränderungen und redaktionellen Verbesserungen vom 30. Juli 1962) legt die Frage nahe, inwieweit die Allgemeinen Grundsätze, die Deliktstatbestände wie auch die Vorschriften über Strafen, Strafbemessung, -aussetzung und -vollstreckung, schließlich auch über Besserungsmaßnahmen in sachlicher und formaler Hinsicht von einander abweichen. Unzweifelhaft wäre dem Vergleich am besten damit gedient, daß die Originaltexte gegeneinander gehalten würden. Daß nichtsdestoweniger das amerikanische Musterstrafgesetzbuch hier in deutscher Übersetzung vorgelegt wird, erscheint im Hinblick auf die Schwierigkeiten gerechtfertigt, die die amerikanische Gesetzessprache dem Ausländer bereitet, einmal durch zahlreiche termini technici, für die es in der deutschen Rechtssprache keine gleichwertigen Begriffe gibt, deren Sinn daher nur durch Umschreibungen wiedergegeben werden kann, außerdem aber auch aufgrund der ungewöhnlich langen, verschiedene Gesichtspunkte zusammenfassenden Satzgebilde.

Das amerikanische Musterstrafgesetzbuch ist nicht — wie der deutsche Entwurf — eine amtliche Gesetzesvorlage, ist vielmehr von dem *American Law Institute,* einer privaten Vereinigung, nach zehnjährigen Vorarbeiten als Modell eines Strafgesetzbuchs aufgestellt worden. Den 50 Einzelstaaten, die zusammen die Vereinigten Staaten bilden, steht es frei, zu diesem Musterstrafgesetzbuch — wenn überhaupt — in der Weise Stellung zu nehmen, daß sie es entweder als ein Ganzes oder teilweise an die Stelle ihrer Strafgesetze einführen, oder den Vorschriften von Teil I, „Allgemeine Bestimmungen“, und Teil II, „Begriffsbestimmungen der Straftaten“, in der Rechtsprechung, dem Teil III „Behandlungsmethoden und Besserungsmaßnahmen“, und Teil IV, „Organisation der Besserungsanstalten“, im Verwaltungswege Rechnung tragen. Die Vorschriften der Teile III und IV scheinen mir, von wenigen Ausnahmen abgesehen, dank der bis ins einzelne gehenden Regelungen einer Erklärung durch Anmerkungen nicht zu bedürfen. Anders die Begriffsbestimmungen der Straftaten, Teil II, insbesondere insoweit es sich um spezifisch amerikanische Tatbestandsmerkmale handelt. In bezug auf die „Allgemeinen Bestimmungen“, Teil I, könnte außer den die einzelnen Vorschriften erläuternden Anmerkungen eine systematische Zusammenfassung erwünscht erscheinen. Hiervon konnte jedoch abgesehen werden, weil ich eine solche in zwei, in der Zeitschrift für die gesamte Strafrechtswissenschaft, 75. Band S. 63 bis 97 und 77. Band S. 37 bis 59 veröffentlichten Aufsätzen zu geben versucht, außerdem auf die weitverzweigte Behandlung des Irrtums in meiner Abhandlung „Die Regelung des Irrtums im *Model Penal Code*" in der Monatsschrift für Kriminologie und Strafrechtsreform, 47. Jahrgang, S. 137 bis 152, hingewiesen habe.

In den Anmerkungen habe ich mich auf die Bemerkungen der Berichterstatter zu den 13 „*Tentative Drafts*" (abgekürzt Dt.... S ...), in denen die Vorarbeiten vom Jahre 1953 bis zum Jahre 1961 zusammengestellt und mit Begründungen versehen sind, gestützt, ergänzungsweise zuweilen auch auf mein Amerikanisches Strafrecht, in Das ausländische Strafrecht der Gegenwart, Vierter Band, 1962. Im *Model Penal Code* selbst sind jeder Sektion redaktionelle Bemerkungen angefügt, die für die Entstehungsgeschichte der Vorschriften von Interesse sind. Wo ausnahmsweise eine sachliche Erklärung eingestreut ist, wurde, soweit erforderlich, auf diese unter der Abkürzung „Erltrg." bezug genommen. Klammern innerhalb einzelner Vorschriften deuten an, daß es sich nur um Vorschläge handelt, die von den Einzelstaaten durch andere Regelungen, insbesondere im Hinblick auf Zuständigkeitsfragen, ersetzt werden können. Wo in der Übersetzung ganze Sätze oder Sektionen in eckige Klammern gesetzt sind, dürften die Berichterstatter, außer der Möglichkeit einer abweichenden Regelung, den Fortfall der Vorschrift den den Code annehmenden Staaten anheimgestellt haben.

Befremden mag die durchgängige Verwendung des Begriffs „Besserungsanstalten" anstelle von „Strafanstalten" erregen. Diese Verwendung ist jedoch durch Sektion 401.1 (1) nahegelegt. Hier wird die Zentralverwaltung der Besserungsanstalten *(Department of Correction)* für zuständig erklärt, Besserungsanstalten zu errichten, zu unterhalten und zu verwalten, zugleich jedoch darauf hingewiesen, daß unter „*correctional institutions*" auch Gefängnisse, Besserungsanstalten für Jugendliche, Aufnahmezentralen, Herbergen für bedingt Entlassene usw. fallen. Dementsprechend ist der Leiter einer Strafanstalt, sofern es sich nicht um Anstalten für kurzfristige Freiheitsentziehung handelt, bei denen der Besserungszweck der Natur der Sache nach zurücktritt, „*warden or other administrative head of a correctional institute*" genannt. Dort freilich, wo im Code die Wörter „*prison*" und „*prisoner*" verwendet sind, ist in der Übersetzung von „Gefängnis" und „Gefangener" die Rede.

Bei der Bezifferung der Sektionen haben die Verfasser des Code, der Möglichkeit der Einfügung weiterer Vorschriften Rechnung tragend, das Dezimalsystem zugrunde gelegt. Dadurch wird für neue Vorschriften Raum gelassen und zugleich die Überlastung ein und derselben Nummer durch späteres Hinzufügen von a, b, c, usw. vermieden.

Göttingen, im Februar 1965 Dr. Richard M. Honig

# INHALTSVERZEICHNIS

## Teil I

## Allgemeine Bestimmungen

### Artikel 1

### EINLEITENDE BESTIMMUNGEN



### Artikel 2

### ALLGEMEINE GRUNDSÄTZE DER VERANTWORTUNG

Artikel 7

BEFUGNISSE DES GERICHTS BEI FESTSETZUNG DER STRAFE

## Teil II

## Begriffsbestimmungen der Straftaten

### Straftaten gegen den Bestand oder die Sicherheit des Staates



### Straftaten gegen die Person

Artikel 210

STRAFTATEN GEGEN DAS LEBEN



Artikel 211

KÖRPERVERLETZUNG; LEICHTFERTIGE GEFÄHRDUNG; DROHUNGEN



Artikel 212

MENSCHENRAUB UND VERWANDTE STRAFTATEN; NÖTIGUNG



Artikel 213

STRAFTATEN GEGEN DIE SITTLICHKEIT

## Straftaten gegen das Eigentum

### Artikel 220
### BRANDSTIFTUNG, STRAFBARE SCHADENSZUFÜGUNG UND JEDE ANDERE ZERSTÖRUNG VON EIGENTUM



### Artikel 221
### EINBRECHEN UND ANDERES STRAFBARES EINDRINGEN



### Artikel 222
### RAUB



### Artikel 223
### DIEBSTAHL UND VERWANDTE STRAFTATEN



### Artikel 224
### FÄLSCHUNG UND BETRÜGERISCHE MACHENSCHAFTEN

**Straftaten gegen die Familie**

Artikel 230

STRAFTATEN GEGEN DIE FAMILIE



**Straftaten gegen die öffentliche Verwaltung**

Artikel 240

BESTECHUNG UND UNMORALISCHE BEEINFLUSSUNG

## Artikel 306

## VERLUST UND WIEDERHERSTELLUNG VON RECHTEN IN VERBINDUNG MIT VERURTEILUNG ODER GEFÄNGNISSTRAFE

Sektion Seite

## Teil IV

## Organisation der Besserungsanstalten

### Artikel 401

### VERWALTUNG DER BESSERUNGSANSTALTEN



### Artikel 402

### AUSSCHUSS FÜR BEDINGTE ENTLASSUNG



### Artikel 403

### VERWALTUNG DER ANSTALTEN



### Artikel 404

### ABTEILUNG FÜR BEDINGTE ENTLASSUNG

## Teil I
# ALLGEMEINE BESTIMMUNGEN
## Artikel 1
## EINLEITENDE BESTIMMUNGEN
### Sektion 1.01
### Titel und Zeit des Inkrafttretens

(1) Dieses Gesetz ist Penal and Correctional Code genannt und kann als P. C. C. zitiert werden. Es soll am ..... in Kraft treten.

(2) Abgesehen von der in den Unterabschnitten (3) und (4) dieser Sektion vorgesehenen Regelung findet der Code keine Anwendung auf Gesetzesverletzungen, die vor seinem Inkrafttreten begangen sind. Für Strafverfahren wegen solcher Gesetzesverletzungen ist das zuvor geltende Recht maßgebend, das insoweit in Geltung bleibt, als ob dieser Code nicht in Kraft wäre. Im Sinne dieser Sektion ist eine Gesetzesverletzung vor Inkrafttreten des Code begangen, wenn ein Tatbestandsmerkmal der Gesetzesverletzung vor diesem Zeitpunkt verwirklicht wurde.

(3) In einer bis zum oder nach Inkrafttreten des Code anhängigen Strafsache, die eine vor diesem Zeitpunkt begangene Gesetzesverletzung zum Gegenstand hat:

(a) sind die Verfahrensvorschriften des Code insoweit maßgebend, als sie billigerweise anwendbar sind, und ihre Anwendung weder Verwirrung hervorruft, noch eine Verzögerung nach sich zieht;

(b) sind mit Einwilligung des Angeklagten Vorschriften des Code anzuwenden, soweit sie eine Verteidigung oder mildernde Umstände zulassen;

(c) ist das Gericht mit Einwilligung des Angeklagten befugt, die Strafe gemäß den Vorschriften des Code zu bestimmen, soweit sie auf die Gesetzesverletzung und den Täter anwendbar sind.

(4) Bestimmungen des Code betreffend die Behandlung und bedingte oder endgültige Entlassung von Gefangenen, sowie der unter Strafaussetzung zur Bewährung und der bedingt Verurteilten sind auf Personen anzuwenden, die wegen Gesetzesverletzungen, begangen vor Inkrafttreten des Code, bestraft worden sind, abgesehen davon, daß das Mindest- oder Höchstmaß ihrer Gefangenhaltung bzw. Beaufsichtigung in keinem Falle heraufgesetzt werden darf.

## Sektion 1.02
**Ziele; Auslegungsgrundsätze**

(1) Die allgemeinen Ziele der für die Begriffsbestimmungen der Gesetzesverletzungen maßgebenden Vorschriften sind:

(a) ein Verhalten zu verbieten und zu verhindern, das ungerechtfertigter- und unentschuldbarerweise den Interessen Einzelner oder der Allgemeinheit beträchtlichen Schaden zufügt oder zuzufügen droht;

(b) diejenigen Personen öffentlicher Überwachung zu unterwerfen, deren Verhalten darauf schließen läßt, daß sie dazu neigen, Straftaten zu begehen;

(c) schuldloses Verhalten vor Verurteilung zu schützen;

(d) in angemessener Weise vor einem Verhalten zu warnen, das als Gesetzesverletzung gekennzeichnet ist;

(e) auf Grundlage vernünftiger Erwägungen zwischen schweren und leichten Straftaten zu unterscheiden.

(2) Die allgemeinen Ziele der Vorschriften über Bestrafung und Behandlung von Straffälligen sind folgende:

(a) die Begehung von Gesetzesverletzungen zu verhindern;

(b) die Besserung und Rehabilitation von Verurteilten zu fördern;

(c) Rechtsbrecher vor zu harter, unverhältnismäßig hoher oder willkürlicher Bestrafung zu schützen;

(d) in angemessener Weise vor den Strafen zu warnen, die bei Verurteilung wegen einer Gesetzesverletzung verhängt werden können;

(e) Rechtsbrecher im Hinblick auf ihre Persönlichkeit unterschiedlich zu behandeln;

(f) die Befugnisse, Pflichten und Funktionen der Gerichte und Vollstreckungsbeamten und -behörden, denen es obliegt, sich mit Rechtsbrechern zu befassen, begrifflich zu bestimmen und aufeinander abzustimmen;

(g) die Anwendung allgemein anerkannter wissenschaftlicher Methoden und Grundsätze bei der Strafbemessung und Behandlung von Rechtsbrechern zu fördern;

(h) die Verantwortung für einheitliche Handhabung des Besserungssystems der staatlichen Verwaltung der Besserungsanstalten (oder einer anderen einzelnen Abteilung oder Behörde) zu übertragen.

(3) Die Vorschriften des Code sind gemäß der allgemein anerkannten Bedeutung ihrer Begriffe auszulegen. Läßt die Ausdrucksweise verschiedene Auslegungen zu, dann ist sie so zu deuten, daß sie den in dieser Sektion genannten allgemeinen Zielen und den besonderen Zwecken der Einzelvorschrift gerecht wird. Die durch den Code eingeräumte Ermessensfreiheit[1] soll gemäß den im Code vorgesehenen

Kriterien ausgeübt werden; sind diese Kriterien nicht anwendbar, dann soll sie die in dieser Sektion genannten allgemeinen Ziele im Auge behalten.

### Sektion 1.03
### Örtlicher Geltungsbereich

(1) Sofern in dieser Sektion nichts anderes bestimmt ist, kann eine Person gemäß dem Recht dieses Staates[2] wegen einer Gesetzesverletzung, begangen durch ihn selbst oder durch einen anderen, für den er rechtlich verantwortlich ist, verurteilt werden, wenn:

(a) entweder das Verhalten oder der Erfolg als Tatbestandsmerkmal der Gesetzesverletzung innerhalb dieses Staates verwirklicht ist; oder

(b) ein Verhalten außerhalb des Staates gemäß dem Recht dieses Staates den Versuch[3] einer Gesetzesverletzung innerhalb des Staates darstellt; oder

(c) ein Verhalten außerhalb des Staates gemäß dem Recht dieses Staates sich als eine Verabredung zur Begehung einer Straftat innerhalb des Staates erweist, und eine, solch eine Verabredung fördernde Tätigkeit innerhalb des Staates vorgenommen wird; oder

(d) ein Verhalten innerhalb des Staates eine Teilnahme an der Begehung oder an dem Versuch, der versuchten Anstiftung oder Verabredung darstellt, in einem anderen Jurisdiktionsbezirk eine Straftat zu begehen, die nach dem Recht dieses Staates gleichfalls eine Straftat ist; oder

(e) die Gesetzesverletzung in der Unterlassung einer rechtlichen Pflicht zum Handeln besteht, welche dem Unterlassenden nach dem Recht dieses Staates im Hinblick auf seinen Wohnsitz, seinen Aufenthaltsort oder auf die Beziehung zu einer Person,

---

[1] Die Hervorhebung der Ermessensfreiheit *(discretionary powers)* bedeutet Abkehr von dem Grundsatz des *common law*, wonach Vorschriften der Strafgesetze wortgetreu auszulegen sind *(to be strictly construed)* (Dt. 2 S. 5 f.).

[2] Mit dem „Recht dieses Staates" wird den Jurisdiktionsverhältnissen in den Vereinigten Staaten Rechnung getragen: der sich gegenseitig ausschließenden Jurisdiktionsgewalt der 50 Einzelstaaten. Sie fordert die Unterscheidung von Gesetzesverletzungen „innerhalb des Staates" und „außerhalb des Staates". Nur für die Strafgesetze der Einzelstaaten, nicht auch des Bundes, sind die Bestimmungen des MPC als Mustervorschriften gedacht (Dt. 5 S. 4).

[3] Der „Versuch" umfaßt hier alle einleitenden *(inchoate)* Straftaten des Artikel 5, also außer dem Versuch i. e. S. *(attempt)* das zu-bestimmen-Versuchen *(solicitation)* und die Verabredung *(conspiracy)* (Dt. 5 S. 5).

einer Sache oder einer in dem Staat vollzogenen Tätigkeit auferlegt ist[4]; oder

(f) ein Gesetz dieses Staates ausdrücklich ein bestimmtes Verhalten außerhalb dieses Staates verbietet und solch ein Verhalten geeignet ist, ein rechtlich geschütztes Interesse dieses Staates zu beeinträchtigen und der Täter dies weiß oder wissen sollte.

(2) Unterabschnitt (1)(a) findet keine Anwendung, wenn entweder die Verursachung eines besonderen Erfolges oder die Absicht, solch einen Erfolg zu verursachen, oder die Möglichkeit seiner Verursachung Tatbestandsmerkmal einer Gesetzesverletzung ist, und der Erfolg in einem anderen Jurisdiktionsbezirk eintritt oder eintreten sollte oder wahrscheinlich eintreten wird, in dem das zur Last gelegte Verhalten nicht eine Gesetzesverletzung darstellt, es sei denn, die Absicht des Gesetzgebers ist klar erkennbar, das Verhalten ohne Rücksicht auf den Ort des Erfolgseintritts für strafbar zu erklären.

(3) Unterabschnitt (1)(a) findet keine Anwendung, wenn die Verursachung eines besonderen Erfolges Tatbestandsmerkmal einer Gesetzesverletzung ist, der Erfolg jedoch durch ein Verhalten außerhalb des Staates verursacht wurde und dieses Verhalten eine Gesetzesverletzung nicht darstellen würde, wenn der Erfolg dort eingetreten wäre, es sei denn, der Täter hatte absichtlich oder wissentlich so gehandelt, daß der Erfolg innerhalb des Staates eintrat.

(4) Handelt es sich um eine Tötung, dann ist der Tod des Opfers oder die den Tod verursachende Einwirkung auf den Körper ein „Erfolg" im Sinne des Unterabschnitts (1) (a). Es ist zu vermuten, daß der Erfolg in dem Staat eintrat, in dem der Körper des Opfers aufgefunden wurde.

(5) Der Begriff „dieser Staat" umfaßt Land, Wasser und Luftraum über dem Land und Wasser, innerhalb deren Grenzen dem Staat Gerichtsbarkeit zusteht.

## Sektion 1.04
### Arten der Straftaten; Übertretungen[5]

(1) Eine in diesem Code oder in einem anderen Gesetz dieses Staates begrifflich bestimmte Gesetzesverletzung, wegen deren eine Bestrafung mit (Tod oder) Freiheitsentziehung zulässig ist, ist eine Straftat. Straftaten sind abgestuft in Verbrechen (*felonies*), Vergehen (*misdemeanors*) oder leichte Vergehen (*petty misdemeanors*).

---

[4] Gleichviel ob der Unterlassende sich zu der Zeit, als er hätte handeln sollen, innerhalb oder außerhalb des Staates befand (Dt. 5 S. 7).

[5] Die Gegenüberstellung von Straftaten *(crimes)* und Übertretungen *(violations)* entspricht der im Code vertretenen Auffassung, daß Übertretungen nicht länger als strafbare Handlungen, sondern als „nicht strafrechtliche Gesetzesverletzungen" (*non-criminal offenses*) angesehen werden sollen. Eindeutig ausgesprochen ist dies im Unterabschnitt (5) dieser Sek-

(2) Eine Straftat ist ein Verbrechen (*felony*), wenn in diesem Code als solches bezeichnet, oder wenn der Verurteilte mit (dem Tode oder) Freiheitsentziehung von mehr als einem Jahre zu bestrafen ist, sofern nicht eine verlängerte Freiheitsstrafe anwendbar ist.[6]

(3) Eine Straftat ist ein Vergehen (*misdemeanor*), wenn sie in diesem Code oder in einem anderen nach diesem Code erlassenen Gesetz als solches bezeichnet ist.

(4) Eine Straftat ist ein leichtes Vergehen (*petty misdemeanor*), wenn sie in diesem Code oder in einem anderen nach diesem Code erlassenen Gesetz als solches bezeichnet ist, oder wenn sie in einem anderen Gesetz als diesem Code begrifflich bestimmt ist, der nunmehr bestimmt, daß die dieser Tat wegen Verurteilten mit Freiheitsentziehung von weniger als einem Jahr zu bestrafen sind.

(5) Eine in diesem Code oder in einem anderen Gesetz dieses Staates begrifflich bestimmte Gesetzesverletzung ist eine Übertretung (*violation*), wenn sie in diesem Code oder in dem sie begrifflich bestimmenden Gesetz als solche bezeichnet ist, oder wenn keine andere Strafart als Geldstrafe oder Geldstrafe in Verbindung mit Einziehung oder einer anderen zivilrechtlichen Strafe aufgrund der Verurteilung zulässig ist, oder wenn sie in einem anderen Gesetz als diesem Code begrifflich bestimmt ist, der nunmehr bestimmt, daß diese Gesetzesverletzung nicht eine Straftat ist. Eine Übertretung (*violation*) stellt nicht eine Straftat dar; daher soll eine Verurteilung wegen einer Übertretung (*violation*) nicht irgendeine rechtliche Unfähigkeit oder einen rechtlichen Nachteil zur Folge haben, wie sie mit einer Verurteilung wegen einer Straftat verbunden werden können.

(6) Eine Gesetzesverletzung, die das Recht als Straftat erklärt, ohne ihre Art[7] oder die aufgrund einer Verurteilung zulässige Strafe zu benennen, ist ein Vergehen (*misdemeanor*).

(7) Eine in einem anderen Gesetz dieses Staates als in diesem Code begrifflich bestimmte Gesetzesverletzung ist entsprechend den Be-

---

tion. Da eine Freiheitsstrafe *(imprisonment)* nur gerechtfertigt erscheint, wenn mit der Bestrafung eine soziale Verurteilung *(social condemnation)* der Tat zum Ausdruck kommen soll, kennzeichnet die Androhung einer Geldstrafe allein oder in Verbindung mit einer zivilrechtlichen Nebenstrafe die Handlung als Übertretung, wenngleich über sie im Strafverfahren entschieden wird (Dt. 2 S. 8).

[6] Über die einer verlängerten Freiheitsstrafe zugrunde liegenden erweiterten Strafrahmen (*extended terms*) s. Sektionen 6.07 u. 6.09.

[7] „Art“ scheint die passende Übersetzung von „*grade*“ zu sein, weil *grade* sich auf die Einteilung der strafbaren Handlungen in Verbrechen, Vergehen und leichte Vergehen (1.04 [1]), also auf die Deliktsarten bezieht. Im Code findet sich *grade* zumeist in Verbindung mit „Grad“ (*degree*). *Degree* bezieht sich auf die Schwere eines Verbrechens soweit sie im Code als Verbrechen *(felony)* ersten, zweiten oder dritten „Grades“ gekennzeichnet ist.

stimmungen dieser Sektion einzustufen, und die nach Verurteilung zu verhängende Strafe ist nach den Vorschriften dieses Code zu bestimmen.

## Sektion 1.05
## Alle Gesetzesverletzungen sind durch Gesetz begrifflich bestimmt; Anwendung der Allgemeinen Bestimmungen des Code

(1) Ein Verhalten stellt nur dann eine Gesetzesverletzung dar, wenn es nach diesem Code oder einem andern Gesetz dieses Staates eine Straftat[8] oder eine Übertretung ist.

(2) Die Bestimmungen des Teil I des Code sind auf Gesetzesverletzungen, die in anderen Gesetzen begrifflich bestimmt sind, anwendbar, sofern der Code nicht etwas anderes vorschreibt.[9]

(3) Diese Sektion berührt nicht die Befugnis des Gerichts, Strafen wegen Ungebühr zu verhängen oder irgendwelche Maßnahmen anzuwenden, die zur Erzwingung einer Anordnung oder eines Zivilurteils oder -beschlusses rechtlich zulässig sind.

## Sektion 1.06
## Verjährung

(1) Strafverfolgung wegen Mordes kann jederzeit aufgenommen werden.

(2) Wegen anderer Straftaten sind, sofern nicht in dieser Sektion eine abweichende Regelung vorgesehen ist, Strafverfolgungen folgenden Verjährungsfristen unterworfen:

(a) eine Strafverfolgung wegen eines Verbrechens ersten Grades (*felony of the first degree*) muß innerhalb von sechs Jahren nach ihrer Begehung beginnen;

(b) eine Strafverfolgung wegen jeden anderen Verbrechens (*felony*) muß innerhalb dreier Jahre nach ihrer Begehung beginnen;

(c) eine Strafverfolgung wegen eines Vergehens (*misdemeanor*) muß innerhalb zweier Jahre nach ihrer Begehung beginnen;

(d) eine Strafverfolgung wegen eines leichten Vergehens (*petty misdemeanor*) oder einer Übertretung (*violation*) muß innerhalb von sechs Monaten nach ihrer Begehung beginnen.

(3) Trotz Ablaufs einer der im Unterabschnitt (2) vorgeschriebenen Frist kann eine Strafverfolgung beginnen bei:

---

[8] Zweck dieser Vorschrift ist, das *common law* als Quelle strafbarer Handlungen auszuschalten (Dt. 4 S. 106).

[9] Hiermit sollen insbesondere die vielfach nicht kodifizierten, daher durch die einzelstaatlichen Gerichte nicht einheitlich gehandhabten Fragen z. B. der Unzurechnungsfähigkeit und der Unrechts- und Schuldausschließungsgründe auf eine einheitliche Grundlage gestellt werden (Dt. 4 S. 107).

(a) einer Gesetzesverletzung, zu deren Tatbestandsmerkmalen entweder Betrug oder der Bruch eines Vertrauensverhältnisses gehört, innerhalb eines Jahres nach Entdeckung der Tat durch den Geschädigten oder seinen gesetzlichen Vertreter, sofern er nicht selbst an der Straftat beteiligt war; in keinem Falle jedoch darf durch diese Möglichkeit die regelmäßige Verjährungsfrist um mehr als drei Jahre verlängert werden; und

(b) einer Gesetzesverletzung, begangen durch einen seine Pflicht verletzenden öffentlichen Beamten oder Angestellten, jederzeit, solange der Angeklagte sich noch im öffentlichen Dienst oder Anstellungsverhältnis befindet, oder danach innerhalb zweier Jahre; in keinem Falle jedoch darf durch diese Möglichkeit die regelmäßige Verjährungsfrist um mehr als drei Jahre verlängert werden.

(4) Eine Gesetzesverletzung ist begangen, entweder wenn ihre Tatbestandsmerkmale verwirklicht sind, oder, wenn der Zweck des Gesetzgebers deutlich darauf ausgerichtet ist, ein fortgesetztes Verhalten zu verbieten, zu der Zeit, in der das Verhalten des Täters oder eines Teilnehmers endet. Die Verjährung beginnt einen Tag nach Begehung der Tat.

(5) Eine Strafverfolgung beginnt entweder mit Erhebung der Anklage, oder wenn (die Strafanzeige zu den Akten genommen oder) ein Haftbefehl erlassen oder eine andere Prozeßmaßnahme getroffen ist, vorausgesetzt, daß der Haftbefehl oder die Maßnahme ohne unbillige Verzögerung vollstreckt worden ist.[10]

(6) Die Verjährung ruht:

(a) solange der Angeklagte sich dauernd außerhalb des Staates befindet, oder sein Wohnort oder Arbeitsplatz innerhalb des Staates nicht feststellbar ist; in keinem Falle darf das Ruhen der Verjährung sich über mehr als drei Jahre über die normale Verjährungsfrist hinaus erstrecken; oder

(b) solange eine Strafverfolgung gegen den Angeklagten wegen derselben Tat in diesem Staat ausgesetzt ist.

## Sektion 1.07
## Strafverfolgung bei mehreren Gesetzesverletzungen begangen durch eine Handlung

(1) *Strafverfolgung bei einer Mehrheit von Gesetzesverletzungen; Begrenzung der Verurteilungen.* Hat der Angeklagte durch ein und

---

[10] Diese Vorschrift erfüllt außer dem deklaratorischen auch einen normativen Zweck, indem sie einerseits den Strafverfolgungsbehörden die Pflicht auferlegt, Verschleppungen zu vermeiden, und andererseits dem durch die Verfassung gewährleisteten Recht des Angeklagten auf raschen Fortgang des eingeleiteten Strafverfahrens Rechnung trägt. (Dt. 5 S. 25).

dasselbe Verhalten[11] mehr als eine Gesetzesverletzung begangen, dann kann er wegen jeder dieser Verletzungen verfolgt werden. Jedoch darf er nicht wegen mehr als einer Gesetzesverletzung verurteilt werden, wenn:

(a) eine Gesetzesverletzung in der anderen im Sinne des Unterabschnitts (4) dieser Sektion enthalten ist; oder

(b) eine Gesetzesverletzung nur in einer Verabredung oder in einer anderen, eine Gesetzesverletzung vorbereitenden Tätigkeit besteht[12]; oder

(c) die Feststellungen der den Gesetzesverletzungen zugrunde liegenden Tatsachen miteinander nicht vereinbar sind[13]; oder

(d) die Gesetzesverletzungen sich nur insoweit von einander unterscheiden, als in der einen das Verhalten im allgemeinen, in der anderen ein besonderer Fall solchen Verhaltens verboten ist; oder

(e) die Gesetzesverletzung als ein fortgesetztes Delikt begrifflich bestimmt ist, und das Verhalten des Angeklagten keiner Unterbrechung unterlag, es sei denn, das Gesetz schreibt vor, daß zeitlich begrenzte Abschnitte solchen Verhaltens gesonderte Gesetzesverletzungen darstellen.

(2) *Vermeidung gesonderter Verfahren bei mehreren Gesetzesverletzungen.* Abgesehen von der im Unterabschnitt (3) dieser Sektion getroffenen Bestimmung soll ein Angeklagter nicht getrennten Verfahren wegen mehrerer Gesetzesverletzungen unterworfen werden, die durch ein- und dasselbe Verfahren herbeigeführt oder anläßlich ein- und desselben strafbaren Vorgangs[14] begangen sind, sofern diese Gesetzesverletzungen der zuständigen Strafverfolgungsbehörde zu Beginn der ersten Verhandlung bekannt sind und zur Zuständigkeit desselben Gerichts gehören.[15]

(3) *Befugnis des Gerichts, gesonderte Verhandlungen anzusetzen.* Ist der Angeklagte zweier oder mehrerer Gesetzesverletzungen be-

---

[11] Gemäß Sektion 1.13 (5) umfaßt „Verhalten" *(conduct)* auch eine Reihenfolge (*series*) von Handlungen und Unterlassungen.

[12] Die Verabredung bleibt jedoch neben der verabredeten Tat strafbar, wenn sie außer dieser Tat die Begehung auch einer oder mehrerer anderer Taten zum Inhalt hatte (Dt. 5 S. 32 f.).

[13] Zweck dieser selbstverständlich erscheinenden Vorschrift ist, gegenüber der nicht einheitlichen Rechtsprechung klarzustellen, daß Verurteilung wegen eines Anklagepunktes den Freispruch wegen eines anderen Anklagepunktes nicht ausschließt (Dt. 5 S. 33).

[14] Unter „ein- und denselben strafbaren Vorgang" (*the same criminal episode*) fällt z. B. das Verhalten des fahrlässigen oder betrunkenen Autofahrers, der nacheinander mehrere Personen verletzt (Dt. 5 S. 36).

[15] Die Folge der Nichtbeachtung dieser Vorschrift ist in Sektion 1. 09 (3) geregelt.

schuldigt, die durch ein- und dasselbe Verhalten herbeigeführt oder anläßlich ein- und desselben verbrecherischen Vorgangs begangen sind, dann kann das Gericht auf Antrag der Strafverfolgungsbehörde oder des Angeklagten anordnen, daß über jede der Gesetzesverletzungen getrennt verhandelt wird, sofern es davon überzeugt ist, daß dies im Interesse gerechter Rechtsfindung liegt.

(4) *Verurteilung wegen einer, in einer anderen enthaltenen Gesetzesverletzung ist zulässig.* Ein Angeklagter kann wegen einer Gesetzesverletzung verurteilt werden, die in der Gesetzesverletzung enthalten ist, die den Gegenstand der Anklage (oder der Strafanzeige) bildet. Eine Gesetzesverletzung ist in diesem Sinne in einer anderen enthalten, wenn:

(a) sie durch den Beweis der gleichen oder einiger von den Tatsachen erwiesen ist, die zur Feststellung der Begehung der den Gegenstand der Anklage bildenden Gesetzesverletzung erforderlich sind[16]; oder

(b) sie in einem Versuch oder einem zu-bestimmen-Versuchen besteht, die Gesetzesverletzung zu begehen, die den Gegenstand der Anklage bildet, oder die in anderer Weise in dieser Gesetzesverletzung enthalten ist[17]; oder

(c) sie sich von der den Gegenstand der Anklage bildenden Gesetzesverletzung nur insofern unterscheidet, als eine weniger schwere Verletzung oder eine geringere Gefahr der Verletzung derselben Person oder des Eigentums oder des öffentlichen Interesses oder eine geringere Schuldform zum Tatbestand gehört.[18]

(5) *Belehrung der Geschworenen über eine, in einer anderen enthaltene Gesetzesverletzung.* Das Gericht ist nicht verpflichtet, die Geschworenen über eine, in einer Gesetzesverletzung enthaltene Gesetzesverletzung zu belehren, es sei denn, es steht zu erwarten, daß die Geschworenen den Angeklagten wegen der den Gegenstand der Anklage bildenden Gesetzesverletzung freisprechen, aber in Bezug auf die in dieser enthaltene Gesetzesverletzung verurteilen werden.

---

[16] Daß die enthaltene *(included)* Gesetzesverletzung die leichtere *(lesser offense)* ist, wird in Dt. 5 S. 40 anerkannt. Für die deutsche Auffassung der Folgen der Spezialität ist befremdend, daß das weniger speziell gefaßte Delikt den Gegenstand der Verurteilung bilden kann, selbst wenn die spezielle und strafwürdigere Gesetzesverletzung den Gegenstand der Anklage bildet.

[17] Verurteilung wegen der versuchten oder einleitenden Tätigkeit anstatt der vollendeten Tat widerspricht der deutschen Auffassung der Bedeutung der Subsidiarität.

[18] Zum Beispiel Anklage: vorsätzliche Tötung, Verurteilung: vorsätzliche Körperverletzung, da zweifelhaft bleibt, ob der Schlag die Ursache des Todes war (Dt. 5 S. 42).

## Sektion 1.08

### Das Strafverfahren ist durch ein früheres Verfahren wegen der gleichen Gesetzesverletzung ausgeschlossen

Wird ein Strafverfahren auf Verletzung der gleichen Gesetzesvorschriften und auf den gleichen Sachverhalt gestützt wie ein früheres Strafverfahren, dann ist es durch dieses unter folgenden Umständen ausgeschlossen:

(1) Das frühere Strafverfahren endete mit einem Freispruch. Ein Freispruch liegt vor, wenn die Verhandlung vor dem Tatrichter mit einem „Nicht-Schuldig" endete oder mit der Feststellung, daß das Beweismaterial nicht ausreichte, um eine Verurteilung zu rechtfertigen. Das Urteil „Schuldig" wegen einer leichteren Gesetzesverletzung, begrifflich enthalten in einer schwereren, bedeutet zugleich einen Freispruch in bezug auf die schwerere, umfassende Gesetzesverletzung, selbst wenn die Verurteilung später aufgehoben wurde.

(2) Das frühere Strafverfahren wurde, nachdem die Strafanzeige zu den Akten genommen oder die Anklage beschlossen war, durch endgültige Anordnung oder Entscheidung zugunsten des Angeklagten beendet, die weder aufgehoben, noch zurückverwiesen, noch für ungültig erklärt wurde, und die auf Feststellungen beruhte, unvereinbar mit einem Sachverhalt oder einer Gesetzesvorschrift, die eine Verurteilung wegen der Gesetzesverletzung rechtfertigen würden.[19]

(3) Das frühere Strafverfahren endete mit einer Verurteilung. Eine Verurteilung liegt vor, wenn das Strafverfahren mit der Verkündung einer Verurteilung endete, die weder zurückverwiesen noch für ungültig erklärt wurde, oder mit einem Schuldspruch der Geschworenen, der nicht aufgehoben wurde und als Grundlage einer solchen Entscheidung dienen kann, oder schließlich mit einem vom Gericht anerkannten Schuldbekenntnis. In den beiden letzten Fällen muß das Unterbleiben der Verkündung der Entscheidung auf anderen Gründen als dem Antrag des Angeklagten beruhen.[20]

(4) Das frühere Strafverfahren wurde in unzulässiger Weise beendet.[21] Abgesehen von den in diesem Unterabschnitt genannten Fällen ist ein Strafverfahren in unzulässiger Weise beendet, wenn die Beendigung aus anderen Gründen als aufgrund eines Freispruchs er-

---

[19] Solche, der Verhandlung vorausgehende Entscheidung kann darauf beruhen, daß die Tat verjährt ist, oder der Angeklagte wegen dieser Tat zuvor verurteilt, freigesprochen oder begnadigt wurde, oder daß seine Immunität anerkannt war (Dt. 5 S. 50).

[20] Nämlich auf einem Verfahrensmangel. Beruht das Unterbleiben der Verkündung auf einem Antrag des Angeklagten, dann muß es der Strafverfolgungsbehörde freistehen, hiergegen Einspruch zu erheben (Dt. 5 S. 52).

[21] Fast ausnahmslos als Folge davon, daß der Tatrichter sich bei der Ablehnung oder dem Stattgeben von Parteianträgen irrte (Dt. 5 S. 59).

folgt, und zwar nach Beeidigung des ersten Zeugen und vor dem Spruch der Geschworenen. Nicht unzulässig ist eine Beendigung unter den folgenden Umständen:

(a) Der Angeklagte stimmt der Beendigung zu oder verzichtet, sei es durch den Antrag auf Einstellung des Verfahrens oder in anderer Form, auf sein Recht, der Beendigung zu widersprechen.

(b) Der Tatrichter hält die Beendigung für notwendig, weil:

(1) es physisch unmöglich ist, die Verhandlung gemäß verfahrensrechtlichen Vorschriften fortzuführen; oder

(2) ein Verfahrensmangel vorliegt, demzufolge ein einem Wahrspruch der Geschworenen folgendes Urteil aus rechtlichen Gründen anfechtbar ist; oder

(3) Kundgebungen im Gerichtssaal oder außerhalb desselben es unmöglich machen, die Verhandlung fortzusetzen, ohne den Angeklagten oder die Anklagebehörde zu benachteiligen; oder

(4) die Geschworenen sich über den Wahrspruch nicht einigen können; oder

(5) falsche Angaben eines Geschworenen über seine Person oder seine Einstellung zur Straftat einer ordnungsmäßigen Verhandlung entgegenstehen.

## Sektion 1.09

**Das Strafverfahren ist durch ein früheres Verfahren wegen einer anderen Gesetzesverletzung ausgeschlossen**

Selbst wenn ein Strafverfahren wegen Verletzung einer anderen Gesetzesvorschrift anhängig gemacht ist als der einem früheren Verfahren zugrundeliegenden Vorschrift, oder wenn es auf andere Tatsachen gestützt wird, ist es durch solch ein früheres Verfahren unter folgenden Umständen ausgeschlossen:

(1) Das frühere Verfahren endete mit einem Freispruch oder mit einer Verurteilung im Sinne der Sektion 1.08 und das nachfolgende Verfahren ist eröffnet wegen:

(a) einer Gesetzesverletzung, wegen deren der Angeklagte in dem ersten Verfahren hätte verurteilt werden können; oder

(b) einer Gesetzesverletzung, die gemäß Sektion 1.07 den Gegenstand der Verhandlung im ersten Verfahren hätte bilden sollen, es sei denn, das Gericht hatte eine getrennte Verhandlung über diese Gesetzesverletzung angeordnet; oder

(c) desselben Verhaltens, sofern nicht (i) die Gesetzesverletzung, wegen deren der Angeklagte früher verurteilt oder freigesprochen war, und die Gesetzesverletzung wegen deren er danach strafrechtlich verfolgt wurde, verschiedene tatsächliche Feststellungen erfordern und das Gesetz durch die Begriffsbestimmungen dieser Gesetzesverletzungen wesentlich verschiedene Schäden oder Übel zu verhindern sucht, oder (ii) die zweite Straftat noch nicht vollendet war, als die Verhandlung wegen der früheren begann.

(2) Das frühere Strafverfahren wurde erst beendet, nachdem die Strafanzeige zu den Akten genommen oder die Anklage erhoben war, und zwar durch einen Freispruch oder durch eine endgültige Anordnung oder Entscheidung zugunsten des Angeklagten, die weder aufgehoben, noch zurückverwiesen, noch für ungültig erklärt wurde, selbst wenn der Freispruch, die endgültige Anordnung oder Entscheidung auf Feststellungen beruhte, unvereinbar mit einem Sachverhalt, der eine Verurteilung wegen der Gesetzesverletzung rechtfertigen würde, wegen deren der Angeklagte nunmehr strafrechtlich verfolgt wird.[22]

(3) Das frühere Strafverfahren war in einer im Sinne der Sektion 1.08 unzulässigen Weise beendet, und Gegenstand des nachfolgenden Verfahrens ist eine Gesetzesverletzung, wegen deren der Angeklagte hätte verurteilt werden können, wäre das frühere Verfahren nicht in unzulässiger Weise beendet worden.

### Sektion 1.10
### Ausschließende Wirkung eines früheren, in einem anderen Jurisdiktionsbezirk anhängig gewesenen Strafverfahrens

Stellt ein Verhalten eine Gesetzesverletzung im Jurisdiktionsbezirk dieses Staates wie auch in dem eines anderen Staates oder der Vereinigten Staaten dar, dann schließt ein Strafverfahren in solch einem anderen Jurisdiktionsbezirk ein späteres Verfahren in diesem Staat unter folgenden Voraussetzungen aus:

(1) Das erste Strafverfahren endete mit einem Freispruch oder einer Verurteilung im Sinne der Sektion 1.08, und Gegenstand des nachfolgenden Strafverfahrens ist das gleiche Verhalten, es sei denn, daß (a) die Gesetzesverletzung, wegen deren der Angeklagte früher verurteilt oder freigesprochen war, und die Gesetzesverletzung, wegen deren er danach verfolgt wird, verschiedene Tatsachenbeweise erfordern, und die die Gesetzesverletzungen betreffenden gesetzlichen Definitionen wesentlich verschiedene Schäden oder Übel zu verhindern suchen, oder (b) die zweite Straftat noch nicht vollendet war, als die Verhandlung wegen der früheren begann; oder

---

[22] Dieser abschließende Relativsatz entspricht dem Schluß der Sektion 1.10 (2): „... wegen deren der Angeklagte danach strafrechtlich verfolgt wird" *(for which the defendant is subsequently prosecuted)*. Nach Rücksprache mit dem Chief Reporter, Professor Wechsler, ist diese Fassung anstelle der ursprünglichen Wendung „der zweiten Gesetzesverletzung" *(of the second offense)* einzusetzen. — Sachlich regelt diese Vorschrift die Reichweite der res judicata: Dieser Einwand ist zulässig, auch wenn die beiden Verfahren verschiedene Gesetzesverletzungen zum Gegenstand haben (Dt. 5 S. 58).

(2) Das frühere Strafverfahren wurde beendet, nachdem die Strafanzeige zu den Akten genommen oder die Anklage erhoben war, und zwar durch einen Freispruch oder durch eine endgültige Anordnung oder Entscheidung zugunsten des Angeklagten, die weder aufgehoben, noch zurückverwiesen, noch für ungültig erklärt wurde, und wenn der Freispruch, die endgültige Anordnung oder Entscheidung auf Feststellungen beruhte, unvereinbar mit einem Sachverhalt, der eine Verurteilung wegen der Gesetzesverletzung rechtfertigen würde, wegen deren der Angeklagte danach strafrechtlich verfolgt wird.

## Sektion 1.11

### Früheres Strafverfahren vor einem unzuständigen Gericht oder vom Angeklagten auf betrügerische Weise herbeigeführt

Ein Strafverfahren ist unter folgenden Umständen kein Hindernis im Sinne der Sektionen 1.08, 1.09 und 1.10:

(1) Das frühere Strafverfahren fand vor einem Gericht statt, das entweder örtlich oder sachlich unzuständig war; oder

(2) Das frühere Strafverfahren war von dem Angeklagten ohne Kenntnis des zuständigen Strafverfolgungsbeamten und zu den Zweck herbeigeführt, eine Bestrafung zu vermeiden, der er andernfalls unterworfen werden könnte; oder

(3) Das frühere Strafverfahren endete mit einer Verurteilung, die in einem danach folgenden Verfahren aufgrund eines richterlichen Vorführungsbefehls (*writ of habeas corpus, coram nobis*)[23] oder eines ähnlichen Rechtsbehelfs für ungültig erklärt worden ist.

## Sektion 1.12

### Beweis, der jeglichen vernünftigen Zweifel ausschließt; Behauptungen, die der Angeklagte glaubhaft zu machen hat[24]; Beweislast in bezug auf Tatsachen, die nicht Merkmale der Gesetzesverletzung sind; Vermutungen

(1) Niemand darf wegen einer Gesetzesverletzung verurteilt werden, solange nicht jeder Tatumstand[25] über jeden vernünftigen Zwei-

---

[23] Außerordentliche Rechtsbehelfe: *the writ of habeas corpus* ist ein richterlicher Vorführungsbefehl zwecks Überprüfung, ob das Gericht, welches die Verhaftung oder Vollstreckung einer Freiheitsstrafe des Vorzuführenden angeordnet hat, zu solch einer Entscheidung ermächtigt war; — *the writ of coram nobis* ist ein richterlicher Vorführungsbefehl in Verfolg des Antrages eines in Strafhaft Gehaltenen, der behauptet, aufgrund irriger Tatsachenfeststellung verurteilt zu sein, und den Tatrichter um Richtigstellung der Feststellungen ersucht.

[24] Dies ist der Sinn des hier wie an zahlreichen anderen Stellen des Code angewendeten terminus technicus „*affirmative defense*". Er enthält dem Angeklagten gegenüber die Forderung, für seine Behauptung Beweise beizubringen. Erst wenn dies geschehen, liegt es dem Anklagevertreter ob, die Behauptung durch Gegenbeweise zu entkräften (Dt. 4 S. 108—110).

fel hinaus bewiesen ist. In Ermangelung solchen Beweises wird die Unschuld des Angeklagten unterstellt.

(2) Unterabschnitt (1) dieser Sektion:

(a) erfordert nicht den Gegenbeweis in bezug auf Behauptungen, die der Angeklagte glaubhaft zu machen hat[26], sofern und solange ein diese Behauptungen stützender Nachweis nicht erbracht ist; oder

(b) findet keine Anwendung auf eine Verteidigung, in bezug auf die der Code oder ein anderes Gesetz eindeutig verlangt, der Angeklagte habe sie durch überwiegenden Beweis zu erhärten.[27]

(3) Eine Behauptung ist im Sinne von Unterabschnitt (2) (a) dieser Sektion glaubhaft zu machen, wenn:

(a) dies in einer Sektion des Code besonders angeordnet ist[28]; oder

(b) sie sich auf eine in einem anderen Gesetz als dem Code definierte Gesetzesverletzung bezieht und dies in solch einem Gesetz besonders angeordnet ist; oder

(c) sie einen Entschuldigungs- oder Rechtfertigungsgrund in sich schließt, der insbesondere dem Angeklagten bekannt ist und in bezug auf den billigerweise ein entsprechender Beweis von ihm verlangt werden kann.

(4) Hängt die Anwendung des Code von der Feststellung einer Tatsache ab, die außerhalb der Tatumstände der Gesetzesverletzung liegt[29], dann ist, sofern der Code nicht etwas anderes bestimmt:

(a) der Beweis entweder von der Verfolgungsbehörde oder dem Angeklagten zu führen, je nachdem wessen Interesse oder Standpunkt die Feststellung der Tatsache dienen würde[30]; und

---

[25] Dieser Begriff dürfte dem im Code verwendeten „*element of an offense*" am nächsten kommen. Seine Tragweite erhellt aus der Begriffsbestimmung in 1.13 (9). Unter den engeren Begriff „*material element of an offense*" fallen, wenn die undurchsichtige, negativ gefaßte Begriffsbestimmung in 1.13 (10) positiv gedeutet wird, die von der Schuld zu erfassenden Tatbestandsmerkmale, einschließlich der sog. negativen Tatbestandsmerkmale der Schuld- und Unrechtsausschließungsgründe.

[26] S. Unterabschnitt (3) dieser Sektion.

[27] Zum Beispiel Sektion 2.07 (5): Verteidigt eine Körperschaft oder ein nicht eingetragener Verein sich gegen eine Anklage damit, daß der Geschäftsführer die ihm obliegende Sorgfalt beobachtet hat, um die Gesetzesverletzung zu verhindern, dann hat sie hierfür „überwiegenden", also nicht widerlegbaren Nachweis zu führen. Praktisch bedeutet dies die Umkehrung der Beweislast (*a shifting of the burden*) (Dt. 4 S. 112 f.).

[28] Nämlich in 2.08 (4); 2.09 (1); 2.10; 3.01 (1); 4.03 (1); 5.01 (4); 5.02 (3); 220.1 (1); 221 (1) (1); 221.2 (3); 223.4; 223.9; 224.6; 224.7; 242.5; 251.4 (3).

[29] Zum Beispiel die Frage, ob der Angeklagte fähig ist, an der Verhandlung teilzunehmen (sec. 4.06 [2]), oder ob er als Rückfälliger mit verlängerter Freiheitsentziehung zu bestrafen ist (sec. 7.03 [1]) (Dt. 4 S. 114).

[30] Zum Beispiel die Frage der res judicata. Liegt die Feststellung im

(b) die Tatsache dem Gericht oder den Geschworenen, je nach den Verfahrensvorschriften, überzeugend zu beweisen.

(5) Stellt der Code im Hinblick auf einen Tatumstand einer Gesetzesverletzung eine Vermutung auf, dann hat dies folgende Wirkungen:

(a) sind die Tatsachen beweisbar, welche die Grundlage der Vermutung bilden, dann ist die Frage des Bestehens der vermuteten Tatsache den Geschworenen zu unterbreiten, es sei denn, das Gericht ist davon überzeugt, daß die Beweisaufnahme als Ganzes der vermuteten Tatsache eindeutig entgegensteht; und

(b) wird die Frage des Bestehens der vermuteten Tatsache den Geschworenen unterbreitet, dann hat das Gericht die Geschworenen darüber zu belehren, daß, wenngleich die vermutete Tatsache durch die Beweisaufnahme außer Zweifel gestellt werden müßte, die Geschworenen gemäß dem bestehenden Recht die Tatsachen, welche die Grundlage der Vermutung bilden, als hinreichenden Beweis für die vermutete Tatsache ansehen können.

(6) Einer nicht durch den Code aufgestellten oder mit ihm nicht zu vereinbarenden Vermutung kommen die ihr anderweitig vom Recht zuerteilten Wirkungen zu.

## Sektion 1.13
## **Allgemeine Begriffsbestimmungen**

Sofern nicht in diesem Code eine abweichende Bedeutung eindeutig festgelegt ist:

(1) schließt „Gesetz" (*statute*) die Verfassung wie auch örtlich geltende Gesetze oder Verordnungen eines Verwaltungsbezirks des Staates ein;

(2) bedeutet „Handlung" (*act* oder *action*) eine gewollte wie auch unwillkürliche Körperbewegung;

(3) ist die Bedeutung von „freiwillig" (*voluntary*) in Abschnitt 2.01 bestimmt;

(4) bedeutet „Unterlassung" (*omission*) die Versäumnis zu handeln;

(5) bedeutet „Verhalten" (*conduct*) ein Handeln oder Unterlassen und den zugrunde liegenden Geisteszustand oder, wo dies in Betracht kommt, eine Reihenfolge von Handlungen und Unterlassungen;

(6) umfaßt „der Handelnde" (*actor*), wo dies in Betracht kommt, auch den, der sich einer Unterlassung schuldig macht;

(7) schließt „gehandelt" (*acted*), wo dies in Betracht kommt, „unterließ zu handeln" (*omitted to act*) ein;

---

Interesse des Angeklagten, dann liegt ihm auch hier gemäß (b) die Beweislast ob: *„the fact must be proved to the satisfaction of the Court or jury"*.

(8) umfaßt „Person", „er" und „Handelnder" (*person*, *he* und *actor*) eine natürliche Person und, wo dies in Betracht kommt, eine Körperschaft und einen nicht eingetragenen Verein;

(9) bedeutet „Element einer Gesetzesverletzung" (*element of an offense*) (i) das Verhalten oder (ii) die näheren Umstände oder

(iii) die Wirkung des Verhaltens, wie sie

(a) als Beschreibung des verbotenen Verhaltens in die Begriffsbestimmung der Gesetzesverletzung aufgenommen sind; oder

(b) die gesetzlich geforderte Schuldform begründen; oder

(c) eine Entschuldigung oder Rechtfertigung solchen Verhaltens ausschließen; oder

(d) einem Verjährungseinwand entgegenstehen; oder

(e) die sachliche oder örtliche Zuständigkeit des Gerichts begründen.

(10) bedeutet „materielles Element einer Gesetzesverletzung" (*material element of an offense*) einen Tatumstand, der sich nicht auf die Verjährung, den sachlichen oder örtlichen Gerichtsstand oder ein anderes Merkmal bezieht, das in ähnlicher Weise nichts zu tun hat mit (i) der Schädigung oder dem Übel, verursacht durch dasjenige Verhalten, das das Gesetz mit der Begriffsbestimmung der Tat zu verhindern sucht, und ebensowenig (ii) mit einem Rechtfertigungs- oder Entschuldigungsgrund für solch ein Verhalten[31];

(11) hat „absichtlich" (*purposely*) die im Abschnitt 2.02 genannte Bedeutung; gleichbedeutend sind „in der Absicht" (*with purpose*), „bestimmt" (*designed*) oder „mit der Bestimmung" (*with design*);

(12) bedeutet „geflissentlich" (*intentionally*) oder „mit dem Vorhaben" (*with intent*) soviel wie „absichtlich" (*purposely*);

(13) hat wissentlich" (*knowingly*) die im Abschnitt 2.02 genannte Bedeutung; gleichbedeutend sind „wissend" (*knowing*) oder „mit Kenntnis" (*with knowledge*);

(14) hat „leichtfertig" (*recklessly*) die im Abschnitt 2.02 genannte Bedeutung; gleichbedeutend sind „Leichtfertigkeit" (*recklessness*) oder „in leichtfertiger Weise" (*with recklessness*);

(15) hat „fahrlässig" (*negligently*) die im Abschnitt 2.02 genannte Bedeutung; gleichbedeutend sind „Fahrlässigkeit" (*negligence*) oder „in fahrlässiger Weise" (*with negligence*);

(16) kennzeichnet „vernünftigerweise glaubt" (*reasonably believes*) oder „vernünftiger Glaube" (*reasonable belief*) einen Glauben, zu dem der Täter weder leichtfertig noch fahrlässig gelangte.

---

[31] S. Anm. zu 1.12 (4).

## Artikel 2
## ALLGEMEINE GRUNDSÄTZE DER VERANTWORTUNG

### Sektion 2.01
### Erfordernis einer freiwilligen Handlung; Unterlassung als Grundlage der Verantwortung; Besitz als Handlung

(1) Eine Person ist einer Gesetzesverletzung nicht schuldig, wenn ihre Verantwortung nicht auf ein Verhalten gegründet werden kann, das eine freiwillige Handlung enthält[32] oder die Unterlassung, eine Handlung auszuführen, deren sie körperlich fähig ist.

(2) Nicht freiwillige Handlungen im Sinne dieser Sektion sind:

(a) eine Reflexbewegung oder ein Krampf;

(b) eine Körperbewegung während Bewußtlosigkeit oder während des Schlafes;

(c) ein Verhalten während einer Hypnose oder als Ergebnis einer hypnotischen Suggestion;

(d) irgendeine andere Körperbewegung, die nicht das Ergebnis einer bewußten oder gewohnheitsmäßigen Betätigung oder Entscheidung des Handelnden ist.

(3) Verantwortung für die Begehung einer Gesetzesverletzung kann nicht auf eine Unterlassung gegründet werden, die nicht von einer Tätigkeit begleitet ist, es sei denn:

(a) die Unterlassung ist als solche durch das die Gesetzesverletzung begrifflich bestimmende Gesetz ausdrücklich für hinreichend erklärt[33]; oder

(b) eine Pflicht, die unterlassene Handlung auszuführen, ist in anderer Weise durch das Recht auferlegt.[34]

(4) Besitz ist eine Handlung im Sinne dieser Sektion, wenn der Besitzer die Sache wissentlich sich verschafft oder empfangen hat, oder sich seiner Verfügungsgewalt während eines Zeitraums bewußt war, der hingereicht hätte, den Besitz aufzugeben.

### Sektion 2.02
### Allgemeine Erfordernisse der Schuld

(1) *Mindesterfordernisse der Schuld.* Abgesehen von der in Sektion 2.05 vorgesehenen Regelung ist eine Person einer Gesetzesver-

---

[32] Bei dem Wort „enthält" (*includes*) ist insbesondere an ein Verhalten gedacht, das, leichtsinnig begonnen oder fortgeführt, zu unbewußt bewirkten Schädigungen anderer führt, wenn z. B. ein Autofahrer nicht anhält, obwohl er merkt, daß ihm schwindlig wird. Er ist für „den gesamten Ablauf des Verhaltens" (*the entire course of conduct*) verantwortlich (Dt. 4 S. 120). Über Verantwortung für das Verhalten bei selbstverschuldeter Trunkenheit: Sektion 2.08 (2).

[33] Echte Unterlassungsdelikte.

[34] Anerkennung der Rechtswidrigkeit einer Unterlassung, wenn eine Rechtspflicht zum Handeln besteht.

letzung nicht schuldig, sofern sie nicht absichtlich, wissentlich, leichtfertig oder fahrlässig gehandelt hat, je nachdem das Gesetz dies in bezug auf die einzelnen Tatbestandsmerkmale der Gesetzesverletzung fordert.

(2) *Begriffsbestimmungen der Schuldarten.*

(a) Absichtlich:

Eine Person handelt absichtlich in bezug auf ein Tatbestandsmerkmal einer Gesetzesverletzung, wenn:

(i) sofern das Tatbestandsmerkmal sich auf die Art des Verhaltens oder auf dessen Wirkung bezieht, sie sich solch ein Verhalten bzw. dessen Wirkung bewußt zum Ziel gesetzt hat; und

(ii) sofern das Tatbestandsmerkmal sich auf nähere Umstände bezieht, sie sich des Vorhandenseins solcher Umstände bewußt ist oder annimmt[35] oder hofft, daß sie vorhanden sind.

(b) Wissentlich:

Eine Person handelt wissentlich in bezug auf ein Tatbestandsmerkmal einer Gesetzesverletzung, wenn:

(i) sofern das Tatbestandsmerkmal sich auf die Art des Verhaltens oder auf nähere Umstände bezieht, sie sich der Art des Verhaltens oder des Vorhandenseins solcher Umstände bewußt ist; und

(ii) sofern das Tatbestandsmerkmal sich auf die Wirkung des Verhaltens bezieht, sie sich bewußt ist, daß es so gut wie sicher ist, daß ihr Verhalten solch eine Wirkung zur Folge haben wird.

(c) Leichtfertig:

Eine Person handelt leichtfertig in bezug auf ein Tatbestandsmerkmal einer Gesetzesverletzung, wenn sie bewußt einem wesentlichen und nicht zu rechtfertigenden[36] Risiko nicht Rechnung trägt, daß nämlich der Sachverhalt dem Tatbestandsmerkmal entspricht oder dieses durch ihr Verhalten verwirklicht werden wird.[37] Das Risiko muß von solcher Art und solchem Umfang sein, daß, in Anbetracht der Art und des Zweckes des Verhaltens des Täters und der

---

[35] Eine Brandstiftung z. B. bleibt demnach als Verbrechen zweiten Grades (220.1 [1] [a]) strafbar, wenn der Täter eine Hütte in Brand steckte, in dem Glauben, sie sei bewohnt (*occupied*), dies aber nicht zutraf.

[36] Gegensatz hierzu: ein zwar wesentliches, aber zu rechtfertigendes Risiko, das z. B. ein Chirurg auf sich nimmt, wenn er einen Totkranken durch eine schwere Operation als letzte Möglichkeit zu retten sucht (Dt. 4 S. 125).

[37] Dt. 4 S. 125 kennzeichnet das Wissen um diesen Sachverhalt mit „bewußter Schaffung eines Risikos“ (*conscious risk creation*). Die Frage, wie der Täter sich zu solch einem Risiko einstellt, ob er darauf hofft, es werde nicht eintreten, oder ob er es in Kauf nimmt, ist offen gelassen. „Leichtfertigkeit“ (*recklessness*) deckt demnach m. E. neben bewußter Fahrlässigkeit auch den dolus eventualis, den die amerikanische Strafrechtspflege als terminus technicus nicht kennt.

ihm bekannten Umstände, ein Mißachten des Risikos ein erhebliches Abweichen von dem Normalverhalten darstellt, das eine rechtlich gesinnte Person in der Lage des Täters beobachtet hätte.

(d) Fahrlässig:

Eine Person handelt fahrlässig in bezug auf ein Tatbestandsmerkmal einer Gesetzesverletzung, wenn sie sich des wesentlichen und nicht zu rechtfertigenden Risikos nicht bewußt ist, daß der Sachverhalt einem Tatbestandsmerkmal entspricht oder dieses durch ihr Verhalten verwirklicht werden wird. Das Risiko muß von solcher Art und solchem Umfang sein, daß das Versäumnis, es zu erkennen, in Anbetracht der Art und des Zweckes des Verhaltens des Täters und der ihm bekannten Umstände, ein erhebliches Abweichen von der normalen Sorgfalt darstellt, die eine bedachtsame Person in der Lage des Täters beobachtet hätte.[38]

(3) *Schuld ist erforderlich, sofern nicht etwas anderes bestimmt ist.* Ist die Schuld, die erforderlich ist, um ein Tatbestandsmerkmal einer Gesetzesverletzung zu verwirklichen, vom Gesetz nicht genannt, dann ist es verwirklicht, wenn der Täter in bezug auf das Tatbestandsmerkmal absichtlich, wissentlich oder leichtfertig gehandelt hat.[39]

(4) *Die in der Gesetzesverletzung genannte Schuldart ist auf alle Tatbestandsmerkmale anzuwenden.* Benennt das die Gesetzesverletzung begrifflich bestimmende Gesetz die für die Begehung der Gesetzesverletzung erforderliche Schuldart, ohne sie auf einzelne Tatbestandsmerkmale zu beziehen, dann soll solch eine Bestimmung auf alle Tatbestandsmerkmale der Gesetzesverletzung Anwendung finden, sofern das Gegenteil nicht eindeutig erkennbar ist.

(5) *Ersatz für Fahrlässigkeit, Leichtfertigkeit und Wissentlichkeit.* Bestimmt das Gesetz, daß Fahrlässigkeit ausreichend ist, um ein Tatbestandsmerkmal der Gesetzesverletzung zu verwirklichen, dann geschieht dem genüge, auch wenn der Täter in bezug auf dieses Merkmal absichtlich, wissentlich oder leichfertig handelte. Ist Leichtfertigkeit zur Verwirklichung eines Tatbestandsmerkmals ausreichend, dann geschieht dem genüge, auch wenn der Täter absichtlich oder wissentlich handelte. Ist Wissentlichkeit zur Verwirklichung eines

---

[38] Vorübergehende körperliche Störungen, wie ein Fieber- oder ein Herzanfall, mögen die Beobachtungsfähigkeit auch einer bedachtsamen Person in entschuldbarer Weise beeinflussen; erbliche Veranlagung, wie heißblütiges Temperament, sollte sie sich andererseits zur Warnung dienen lassen (Dt. 4 S. 126).

[39] Unbewußt fahrlässiges Handeln (*negligence*) ist demnach nur dann strafbar, wenn ausdrücklich vorgesehen. In dieser Vorschrift kommt implicite zum Ausdruck, daß unbewußte Fahrlässigkeit nur ausnahmsweise strafrechtliche Verantwortung begründet (Dt. 4 S. 127).

Tatbestandsmerkmals ausreichend, dann geschieht dem genüge, auch wenn der Täter absichtlich handelte.[40]

(6) *Dem Erfordernis der Absicht geschieht genüge, auch wenn die Absicht bedingt ist.* Ist eine bestimmte Absicht Merkmal einer Gesetzesverletzung, dann ist dieses Merkmal auch dann verwirklicht, wenn solche Absicht nur bedingt vorlag, es sei denn, der Sachverhalt entspricht dem Vorbehalt, und der Schaden oder das Übel kommt nicht zur Entstehung, die das Gesetz mit der Begriffsbestimmung der Gesetzesverletzung zu verhindern sucht.[41]

(7) *Dem Erfordernis der Wissentlichkeit geschieht genüge, wenn der Täter die Wahrscheinlichkeit des Vorhandenseins der Tatsache erkennt.* Ist Kenntnis des Vorliegens einer bestimmten Tatsache ein Merkmal der Gesetzesverletzung, dann kommt solcher Kenntnis gleich, daß der Täter sich der hohen Wahrscheinlichkeit ihres Vorliegens bewußt ist, es sei denn, er glaubt tatsächlich, daß sie nicht vorliegt.[42]

---

[40] Diese Vorschrift weist das Gericht, den Einzelrichter oder die Geschworenen an, die im Gesetz in bezug auf ein Tatbestandsmerkmal vorgesehene Schuldform der Verurteilung auch dann zugrunde zu legen, wenn aus der Beweisaufnahme hervorgeht, daß den Täter in bezug auf dieses Tatmerkmal eine schwerere Schuld trifft. Dt. 4 S. 129 rechtfertigt dies damit, daß eine schwerere Schuldform jede leichtere Schuld in sich enthält. Ratio legis ist offenbar, dem Täter Vergünstigungen, wie mildernde Umstände, offen zu halten.

[41] Diese Vorschrift ist undurchsichtig, weil die Einschränkung: „es sei denn ..." zwei Arten von Absichtsdelikten decken soll, wie aus den Dt. 4 S. 129 gegebenen Beispielen ersichtlich ist: Einbruch (*burglary*) 221 (1), bleibe als Einbruch strafbar, selbst wenn der Täter nur dann einen Diebstahl begehen wollte, falls niemand zuhause war. Andererseits mache der Täter sich nicht eines in Notzuchtsabsicht begangenen Angriffs (*sexual assault*) — 213.4 (1) — schuldig, wenn er den Vollzug des Beischlafes von der Zustimmung der Angegriffenen abhängig macht. Hier, so wird in Dt. 4 S. 129 ausgeführt, läßt die Zustimmung das Übel nicht zur Entstehung gelangen, das das Gesetz zu verhindern sucht, nämlich „die für den anderen anstößige Berührung" (*the contact ... offensive to the other person*); dort wird das in 221.1 (1) mit Strafe bedrohte Übel, das Betreten des Gebäudes, verwirklicht, ehe noch der Vorbehalt des Täters ins Spiel kommt. In Notzuchtsabsicht begangener Angriff (*sexual assault*) ist ein echtes Absichtsdelikt, Einbruch (*burglary*) hingegen ein Delikt mit überschießender Innentendenz. Nur auf ein echtes Absichtsdelikt trifft die Einschränkung „wenn die Bedingung den Schaden oder das Übel nicht entstehen läßt" (*unless the condition negatives the harm or evil*) zu; beim Delikt mit überschießender Innentendenz ist dies nicht der Fall.

[42] Diese Vorschrift führt zur Unterstellung zweier Sachverhalte: Entweder hält der Täter das Vorliegen der Tatsache für wahrscheinlich und handelt trotzdem; dann handelt er mit dolus eventualis. Oder er denkt zwar an die Möglichkeit des Vorliegens, glaubt jedoch, daß dies nicht der Fall sei; dann ist Bestrafung wegen vorsätzlichen Handelns ausgeschlossen.

(8) *Dem Erfordernis willentlichen Handelns geschieht durch wissentliches Handeln genüge.* Dem Erfordernis, daß eine Gesetzesverletzung willentlich begangen wird, geschieht genüge, wenn der Täter in bezug auf die Tatbestandsmerkmale der Gesetzesverletzung wissentlich handelt, sofern nicht die Absicht des Gesetzgebers, mehr als bloßes Wissen zu verlangen, erkennbar ist.[43]

(9) *Schuld in bezug auf die Rechtswidrigkeit des Verhaltens.* Weder Kenntnis, noch Leichtfertigkeit, noch Fahrlässigkeit in bezug darauf, ob das Verhalten eine Gesetzesverletzung darstellt, oder in bezug auf das Bestehen, die Bedeutung oder Anwendung des die Merkmale einer Gesetzesverletzung bestimmenden Gesetzes ist Erfordernis solch einer Gesetzesverletzung, es sei denn, daß aus der Begriffsbestimmung der Gesetzesverletzung[44] oder aus dem Code das Gegenteil hervorgeht.[45]

(10) *Die Schuldart ist für die Art der Gesetzesverletzung maßgebend.* Hängt die Art oder die Schwere einer Gesetzesverletzung davon ab, ob sie absichtlich, wissentlich, leichtfertig oder fahrlässig begangen wurde, dann soll für ihre Art oder Schwere[46] die geringste Schuldart bestimmend sein, die in bezug auf irgendein Tatbestandsmerkmal der Gesetzesverletzung festgelegt ist.

---

[43] Da der Code „willentlich" (*wilfully*) nicht unter die in 2.02 (2) genannten Schuldformen aufgenommen hat, stellt diese Vorschrift eine Verbindung mit den Strafgesetzen der Einzelstaaten her, in denen „willentlich" (*wilfully*) als eine der Schuldformen genannt ist. Indem der Code hier „willentlich" dem in 2.02 (2) (b) definierten „wissentlich" gleichsetzt, folgt er dem Vorbild mehrerer einzelstaatlicher Gesetzbücher und der herrschenden Praxis, schließt jedoch nicht die Möglichkeit aus, daß „wissentlich" auch im engeren Sinne als „absichtlich" oder als ein aus den Beweggründen erkennbares Gesinnungsmerkmal zu verstehen ist (Dt. 4 S. 130).

[44] Demnach ist das Bewußtsein der Rechtswidrigkeit grundsätzlich nicht ein Merkmal der Schuld. Anders, wenn der gesetzliche Tatbestand ein „rechtliches Merkmal" (*legal element*) enthält, wie z. B. „fremdes Eigentum" (*property of another*) als Gegenstand des Diebstahls (223.2) oder in zahlreichen gesundheitspolizeilichen Vorschriften, in denen bewußte Verletzung des Gesetzes als subjektives Tatmerkmal in die Deliktstatbestände aufgenommen ist.

[45] Dem Glauben an die Rechtmäßigkeit des Verhaltens trägt der Code in 2.04 (3) unter den dort genannten Voraussetzungen Rechnung; ferner im Artikel 3, den allgemeinen Grundsätzen der Rechtfertigung; außerdem auch, wenn erforderlich, im besonderen Teil, wie z. B. in 223.1 (3): Anspruch auf die entwendete Sache.

[46] Vgl. Anm. zu 1.04 (6).

## Sektion 2.03
### Kausalzusammenhang zwischen Verhalten und Erfolg; Abweichung des tatsächlich eingetretenen Erfolges von dem geplanten oder in Betracht gezogenen oder des tatsächlich eingetretenen von dem wahrscheinlichen Erfolg

(1) Das Verhalten ist die Ursache des Erfolges, wenn:

(a) es dem Erfolg vorausgeht und der Erfolg ohne das Verhalten nicht eingetreten wäre; und

(b) die Beziehung zwischen dem Verhalten und dem Erfolg einem zusätzlichen Kausalerfordernis entspricht, das von dem Code oder dem die Gesetzesverletzung begrifflich bestimmenden Gesetz aufgestellt ist.[47]

(2) Ist die absichtliche oder wissentliche Verursachung eines bestimmten Erfolges Tatbestandsmerkmal einer Gesetzesverletzung, dann ist dieses Merkmal nicht verwirklicht, wenn der Täter den tatsächlich eingetretenen Erfolg nicht beabsichtigt oder in Betracht gezogen hat[48], es sei denn:

(a) der tatsächlich eingetretene Erfolg weicht von dem beabsichtigten oder in Betracht gezogenen nur insofern ab, als eine verschiedene Person oder verschiedene Sache verletzt oder betroffen ist[49], oder die beabsichtigte oder in Betracht gezogene Verletzung oder Schädigung schwerer oder ausgedehnter gewesen wäre als die tatsächlich verursachte; oder

(b) der tatsächlich eingetretene Erfolg stellt die gleiche Art von Verletzung oder Schädigung dar wie die beabsichtigte oder in Betracht gezogene und ist nicht zu abgelegen oder zufällig[50], um dem Täter in bezug auf sein Verhalten oder auf die Schwere seiner Tat zur Last gelegt werden zu können.

(3) Ist leichtfertiges oder fahrlässiges Verursachen eines bestimmten Erfolges Tatbestandsmerkmal einer Gesetzesverletzung, dann ist dieses Merkmal nicht verwirklicht, wenn der tatsächlich eingetretene

---

[47] Über die in (1) (a) anerkannte sine-qua-non-Beziehung hinausgehend mögen Deliktstatbestände Sondererfordernisse aufstellen, wie z. B. eine zeitliche Begrenzung des Eintritts des Todes als Folge einer Körperverletzung (Dt. 4 S. 133; vgl. Amer. Str. S. 60).

[48] Mit dieser Bestimmung begrenzt bzw. ergänzt der Code bei vorsätzlichen Handlungen, abgesehen von den in (a) und (b) genannten Fällen, die sin-qua-non-Beziehung durch die Schuldfrage (Dt. 4 S. 132).

[49] Error in objecto.

[50] Fälle der „hinzutretenden oder zusammenwirkenden Ursachen“ (*intervening or concurrent causes*) (Dt. 4 S. 133; Amer. Str. S. 63 ff.), d. h. der Möglichkeit der Unterbrechung des Kausalzusammenhanges, die vom Tatrichter, bzw. von den Geschworenen, zu entscheiden ist: A schießt auf B. Ist A für den Tod des B verantwortlich, wenn dieser im Krankenhaus infolge einer dort auf ihn übertragenen ansteckenden Krankheit stirbt? (Dt. 4 S. 134 f.).

Erfolg nicht innerhalb des Risikos liegt, dessen der Täter sich bewußt war oder, im Falle von Fahrlässigkeit, hätte bewußt sein sollen[51], es sei denn:

(a) der tatsächlich eingetretene Erfolg weicht von dem als wahrscheinlich zu erwartenden nur insofern ab, als eine andere Person oder eine andere Sache verletzt oder betroffen ist oder als die als wahrscheinlich zu erwartende Verletzung oder Schädigung schwerer oder umfangreicher gewesen wäre als die tatsächlich verursachte; oder

(b) der tatsächlich eingetretene Erfolg ist von der gleichen Art von Verletzung oder Schädigung wie der als wahrscheinlich zu erwartende Erfolg und ist nicht zu abgelegen oder zufällig, um dem Täter in bezug auf sein Verhalten oder auf die Schwere seiner Tat zur Last gelegt werden zu können.

(4) Ist das Verursachen eines bestimmten Erfolges ein Tatbestandsmerkmal einer Gesetzesverletzung, bei der das Gesetz vom Schulderfordernis absieht[52], dann ist dieses Merkmal nur dann verwirklicht, wenn der tatsächlich eingetretene Erfolg eine wahrscheinliche Folge des Verhaltens des Täters war.[53]

## Sektion 2.04
### **Unkenntnis oder Irrtum**

(1) Der Täter kann sich mit Unkenntnis oder Irrtum in bezug auf eine Tatsache oder das Recht verteidigen, wenn:

(a) die Unkenntnis oder der Irrtum die Absicht, das Wissen, den Glauben, die Leichtfertigkeit oder Fahrlässigkeit nicht zur Entstehung kommen läßt, die für die Verwirklichung eines Tatbestandsmerkmals der Gesetzesverletzung erforderlich ist; oder

(b) das Gesetz vorschreibt, daß die durch solche Unkenntnis oder solchen Irrtum hervorgerufene Auffassung des Sachverhalts zur Verteidigung dienen kann.[54]

(2) Die im allgemeinen aufgrund von Unkenntnis oder Irrtum zulässige Verteidigung gegen die den Gegenstand der Anklage bildende

---

[51] Begrenzung bzw. Ergänzung der sine-qua-non-Beziehung durch die Schuldfrage bei fahrlässigen Handlungen (Dt. 4 S. 135).

[52] Absehen vom Schulderfordernis: sog. *absolute or strict liability;* sedes materiae: Sektion 2.05.

[53] Demnach ist bei Delikten mit sog. „*absolute liability*" der Erfolg dem Täter nur dann zuzurechnen, wenn er nach objektivem Fahrlässigkeitsmaßstab voraussehbar war (Amer. Str. S. 35 ff. u. 262).

[54] Dt. 4 S. 135 fügt zu dem Schluß von (1) (b): „zur Verteidigung dienen kann" (*constitutes a defense*) erläuternd hinzu: „gemäß einer Gesetzesvorschrift, die Verteidigungen anführt" (*under a rule of law establishing defenses*); offenbar ist an die irrtümliche Annahme eines Schuld- oder Unrechtsausschließungsgrundes zu denken.

Tat steht dem Angeklagten nicht offen, wenn er sich einer anderen Gesetzesverletzung schuldig gemacht hätte, wäre die Sachlage so gewesen, wie er sie annahm.[55] In solchem Falle hat jedoch Unkenntnis oder Irrtum des Angeklagten die Folge, daß in bezug auf Art und Schwere der Gesetzesverletzung, wegen deren er verurteilt werden kann, die geringere Gesetzesverletzung der Verurteilung zugrunde zu legen ist, deren er schuldig wäre, wäre die Sachlage so gewesen, wie er sie annahm.[56]

(3) Der Glaube, daß das Verhalten nicht eine Gesetzesverletzung darstellt, ist eine Verteidigung gegen eine auf solch ein Verhalten gegründete Anklage, wenn:

(a) das Gesetz oder ein anderer Erlaß, der die Gesetzesverletzung begrifflich bestimmt[57], dem Täter unbekannt ist und vor dem ihm zur Last gelegten Verhalten weder veröffentlicht noch auf andere Weise bekannt gemacht worden ist; oder

(b) der Täter im Vertrauen auf eine amtliche Kundmachung handelte, die hernach für ungültig oder irrtümlich erklärt wurde, und enthalten war in (i) einem Gesetz oder einem anderen Erlaß; (ii) einer richterlichen Entscheidung, in Entscheidungsgründen oder einer anderen Art von Entscheidung; (iii) einer Verwaltungsverfügung oder Erlaubniserteilung; oder (iv) einer amtlichen Auskunft eines Beamten oder einer Behörde, die für die Auslegung, Anwendung oder Durchführung des die Gesetzesverletzung begrifflich bestimmenden Gesetzes zuständig ist.

(4) Der Angeklagte hat für eine Verteidigung im Rahmen der Unterabteilung (3) dieser Sektion überwiegende Beweismittel beizubringen.

## Sektion 2.05

### Nichtanwendbarkeit des Schulderfordernisses auf Übertretungen und Gesetzesverletzungen, die in anderen Gesetzen begrifflich bestimmt sind; das Absehen vom Schulderfordernis hat die Einstufung einer Straftat als Übertretung zur Folge

(1) Die in den Sektionen 2.01 und 2.02 genannten Schulderfordernisse sind nicht anwendbar auf:

(a) Gesetzesverletzungen, welche Übertretungen sind, sofern nicht das Schulderfordernis in die Begriffsbestimmung der Gesetzesverletzung aufgenommen ist, oder das Gericht entscheidet, daß das Schulderfordernis der wirksamen Durchsetzung des die

---

[55] Dt. 4 S. 137 gibt als Beispiel: A bricht in einen bewohnten Raum ein, glaubt jedoch, es handele sich um einen unbewohnten Geschäftsraum.

[56] Obwohl hier, wie Dt. 4 S. 137 hervorhebt, ein objektives Tatmerkmal, z. B. Einbruch in einen unbewohnten Raum, nicht verwirklicht ist.

[57] In Betracht kommen vor allem mala prohibita (Dt. 4 S. 138), in erster Linie die *public welfare offenses*.

Straftat begrifflich bestimmenden Gesetzes förderlich ist; oder

(b) Gesetzesverletzungen, die durch andere Gesetze als den Code begrifflich bestimmt sind, sofern die Absicht des Gesetzgebers eindeutig erkennbar ist[58], vom Schulderfordernis bei diesen Gesetzesverletzungen überhaupt oder in bezug auf eines ihrer Tatbestandsmerkmale abzusehen.

(2) Abgesehen von abweichenden Bestimmungen des geltenden Rechts und sofern nicht ein späteres Gesetz eine abweichende Bestimmung trifft:

(a) ist die Gesetzesverletzung eine Übertretung, wenn das Absehen vom Schulderfordernis im Hinblick auf ein Tatbestandsmerkmal einer durch ein anderes Gesetz als den Code begrifflich bestimmten Gesetzesverletzung vorgeschrieben ist und die Verurteilung ohne Rücksicht auf die Schuldfrage erfolgt; und

(b) kann schuldhafte Begehung der Gesetzesverletzung dem Täter nachgewiesen werden, selbst wenn das Absehen vom Schulderfordernis im Hinblick auf eine oder mehrere Tatbestandsmerkmale einer durch ein anderes Gesetz als den Code begrifflich bestimmte Gesetzesverletzung vorgeschrieben ist. Alsdann genügt Fahrlässigkeit für den Schuldvorwurf in bezug auf diese Merkmale. Die Art der Gesetzesverletzung ist nach Sektion 1.04 zu bestimmen; Strafbemessung nach Verurteilung erfolgt gemäß Artikel 6 des Code.

## Sektion 2.06

### Verantwortung für das Verhalten eines anderen; Teilnahme

(1) Eine Person macht sich einer Gesetzesverletzung schuldig, wenn diese ihrem eigenen Verhalten oder dem eines anderen[59], für dessen Verhalten sie rechtlich verantwortlich ist, oder dem Verhalten beider zuzuschreiben ist.

(2) Eine Person ist für das Verhalten eines anderen rechtlich verantwortlich, wenn sie:

(a) mit der für die Begehung der Straftat erforderlichen Schuld eine arglose oder zurechnungsunfähige Person zu einem solchen Verhalten veranlaßt; oder

---

[58] Diese Voraussetzung wie auch die in (1) (a) und (2) (b) dem Gericht eingeräumte Freiheit gegenüber dem Gesetz macht die gesetzgeberische Tendenz dieser Vorschrift deutlich, nämlich die möglichst weitgehende Einschränkung des besonders in den Nebengesetzen üblichen Absehens vom Schulderfordernis. Dt. 4 S. 140 kennzeichnet diese Vorschrift als „Frontalangriff auf das Absehen vom Schulderfordernis" (*frontal attack on absolute or strict liability*).

[59] Gleichviel aufgrund welcher Form von Betätigung: die *common law* Unterscheidung zwischen Haupttäter (*principal*) und Teilnehmer (*accessory*) ist fallen gelassen (Dt. 1 S. 14).

(b) für das Verhalten eines anderen durch den Code oder durch das die Tat begrifflich bestimmende Gesetz[60] verantwortlich gemacht ist; oder

(c) ein Teilnehmer[61] eines anderen bei Begehung der Tat ist.

(3) Teilnehmer an einer Straftat eines anderen ist, wer:

(a) in der Absicht, die Tat zu fördern oder zu erleichtern,

(i) einen anderen bestimmt, sie zu begehen; oder

(ii) einen anderen beim Planen oder Begehen der Tat unterstützt oder einwilligt oder versucht, ihn zu unterstützen; oder

(iii) trotz einer rechtlichen Pflicht, die Begehung der Tat zu verhindern, es daran fehlen läßt, dies in geeigneter Weise zu tun; oder wenn

(b) sein Verhalten vom Gesetz ausdrücklich als Teilnahme gekennzeichnet ist.[62]

(4) Gehört das Verursachen eines bestimmten Erfolges zum Tatbestand einer Gesetzesverletzung, dann ist derjenige, der an dem Verhalten beteiligt ist, das solch einen Erfolg verursacht, ein Teilnehmer an der Tat als solcher, wenn er in bezug auf den Erfolg mit der Schuldart handelt, die für die Begehung der Tat erforderlich ist.[63]

(5) Eine Person, die in Ermangelung einer Strafbarkeitsbedingung unfähig ist, eine Straftat selbst zu begehen, kann sich ihrer schuldig machen, wenn sie durch einen anderen begangen wird, für dessen Verhalten sie rechtlich verantwortlich ist, es sei denn, daß solch eine Haftung für die Tat eines anderen mit dem Zweck der Vorschrift nicht vereinbar ist, der zufolge er als Täter nicht in Betracht kommen kann.

(6) Sofern der Code oder das die Rechtsverletzung begrifflich bestimmende Gesetz nichts Abweichendes bestimmt, ist jemand nicht Teilnehmer an einer von einem anderen begangenen Tat, wenn:

(a) er das Opfer dieser Tat ist; oder

(b) die Tat begrifflich so bestimmt ist, daß sein Verhalten eine unerläßliche Voraussetzung für deren Begehung ist[64]; oder

---

[60] Sondergesetze, welche die Verantwortung des Geschäftsherrn für das Verhalten seiner Angestellten regeln; insbesondere Gesetze, welche das Absehen vom Schulderfordernis (*strict liability*) statuieren (vgl. Anm. zu 2.05 [1] [b]; Dt. 1 S. 18 f.).

[61] Im Text: „*accomplice*", ein Begriff, aus dem die Teilnahmeart nicht erkennbar ist (Dt. 1 S. 20; Amer. Str. S. 217).

[62] Auffangklausel, so daß auch andere als die in (3) (a) genannten Betätigungen und Unterlassungen Teilnahme begründen können (Dt. 1 S. 33).

[63] Zum Beispiel: Nimmt A an einem Diebstahl teil, dann ist er als Räuber zu bestrafen, wenn B absichtlich oder wissentlich oder leichtfertig den Bestohlenen körperlich schwer verletzt (Sek. 222.1 [1] [a]) und A dies in Kauf nimmt (Dt. 1 S. 34).

[64] Zum Beispiel der Käufer eines Heilmittels, das der Verkäufer ent-

(c) er von seiner Teilnahme Abstand nimmt, bevor die Tat begangen ist, und er

(i) die Wirkung seiner Beteiligung an der Tat vollständig rückgängig macht; oder

(ii) die zur Aufrechterhaltung der Rechtsordnung berufenen Behörden rechtzeitig benachrichtigt oder in anderer Weise sich hinreichend bemüht, die Tat zu verhindern.

(7) Ein Teilnehmer kann aufgrund des Nachweises der Begehung der Tat und seiner Teilnahme an ihr verurteilt werden, selbst wenn derjenige, von dem behauptet wird, er habe die Tat begangen, strafrechtlich nicht verfolgt oder verurteilt wurde oder wenn er wegen einer anderen Tat oder wegen derselben, aber leichter oder schwerer bewerteten Tat verurteilt ist oder Immunität gegen die Strafverfolgung oder Verurteilung in Anspruch nehmen kann oder wenn er freigesprochen ist.

## Sektion 2.07

### Verantwortung von Körperschaften, nicht eingetragenen Vereinen und Personen, die in deren Namen handeln oder zu handeln verpflichtet waren

(1) Eine Körperschaft kann wegen einer Gesetzesverletzung verurteilt werden, wenn

(a) die Gesetzesverletzung eine Übertretung oder eine in einem anderen Gesetz als dem Code begrifflich bestimmte Gesetzesverletzung ist, deren gesetzgeberischer Zweck klar erkennbar ist, Körperschaften Verantwortung aufzuerlegen, sofern es sich um ein Verhalten eines Vertreters der Körperschaft handelt, der im Rahmen seines Pflichtenkreises oder Anstellungsverhältnisses im Namen der Körperschaft handelt.[65] Bezeichnet jedoch das die Gesetzesverletzung begrifflich bestimmende Gesetz die Vertreter, für deren Verhalten die Körperschaft verantwortlich ist, oder die Umstände, unter denen dies der Fall ist, dann sollen die entsprechenden Bestimmungen Anwendung finden; oder

(b) die Gesetzesverletzung in einer Unterlassung besteht, einer der Körperschaft durch das Recht auferlegten besonderen Pflicht durch entsprechendes Handeln zu genügen; oder

(c) die Gesetzesverletzung durch den Aufsichtsrat gebilligt, ersucht, befohlen, durchgeführt oder leichtfertig geduldet war, oder durch einen Abteilungsleiter, der im Rahmen seines Pflichten-

---

gegen gesundheitspolizeilichen Vorschriften ohne ärztliches Rezept verkauft; oder ein unverheirateter Partner an einem Ehebruch (Dt. 1 S. 35 f.).

[65] Hiermit soll für die Zukunft jeder Zweifel darüber ausgeschlossen werden, daß eine Körperschaft für das Verhalten eines Bevollmächtigten verantwortlich ist, der im Rahmen seiner Vollmacht im Namen der Körperschaft sich ein strafbares Verhalten zu schulden kommen läßt (Dt. 1 S. 147).

kreises oder Anstellungsverhältnisses in Namen der Körperschaft handelte.[66]

(2) Ist im Hinblick auf die Verantwortung für eine Gesetzesverletzung vom Schulderfordernis abgesehen[67], dann ist die Absicht des Gesetzgebers, einer Körperschaft Verantwortung aufzuerlegen, zu unterstellen, es sei denn, das Gegenteil ist klar erkennbar.

(3) Ein nicht eingetragener Verein kann wegen einer Gesetzesverletzung verurteilt werden[68], wenn:

(a) die Gesetzesverletzung durch ein anderes Gesetz als den Code begrifflich bestimmt ist, in dem die Verantwortung solch eines Vereins ausdrücklich geregelt ist, und wenn es sich um ein Verhalten eines Vertreters des Vereins handelt, der im Rahmen seines Pflichtenkreises oder Anstellungsverhältnisses im Namen des Vereins handelt. Bezeichnet jedoch das die Gesetzesverletzung begrifflich bestimmende Gesetz die Vertreter, für deren Verhalten der Verein verantwortlich ist, oder die Umstände, unter denen dies der Fall ist, dann sollen die entsprechenden Bestimmungen Anwendung finden; oder

(b) die Gesetzesverletzung in einer Unterlassung besteht, einer einemVerein durch das Recht auferlegten beonderen Pflicht durch entsprechendes Handeln zu genügen.

(4) Sprachgebrauch in dieser Sektion:

(a) „Körperschaft" (*corporation*) umfaßt nicht eine zur Durchführung eines Regierungsprogramms gebildete Regierungsdienststelle;

(b) „Vertreter" (*agent*) bedeutet Direktor, Beamter, Bediensteter, Angestellter oder eine andere Person, die befugt ist, im Namen der Körperschaft oder des Vereins zu handeln, und, im Falle eines nicht eingetragenen Vereins, ein Mitglied desselben;

(c) „Abteilungsleiter" (*high managerial agent*) bezeichnet einen Beamten einer Körperschaft oder eines nicht eingetragenen Ver-

---

[66] Die das „allgemeine Prinzip der Verantwortung von Körperschaften" (*general principle of corporation liability*) zum Ausdruck bringende Vorschrift (Dt. 1 S. 148) dient einem zweifachen Zweck: als Auffangvorschrift, indem es die in (a) und (b) nicht erfaßten Gesetzesverletzungen unter Strafe stellt, zugleich jedoch die korporative Verantwortung auf Fälle beschränkt, in denen die Gesetzesverletzung auf ein Verhalten der in (c) genannten Bevollmächtigten zurückzuführen ist.

[67] Anwendungsfall von 2.05 (1) (b).

[68] Im Gegensatz zu der *common law*-Auffassung, wonach ein nicht eingetragener Verein nur aus der Gesamtheit seiner Mitglieder besteht, ihm demnach nicht als einer Einheit Rechte zustehen oder Pflichten obliegen. Die Regelung des Code folgt der neueren, umfangreichen Gesetzgebung des Bundes sowohl wie von Einzelstaaten, die den nichteingetragenen Vereinen die gleiche strafrechtliche Verantwortung auferlegt wie Körperschaften (Dt. 1 S. 152).

eins oder, im Falle einer Teilhaberschaft, einen Teilhaber, oder irgend einen anderen Vertreter einer Körperschaft oder eines Vereins, wenn seine Verantwortung so weit reicht, daß sein Verhalten als Ausdruck der Ziele der Körperschaft oder des Vereins aufgefaßt werden kann.

(5) In einem Strafverfahren gegen eine Körperschaft oder einen nicht eingetragenen Verein wegen einer Gesetzesverletzung im Sinne der Unterabschnitte (1) (a) oder (3) (a) dieser Sektion greift, sofern es sich nicht um eine Gesetzesverletzung handelt, bei der vom Schulderfordernis abgesehen wird, die Verteidigung des Angeklagten durch, wenn er überwiegenden Beweis dafür erbringt, daß der Abteilungsleiter, der als Aufsichtsführender die Verantwortung für den die Gesetzesverletzung enthaltenden Geschäftsvorgang trug, die nötige Sorgfalt anwendete, die Gesetzesverletzung zu verhindern.[69] Dieser Paragraph findet keine Anwendung, wenn er mit dem aus der Begriffsbestimmung der Gesetzesverletzung ersichtlichen gesetzgeberischen Zweck unvereinbar ist.

(6) (a) Eine Person ist für ein Verhalten, das sie selbst oder ein anderer auf ihre Veranlassung im Namen oder im Interesse der Körperschaft oder eines nicht eingetragenen Vereins durchführt, im gleichen Umfang verantwortlich als hätte sie im eigenen Namen oder Interesse gehandelt.[70]

(b) Wann immer eine Pflicht zum Handeln einer Körperschaft oder einem nicht eingetragenen Verein durch Gesetz auferlegt ist, ist ein Vertreter der Körperschaft oder des Vereins, der in erster Linie die Verantwortung für die Durchführung der Pflicht trägt, für ein leichtfertiges Unterlassen der Handlung im gleichen Umfang verantwortlich, als wäre die Pflicht ihm persönlich durch Gesetz auferlegt.[71]

(c) Wird jemand wegen einer Gesetzesverletzung aufgrund seiner rechtlichen Verantwortung für das Verhalten einer Körperschaft oder eines nicht eingetragenen Vereins verurteilt, dann ist er der Bestrafung unterworfen, die das Gesetz für zulässig erklärt,

---

[69] Es wäre sinnlos, eine Körperschaft oder einen nichteingetragenen Verein für eine Gesetzesverletzung verantwortlich zu machen, wenn der Abteilungsleiter die erforderliche Sorgfalt beobachtet hat, um die Gesetzesverletzung zu vermeiden. Kann jedoch der Abteilungsleiter sich im Hinblick auf die gesetzlich vorgeschriebene *strict liability* nicht mit dem Hinweis auf die von ihm beobachtete Sorgfalt entschuldigen, dann ist solche Verteidigung auch der Körperschaft oder dem Verein versagt (Dt. 1 S. 154).

[70] Zum Beispiel ein Geschäftsführer kann wegen Unterschlagung verurteilt werden, wenn er die von einer Körperschaft oder einem Verein einbehaltenen Steuerbeiträge von Kunden nicht an die Steuerbehörde abführt (Dt. 1 S. 155).

[71] Entspricht der in 2.06 (1) statuierten einheitlichen Verantwortung aller Beteiligten.

falls eine natürliche Person wegen einer Gesetzesverletzung von gleicher Art und Schwere verurteilt wird.[72]

## Sektion 2.08
### Trunkenheit

(1) Abgesehen von der Vorschrift in Unterabschnitt (4) dieser Sektion kann ein Täter sich zu seiner Verteidigung nicht auf Trunkenheit berufen, es sei denn, daß diese die Verwirklichung eines Tatbestandsmerkmals der Gesetzesverletzung ausschließt.[73]

(2) Ist Leichtfertigkeit ein Tatbestandsmerkmal der Gesetzesverletzung, und ist der Täter aufgrund selbstverschuldeter Trunkenheit sich eines Risikos nicht bewußt, dessen er im nüchternen Zustand gewahr gewesen wäre, dann ist solch ein Mangel des Bewußtseins unerheblich.[74]

(3) Trunkenheit als solche ist nicht Geisteskrankheit im Sinne der Sektion 4.01.[75]

(4) Stützt der Täter seine Verteidigung darauf, daß seine Trunkenheit (a) nicht selbstverschuldet oder (b) pathologisch ist, und daß ihm aufgrund seiner Trunkenheit zur Zeit der Tat die Fähigkeit fehlte, deren Strafwürdigkeit zu erkennen oder sein Verhalten den Erfordernissen des Rechts anzupassen, dann hat er dies glaubhaft zu machen.

(5) *Begriffsbestimmungen.* Sofern nicht eine abweichende Bedeutung eindeutig festgelegt ist, bedeutet in dieser Sektion:

---

[72] Diese Vorschrift beseitigt bislang bestehende Zweifel, indem sie es ermöglicht, den Bevollmächtigten einer Körperschaft oder eines Vereins mit Freiheitsentziehung, also mit einer nur an natürlichen Personen vollstreckbaren Strafe zu bestrafen (Dt. 1 S. 155).

[73] In bezug auf objektive Tatbestandsmerkmale: Täter war z. B. nicht fähig, eine verschlossene Tür aufzubrechen; in bezug auf subjektive Tatmerkmale: Täter war einer "bestimmten Absicht" (*specific intent*) nicht fähig, insbesondere die Tat um eines bestimmten Zweckes willen oder mit Vorbedacht oder Überlegung zu begehen. — Aus dieser Einschränkung in Verbindung mit Unterabschnitt (3) erhellt, daß ein Trunkener für eine Gesetzesverletzung verantwortlich ist, wenn zum subjektiven Tatbestand nicht mehr erforderlich ist, als daß der Täter weiß, was er tut, z. B. Benutzung eines fremden Autos ohne Zustimmung des Eigentümers, oder im Falle einer Freiheitsberaubung (Dt. 9 S. 6).

[74] Der Täter ist dafür verantwortlich, daß er sich in einen Zustand versetzte, in dem er sich der Urteilsfähigkeit beraubte, die Leichtfertigkeit seines späteren Verhaltens zu erkennen. Unterabschnitt (2) ist ein Sonderfall des in 2.01 (1) enthaltenen Grundsatzes: Die Verantwortung des Täters beruht auf einem Gesamtverhalten, das eine freiwillige Handlung enthielt *(which includes a voluntary act)* (Dt. 9 S. 4 Anm. 4).

[75] Ist jedoch Trunkenheit eine Begleiterscheinung von Geisteskrankheit, dann liegt der Verteidigung der Beweis hierfür ob (Dt. 9 S. 9).

(a) „Trunkenheit" (*intoxication*) eine Störung geistiger oder körperlicher Fähigkeiten, verursacht durch Zuführung von Alkohol oder Drogen[76];

(b) „selbstverschuldete Trunkenheit" (*self-induced intoxication*) Trunkenheit, verursacht durch Rauschmittel, die der Täter wissentlich seinem Körper zuführt, und von denen er weiß oder wissen sollte, daß sie in der Regel Trunkenheit verursachen, es sei denn, er nahm sie aufgrund ärztlicher Anweisung oder unter Umständen zu sich, auf die er sich zu seiner Verteidigung in einem Strafverfahren berufen könnte[77];

(c) „pathologische Trunkenheit" (*pathological intoxication*) schwere, übermäßige Trunkenheit als Folge der Unkenntnis des Täters, daß er auf das Rauschmittel in dem Umfang, in dem er es zu sich nahm, krankhaft reagieren würde.

## Sektion 2.09
## **Nötigung**

(1) Verteidigt der Täter sich damit, daß er zu dem ihm als Gesetzesverletzung zur Last gelegten Verhalten gezwungen wurde durch gegen ihn selbst oder einen anderen gerichtete rechtswidrige Gewalt oder durch Drohung mit einer solchen, der eine Person von durchschnittlicher Standhaftigkeit in seiner Lage nicht hätte widerstehen können, dann hat er dies glaubhaft zu machen.[78]

(2) Die in dieser Sektion vorgesehene Verteidigung steht dem Täter nicht zur Verfügung, wenn er sich leichtfertig in eine Situation begab, in der er wahrscheinlicherweise einer Nötigung unterworfen werden würde.[79] Die Verteidigung steht ihm gleichfalls nicht zur Verfügung, wenn er sich fahrlässig in eine solche Situation begab, sofern

---

[76] Dt. 9 S. 12 setzt diese die Trunkenheit verursachenden Mittel für das neutrale Wort „*substances*" des Textes ein.

[77] Zum Beispiel auf Nötigung oder die Vorspiegelung, es handele sich um harmlose Getränke (Dt. 9 S. 11).

[78] Im Gegensatz zu den in den Strafgesetzen der meisten Einzelstaaten genannten Einschränkungen verschiedener Art erkennt der Code Nötigung als Entschuldigungsgrund an, auch wenn die Drohung nicht Tötung oder eine schwere Körperverletzung des Bedrohten zum Gegenstand hat, wenn die Drohung nicht die unmittelbare Zufügung eines Übels androht und wenn die abgenötigte Tat Tötung eines anderen ist. Als einzige Einschränkung anerkennt der Code Gewalt oder Drohung gegen die *Person* des Bedrohten oder eines anderen, *nicht* auch gegen *Eigentum* (Dt. 10 S. 7 f.).

[79] Gedacht ist an Fälle, in denen jemand sich in die Gesellschaft von Übeltätern begibt. Durch die hier in dieser Hinsicht vorgesehene Unterscheidung zwischen Leichtfertigkeit und Fahrlässigkeit wird die Möglichkeit offen gehalten, den Genötigten als Teilnehmer (*accomplice*) der Übeltäter (2.06 [3]) wegen Teilnahme an einer vorsätzlich begangenen Tat zu bestrafen (Dt. 10 S. 8).

Fahrlässigkeit als Schuldform für die ihm zur Last gelegte Tat ausreicht.

(3) Eine Ehefrau kann sich nicht damit verteidigen, daß sie auf Befehl ihres Mannes handelte, es sei denn, daß sie unter einem Zwang stand, der als Verteidigung im Sinne dieser Sektion anerkannt ist. (Die Vermutung, daß eine Ehefrau, die in Gegenwart ihres Mannes handelt, unter Zwang steht, ist nicht länger anerkannt.)[80]

(4) Ist das Verhalten des Täters gemäß Sektion 3.02 gerechtfertigt, dann schließt Sektion 2.09 eine auf Sektion 3.02 gestützte Verteidigung nicht aus.[81]

## Sektion 2.10
### Der militärische Befehl

Verteidigt der Täter sich damit, daß er mit dem ihm als Gesetzesverletzung zur Last gelegten Verhalten lediglich einen ihm von seinem militärischen Vorgesetzten erteilten Befehl ausführte, und daß ihm die Rechtswidrigkeit des Befehls nicht bekannt war[82], dann hat er dies glaubhaft zu machen.

## Sektion 2.11
### Einwilligung des Verletzten

(1) *Grundsätzliches.* Die Einwilligung des Verletzten zu einem dem Täter als Gesetzesverletzung zur Last gelegten Verhalten oder zu einem Erfolg desselben kann als Verteidigung geltend gemacht werden, wenn sie der Verwirklichung eines Tatbestandsmerkmals der Gesetzesverletzung entgegensteht oder die Zufügung einer Schädigung oder eines Übels ausschließt, welches das die Gesetzesverletzung begrifflich bestimmende Gesetz zu verhindern sucht.

(2) *Einwilligung in eine Körperverletzung.* Wird ein Verhalten

---

[80] Entgegen dem in einzelnen Staaten noch teilweise anerkannten Grundsatz der Unterwerfung der Ehefrau unter die Gewalt ihres Mannes und dem daraus folgenden Mangel ihrer strafrechtlichen Verantwortung (Dt. 10 S. 9 ff.).

[81] Entgegen dem in 3.02 (1) (a) geforderten Wertverhältnis zwischen dem durch Notstand bedrohten und dem verletzten Rechtsgut kommt es in 2.09 auf dieses Verhältnis nicht an. Daher ist, wie in Dt. 10 S. 6 f. angedeutet, die Nötigung der Sektion 2.09 als Entschuldigungsgrund aufzufassen, im Gegensatz zum Rechtfertigungsgrund der Sektion 3.02. Andererseits ergibt sich aus Unterabschnitt (4), daß auch ein durch Gewalt oder Drohung, und nicht allein durch Naturkräfte hervorgerufener Notstand gemäß 3.02 gerechtfertigt ist, sofern das in 3.02 geforderte Wertverhältnis vorliegt (Dt. 10 S. 5).

[82] Dies genügt als Verteidigung in einem Strafverfahren vor den bürgerlichen Gerichten. In einem Verfahren vor einem Militärgericht wäre darüber hinaus zu prüfen, ob vom Angeklagten erwartet werden konnte, daß er die Rechtswidrigkeit des Befehls erkannte (Comm. zu 2.10).

dem Täter zur Last gelegt, welches eine Körperverletzung verursacht oder zu verursachen droht, dann kann die Einwilligung zu solchem Verhalten oder zur Zufügung solcher Verletzung als Verteidigung geltend gemacht werden, wenn:

(a) die Körperverletzung nicht schwer ist, zu der die Einwilligung erteilt war, oder die durch das Verhalten droht, in das eingewilligt wurde; oder

(b) das Verhalten und die Verletzung allgemein voraussehbaren Gefahren bei einer Beteiligung an einem rechtlich zugelassenen Wettkampf oder einem sportlichen Wettbewerb entsprechen; oder

(c) die Einwilligung einen Rechtfertigungsgrund für das Verhalten im Sinne des Artikels 3 des Code bildet.

(3) *Unwirksame Einwilligung.* Sofern im Code oder in dem die Gesetzesverletzung begrifflich bestimmenden Gesetz nichts anderes bestimmt ist, ist die Einwilligung unwirksam, wenn:

(a) sie von einer Person erteilt ist, die rechtlich nicht befugt ist, das dem Täter als Gesetzesverletzung zur Last gelegte Verhalten zu billigen; oder

(b) sie von einer Person erteilt ist, die aufgrund jugendlichen Alters oder einer Geisteskrankheit oder -störung oder Trunkenheit offenkundig oder vom Täter erkannt unfähig ist, sich ein vernünftiges Urteil über die Natur oder die Schädlichkeit des dem Täter als Gesetzesverletzung zur Last gelegten Verhaltens zu bilden; oder

(c) sie von einer Person erteilt ist, deren unbedachtsame Einwilligung das die Gesetzesverletzung begrifflich bestimmende Gesetz zu verhindern sucht; oder

(d) sie durch Gewalt, Nötigung oder Täuschung erlangt ist, die das die Gesetzesverletzung begrifflich bestimmende Gesetz zu verhindern sucht.

## Sektion 2.12
## **Unerhebliche Rechtsverletzungen**

Das Gericht soll ein Strafverfahren einstellen, wenn es im Hinblick auf die Art des dem Angeklagten als Gesetzesverletzung zur Last gelegten Verhaltens und auf die Begleitumstände zu der Auffassung gelangt, daß sein Verhalten:

(1) sich in den Grenzen dessen hielt, was üblicherweise erlaubt ist, oder geduldet wird und weder von dem, dessen Interesse es verletzte, ausdrücklich mißbilligt wurde, noch mit dem Zweck des die Gesetzesverletzung begrifflich bestimmenden Gesetzes unvereinbar war; oder

(2) tatsächlich die Schädigung oder das Übel, welches das die Gesetzesverletzung begrifflich bestimmende Gesetz zu verhindern sucht,

weder verursachte noch zu verursachen drohte, oder dies in einem zu geringen Umfang tat, um die in einer Verurteilung enthaltene Mißbilligung zu rechtfertigen; oder

(3) andere Milderungsgründe aufweist, in Anbetracht deren nicht anzunehmen ist, daß es vom Gesetzgeber beim Verbot der Gesetzesverletzung in Betracht gezogen wurde.

Stellt das Gericht das Verfahren gemäß dem Unterabschnitt (3) dieser Sektion ein, dann soll es einen Bericht über die Gründe zu den Akten geben.

## Sektion 2.13
## **Der Lockspitzel**

(1) Ein zur Aufrechterhaltung der Rechtsordnung bestellter Beamter oder ein im Zusammenwirken mit ihm Handelnder stellt einem anderen eine Falle, wenn er zwecks Erlangung eines Beweises der Begehung einer Gesetzesverletzung einen anderen veranlaßt oder ermutigt[83], eine solche Gesetzesverletzung zu begehen, indem er entweder:

(a) falsche Angaben macht, dazu bestimmt, den Glauben zu erwecken, daß solch ein Verhalten nicht verboten ist; oder

(b) Mittel der Überredung oder des Verleitens anwendet und hierdurch möglicherweise erreicht, daß solch eine Gesetzesverletzung durch andere Personen begangen wird, als durch diejenigen, welche sich nicht scheuen, sie zu begehen.[84]

(2) Abgesehen von dem im Unterabschnitt (3) dieser Sektion geregelten Fall ist eine wegen einer Gesetzesverletzung strafrechtlich verfolgte Person freizusprechen, wenn sie durch überwiegenden Beweis dartut, daß ihr Verhalten auf ein Verleiten zurückzuführen ist. Über ein solches Verleiten ist durch das Gericht ohne Zuziehung von Geschworenen zu entscheiden.[85]

(3) Die in dieser Sektion zugebilligte Verteidigung steht nicht zur Verfügung, wenn die Zufügung einer Körperverletzung oder die Bedrohung mit einer solchen zum Tatbestand der zur Last gelegten Ge-

---

[83] Auf den Charakter des Verleiteten, insbesondere ob er durch Vorstrafen belastet ist, kommt es nicht an. Der Verleitete geht straffrei aus, nicht weil ihn keine Schuld trifft, sondern um der Polizei den Anreiz zu nehmen, andere zu Taten zu veranlassen, die Anlaß zur Strafverfolgung bieten (Dt. 9 S. 14 f. u. 19 f.).

[84] Gedacht ist an Prostituierte und Händler, die Rauschgifte im Straßenhandel anbieten. Personen, die Gewerbe dieser Art betreiben, werden durch die Annäherung von Lockspitzeln nicht erst zur Begehung von Straftaten verleitet. Außerdem lehrt die Erfahrung, daß diese, die Volksgesundheit schädigenden Gesetzesverletzungen, nur mit Hilfe von Lockspitzeln wirksam bekämpft werden können (Dt. 9 S. 16 ff.).

[85] Es ist Sache des Richters und nicht der Geschworenen, die Öffentlichkeit vor Übergriffen der Polizei zu schützen (Dt. 9 S. 21 f.).

setzesverletzung gehört, und wenn das Strafverfahren ein Verhalten zum Gegenstand hat, welches einen anderen als den Verleitenden körperlich verletzte oder zu verletzen drohte.

## Artikel 3

## ALLGEMEINE GRUNDSÄTZE DER RECHTFERTIGUNG

### Sektion 3.01
### Glaubhaftmachung des Rechtfertigungsgrundes; zivilrechtliche Ansprüche bleiben unberührt

(1) Beruft der Täter sich in einem Strafverfahren darauf, daß sein Verhalten gemäß den Vorschriften dieses Artikels gerechtfertigt war, dann hat er dies glaubhaft zu machen.[86]

(2) Die Tatsache, daß ein Verhalten gemäß den Vorschriften dieses Artikels gerechtfertigt ist, berührt in keiner Weise die für solch ein Verhalten im Zivilrecht vorgesehenen Ansprüche.

### Sektion 3.02
### Rechtfertigung im allgemeinen

(1) Ein Verhalten, das der Täter für notwendig hält, um eine Schädigung oder ein Übel von sich oder einem anderen abzuwenden[87], ist gerechtfertigt, sofern:

---

[86] Solange dies nicht geschehen ist, braucht die Strafverfolgungsbehörde sich zu dem vom Angeklagten behaupteten Rechtfertigungsgrund nicht zu äußern, so: 1.12 (2) (a). Erst danach hat sie, falls sie den Rechtfertigungsgrund nicht anerkennt, ihn in einer, jeden Zweifel ausschließenden Weise zu widerlegen (Dt. 8 S. 4).

[87] Mit der Formulierung „*conduct which the actor believes to be necessary to avoid harm or evil*“ bringt der Code zum Ausdruck, daß solch ein Verhalten unter den in (a) bis (c) genannten Voraussetzungen nur dann gerechtfertigt ist, wenn der Handelnde sich der Notwendigkeit seines Verhaltens bewußt ist. Notwendigkeit als solche, d. h. ohne dieses Bewußtsein auf seiten des Handelnden, genüge zur Rechtfertigung nicht; „*One cannot act by accident from necessity*“ (Dt. 8 S. 10). Die Formulierung ist jedoch nicht eindeutig, schließt vielmehr zwei Möglichkeiten ein: Entweder der Handelnde beurteilt die Sachlage richtig, indem er sein Verhalten für notwendig erachtet, oder er irrt sich hierin. Nur in bezug auf die erste Alternative kann — vom juristisch-logischen Standpunkt aus — behauptet werden, sein „*conduct . . . is justifiable*“, während unter Zugrundelegung der zweiten Alternative sein Verhalten nur entschuldbar wäre. Wie in der allgemeinen Übersicht zu Artikel 3 in Dt. 8 S. 2 ausgeführt wird, geht der Code von der Unterscheidung von Entschuldigung und Rechtfertigung (*distinction between excuse and justification*) aus. Auch in den Ausführungen zu 3.02 wird in Dt. 8 S. 6 zugestanden, daß der „Glaube an die Notwendigkeit seines Verhaltens“ (*belief in the necessity of his conduct*) den Täter „entschuldigt“ (*exculpates*), sofern er bei der Beurteilung des Wertverhältnisses

(a) die Schädigung oder das Übel, das er durch sein Verhalten abzuwenden sucht, größer ist als das, welches das Gesetz zu verhindern sucht[87a], das die ihm zur Last gelegte Gesetzesverletzung begrifflich bestimmt; und

(b) weder der Code noch ein anderes die Gesetzesverletzung begrifflich bestimmendes Gesetz für den zur Beurteilung stehenden Fall Ausnahmen oder Verteidigungsgründe vorsieht; und

(c) die Absicht des Gesetzgebers, den in Anspruch genommenen Rechtfertigungsgrund auszuschließen, nicht in anderer Weise klar zutage tritt.

(2) Handelt der Täter leichtfertig oder fahrlässig, entweder indem er eine Sachlage herbeiführt, in der er sich für die Verletzung bestimmter Rechtsgüter zugunsten der Erhaltung anderer Rechtsgüter entscheiden muß, oder indem er sein Verhalten für notwendig erachtete, dann steht ihm ein in dieser Sektion anerkannter Rechtfertigungsgrund in einem Strafverfahren wegen einer Gesetzesverletzung nicht zur Verfügung, bei der, je nach der Vorschrift des Gesetzes, Leichtfertigkeit oder Fahrlässigkeit als Schuldform ausreicht.

## Sektion 3.03
## Vollziehung von Amtshandlungen

(1) Abgesehen von den Vorschriften des Unterabschnitts (2) dieser Sektion ist ein Verhalten gerechtfertigt, wenn es gefordert oder für zulässig erklärt ist durch:

(a) das Recht, insoweit es die Pflichten oder Funktionen eines

---

zwischen dem verletzten und dem angegriffenen Rechtsgut nicht fehlgreift. Im Code kommt der Unterschied der juristischen Folgen bei zutreffender und bei irrtümlicher Annahme der Notwendigkeit des Verhaltens nicht zum Ausdruck. Dies führt in einzelnen Vorschriften zu handgreiflichen Unstimmigkeiten, z. B. in 3.07 (4), wo die Gewaltanwendung seitens einer Privatperson, die von einem Sicherheitsbeamten aufgefordert ist, bei einer unrechtmäßigen Verhaftung Hilfe zu leisten, als „gerechtfertigt" (*justified*) gekennzeichnet ist. Inwieweit der Mangel der Durchführung der Unterscheidung zwischen *justifiable* und *excusable* auf die Rechtsprechung von Einfluß sein wird, bleibt abzuwarten. Über die Möglichkeit, den Code entsprechend zu ergänzen, s. Anm. 104 zu 3.09 (2).

[87a] Das hier zum Ausdruck kommende Wertverhältnis unterliegt keinerlei Beschränkung: Bei der abzuwendenden Schädigung kommt nicht lediglich eine Gefahr für Leib oder Leben in Frage, und von dem Übel, das das Gesetz unter normalen Verhältnissen zu verhindern sucht, sind Tötung oder Körperverletzung nicht ausgeschlossen (Dt. 8 S. 7). Der Bergführer, der das Seil durchschneidet, an dem ein über dem Abgrund Schwebender hängt, trägt zwar zu dessen Tod bei, rettet jedoch sein Leben und das anderer vor dem gleichen Schicksal. Wie dieses Beispiel und viele andere, der Erläuterung von 3.02 dienenden Beispiele in Dt. 8 S. 8 f. zeigen, ist als Anwendungsfeld von 3.02 in erster Linie an den Notstand gedacht.

Beamten umschreibt oder die Unterstützung, die ihm bei Durchführung seiner Pflichten zu leisten ist; oder

(b) das Recht, insoweit es die Durchführung eines rechtlichen Verfahrens regelt; oder

(c) das Urteil eines zuständigen Gerichts oder Militärgerichtshofs; oder

(d) das Recht, insoweit es sich auf die bewaffnete Macht oder die nach rechtlichen Grundsätzen zu vollziehende Führung eines Krieges bezieht; oder

(e) irgendeine andere, eine öffentliche Pflicht auferlegende Vorschrift des Rechts.

(2) Die übrigen Sektionen dieses Artikels beziehen sich auf:

(a) die Anwendung von Gewalt gegen einen anderen, um einen der in diesen Sektionen genannten Zwecke zu erreichen; und

(b) die Anwendung lebensgefährendender Gewalt zu irgendeinem Zweck, soweit ihre Anwendung nicht an anderer Stelle durch ein Gesetz ausdrücklich zugelassen ist oder im Verlauf eines nach rechtlichen Grundsätzen geführten Krieges geschieht.

(3) Die in Unterabschnitt (1) dieser Sektion anerkannte Rechtfertigung greift durch:

(a) wenn der Täter glaubt, sein Verhalten sei durch das Urteil oder die Anordnung eines zuständigen Gerichts oder Militärgerichtshofs oder in Verfolg eines rechtlichen Grundsätzen entsprechenden Verfahrens gefordert oder für zulässig erklärt, selbst wenn das Gericht unzuständig oder die Durchführung des Verfahrens fehlerhaft war[87b]; und

(b) wenn der Täter glaubt, er sei zu seinem Verhalten von einem Beamten aufgefordert oder ermächtigt, um ihn bei der Durchführung seiner Pflichten zu unterstützen, selbst wenn der Beamte seine rechtlichen Befugnisse hierbei überschritt.

## Sektion 3.04
## Gewaltanwendung im Falle von Notwehr

(1) *Gewaltanwendung zum Schutz der Person ist grundsätzlich gerechtfertigt.* Vorbehaltlich der Bestimmungen dieser Sektion und der Sektion 3.09 ist Gewaltanwendung gegen einen anderen gerechtfertigt, wenn der Handelnde glaubt[88], solche Gewalt sei unverzüglich

---

[87b] Offenbar ist in solchen Fällen, wie auch unter (b), im Gegensatz zu der den Unterabschnitt (3) einleitenden Formulierung: „*The justification afforded by subsection (1) ... applies*“ das Verhalten objektiv nicht gerechtfertigt. — Entschuldbar ist es solange, wie der Glaube des Täters nicht auf Leichtfertigkeit oder Fahrlässigkeit beruht; alsdann greift 3.09 (2) durch (Dt. 8 S. 11 f.).

[88] Über das Erfordernis, daß der Handelnde sich der Notwendigkeit seines Handelns bewußt sein muß, s. Anm. zu 3.02 (1). Fehlt ihm dieses

notwendig, um sich gegen einen gegenwärtigen unrechtmäßigen Angriff eines anderen zu schützen.

(2) *Begrenzung der Befugnis zur Gewaltanwendung.*

(a) Gewalt im Sinne dieser Sektion ist nicht gerechtfertigt, wenn angewendet:

(i) um gegen eine Verhaftung[89] Widerstand zu leisten, die, dem Handelnden erkennbar, von einem Polizeibeamten vorgenommen wird, selbst wenn die Verhaftung unrechtmäßig ist; oder

(ii) um einer von einem Besitzer oder besitzenden Eigentümer oder von einem anderen in seinem Namen ausgeübten Gewalt Widerstand zu leisten, wenn der Handelnde weiß, daß der Gewaltanwendende sich darauf beruft, von seinem Recht, sein Eigentum zu schützen, Gebrauch zu machen; doch findet diese Begrenzung keine Anwendung, wenn:

(1) der Handelnde ein öffentlicher Beamter ist, der in Ausübung seiner Pflichten handelt, oder jemand, der ihn hierbei rechtmäßig unterstützt, oder jemand, der rechtmäßig eine Verhaftung vornimmt oder hierbei Unterstützung leistet; oder

(2) der Handelnde unrechtmäßig seines Eigentums beraubt worden ist und es, gerechtfertigt durch Sektion 3.06, wieder betritt oder wieder an sich nimmt; oder

(3) der Handelnde glaubt, daß Gewaltanwendung notwendig ist, um ihn vor dem Tode oder einer schweren Körperverletzung zu schützen.

(b) Die Anwendung lebensgefährdender Gewalt[90] ist gemäß den Bestimmungen dieses Artikels nicht gerechtfertigt, es sei denn, der Handelnde glaubt, daß solche Gewalt notwendig ist, um ihn vor dem Tode, einer schweren Körperverletzung, vor Menschenraub oder einem durch Gewalt oder Drohung erzwungenen Geschlechtsverkehr zu schützen. Sie ist außerdem nicht gerechtfertigt, wenn:

(i) der Handelnde Gewalt gegen sich selbst provoziert hat, um bei dieser Gelegenheit den anderen zu töten oder körperlich schwer zu verletzen; oder

(ii) der Handelnde weiß, daß er die Notwendigkeit solcher Gewaltanwendung vermeiden kann, ohne sich selbst zu gefährden, indem er sich zurückzieht[91] oder den Besitz an der Sache dem

---

Bewußtsein, dann handelt er nicht in Notwehr (Dt. 8 S. 17). Irrt er sich über die Notwendigkeit seiner Abwehr oder über die Rechtmäßigkeit des Angriffs, dann greift 3.09 durch (Dt. 8 S. 18).

[89] Die Begrenzung der Befugnis zur Gewaltanwendung bezieht sich nur auf die Verhaftung als solche. Abwehr einer darüber hinausgehenden Mißhandlung ist gerechtfertigt (Dt. 8 S. 19).

[90] Zum Begriff „tödliche Gewalt" (*deadly force*) s. Sektion 3.11 (2).

[91] Über den grundsätzlich gegenteiligen Standpunkt des geltenden

überläßt, der ein Recht auf sie zu haben behauptet, oder indem er der Forderung genüge tut, sich einer Handlung zu enthalten, zu der er nicht verpflichtet ist; indes:

(1) der Handelnde ist nicht verpflichtet, seine Wohnung oder Arbeitsstätte zu verlassen, es sei denn, er war der ursprüngliche Angreifer oder wurde an seiner Arbeitsstätte von dem angegriffen, der, wie er weiß, dort zu arbeiten pflegt; und

(2) ein öffentlicher Beamte, der berechtigt ist, bei Ausübung seiner Pflichten Gewalt anzuwenden, oder jemand, der befugt ist, zu dessen Unterstützung Gewalt anzuwenden, wie auch derjenige, der befugt ist, Gewalt anzuwenden, um eine Verhaftung vorzunehmen oder ein Entweichen zu verhindern, ist nicht verpflichtet, von der Durchführung solch einer Pflicht, der Vornahme einer Verhaftung oder der Verhinderung des Entweichens deshalb abzustehen, weil derjenige, gegen den solch eine Handlung gerichtet ist, oder ein anderer zu dessen Gunsten Widerstand leistet oder zu leisten droht.

c) Abgesehen von den in den Paragraphen (a) und (b) dieses Unterabschnitts aufgestellten Beschränkungen ist es dem Ermessen des einzelnen überlassen, die Notwendigkeit von Gewaltanwendung zu seinem Schutz nach den Umständen, wie er sie auffaßt, zu beurteilen, wenn er, ohne sich zurückzuziehen oder einen Besitz aufzugeben, Gewalt anwendet, um etwas zu tun, wozu er rechtlich nicht verpflichtet ist[92], oder um sich einer rechtmäßigen Handlung zu enthalten.

(3) *Einsperrung als Schutzmaßnahme.* Unter die in dieser Sektion anerkannten gerechtfertigten Maßnahmen fällt Einsperrung als Schutzmaßnahme[93] nur dann, wenn der Handelnde angemessene Vorsorge dafür trifft, die Einsperrung zu beenden, sobald er dies tun kann, ohne sich zu gefährden, es sei denn, die eingesperrte Person war aufgrund der Beschuldigung, eine Straftat begangen zu haben, verhaftet.

## Sektion 3.05
## Gewaltanwendung zum Schutz anderer Personen

(1) Vorbehaltlich der Vorschriften dieser Sektion und der Sektion 3.09 ist Gewaltanwendung gegen einen anderen zum Schutze eines Dritten gerechtfertigt, wenn:

(a) der Handelnde gemäß Sektion 3.04 befugt wäre, solche Ge-

---

amerikanischen Rechts bzl. der Pflicht, sich zurückzuziehen, der *„duty to retreat“* und des Rechts *„to stand one's ground“*, s. Amer. Str. S. 150 ff.

[92] Gedacht ist insbesondere an Bewegungsfreiheit: Wer sich an einen bestimmten Ort begeben will, kann gegen den ihn hieran Hindernden notfalls Gewalt anwenden (Dt. 8 S. 27).

[93] Über Einsperrung als rechtswidrige Gewalt (*unlawful force*) s. 3.11 (1).

walt anzuwenden, um sich selbst vor einer Verletzung zu schützen von der, wie er glaubt, derjenige bedroht ist, den er zu schützen sucht; und

(b) derjenige, den er zu schützen sucht, unter den vom Handelnden angenommenen Umständen befugt wäre, solche Gewalt zu seinem eigenen Schutz anzuwenden; und

(c) der Handelnde glaubt, daß sein Dazwischentreten zum Schutz des anderen notwendig ist.

(2) Ungeachtet des Unterabschnitts (1) dieser Sektion:

(a) Wäre der Handelnde gemäß Sektion 3.04 verpflichtet, sich zurückzuziehen, den Besitz an einer Sache aufzugeben oder einem bestimmten Verlangen nachzukommen, bevor er zum Schutz seiner selbst zur Gewaltanwendung übergeht, dann ist er hierzu nicht verpflichtet, wenn er Gewalt zum Schutz eines anderen anwendet, es sei denn, er weiß, daß er durch solches Verhalten den anderen vollkommen sichern könnte; und

(b) wäre derjenige, den der Handelnde zu schützen sucht, gemäß Sektion 3.04 verpflichtet, sich zurückzuziehen, den Besitz an einer Sache aufzugeben oder einem bestimmten Verlangen nachzukommen, wenn er wüßte, daß er sich hierdurch vollkommen sichern könnte, dann ist der Handelnde verpflichtet, ihn hierzu zu veranlassen, bevor er zu dessen Schutz zur Gewaltanwendung übergeht, sofern er weiß, daß der andere sich durch solches Verhalten vollkommen sichern kann; und

(c) ist weder der Handelnde noch der andere, den er zu schützen sucht, verpflichtet sich eher zurückzuziehen, wenn er sich in des anderen, als wenn er sich in der eigenen Wohnung oder Arbeitsstätte befindet.

## Sektion 3.06
### Gewaltanwendung zum Schutz von Eigentum

(1) *Gerechtfertigte Gewaltanwendung zum Schutz von Eigentum.* Vorbehaltlich der Vorschriften dieser Sektion und der Sektion 3.09 ist die Anwendung von Gewalt gegen einen anderen[94] gerechtfertigt, wenn der Handelnde glaubt, solche Gewalt sei unmittelbar notwendig:

(a) um unrechtmäßiges Betreten oder eine andere Besitzstörung von Liegenschaften oder die Störung des Besitzers oder unrechtmäßiges Wegtragen von beweglichen Sachen zu verhindern oder zu beenden, vorausgesetzt, daß solch Grundstück oder bewegliches Eigentum sich tatsächlich oder nach der Meinung des Handelnden in seinem Besitz oder in Besitz dessen befindet, zu dessen Schutz er handelt; oder

---

[94] Gerechtfertigtes Einwirken auf fremdes Eigentum als solches ist in 3.10 normiert.

(b) um das Betreten oder Wiederbetreten eines Grundstücks oder das wieder-in-Besitz-Nehmen von beweglichen Sachen durchzuführen, vorausgesetzt der Handelnde ist der Ansicht, daß er oder derjenige, mit dessen Ermächtigung er handelt, oder derjenige, von dem er oder solch ein anderer seine Befugnis herleitet, unrechtmäßig des Grundstücks oder des beweglichen Eigentums beraubt und daher zum Besitz berechtigt ist; vorausgesetzt ferner, daß:

(i) die Gewaltanwendung unmittelbar nach der Besitzentziehung oder noch während der Verfolgung geschieht; oder

(ii) der Handelnde annimmt, daß derjenige, gegen den er Gewalt anwendet, keinen Anspruch auf den Besitz an dem Eigentum hat, und, sofern es sich um ein Grundstück handelt, die Sachlage, so wie der Handelnde sie sieht, so dringlich Handeln erfordert, daß ein ungewöhnlicher Schaden entstehen könnte, würde das Betreten oder Wiederbetreten aufgeschoben, bis eine gerichtliche Verfügung erwirkt ist.

(2) *Begriffsbestimmung von Besitz.* Im Sinne des Unterabschnitts (1) dieser Sektion:

(a) wer die Obhut über Eigentum einem anderen überlassen hat, der sich weigert, es ihm zurückzugeben, ist nicht länger im Besitz desselben, es sei denn, es handelt sich um bewegliche Sachen, die nach wie vor sich auf einem Grundstück befinden, das er in Besitz hat;

(b) wer aus einem Grundstück vertrieben ist, erlangt den Besitz daran nicht dadurch zurück, daß er es betritt[95];

(c) von demjenigen, dem die Befugnis erteilt ist, ein Grundstück zu benutzen oder in Besitz zu nehmen, wird vermutet, daß er sich im Besitz desselben befindet, ausgenommen gegenüber dem, der ihm die Befugnis erteilt hat, wenn dieser sein Recht auf das Grundstück geltend macht.

(3) *Grenzen gerechtfertigter Gewaltanwendung.*

(a) *Ersuchen, Störungen zu unterlassen.* Gewaltanwendung ist gemäß dieser Sektion nur dann gerechtfertigt, wenn der Handelnde denjenigen, gegen den er Gewalt anwendet, zunächst ersucht, sich jeglicher Einwirkung auf das Eigentum zu enthalten, es sei denn, der Handelnde ist der Ansicht, daß:

(i) solch ein Ersuchen nutzlos sein würde; oder

(ii) das Ersuchen zu stellen, ihn selbst oder einen anderen in Gefahr bringen würde; oder

(iii) das Eigentum, dessen Schutz angestrebt wird, wesentlich geschädigt werden würde, bevor das Ersuchen gestellt werden und zur Auswirkung gelangen kann.

---

[95] Demnach kann er sich gegen den ihn verdrängenden Besitzer nicht mit Gewalt verteidigen (Dt. 8 S. 38).

(b) *Ausschließen von Eindringlingen.* Gewaltanwendung zur Verhinderung oder Beendigung einer Besitzstörung ist gemäß dieser Sektion nicht gerechtfertigt, wenn der Handelnde weiß, daß das Ausschließen den Eindringling der Gefahr ernster körperlicher Schädigung aussetzen würde.

(c) *Widerstand gegen rechtmäßiges Wiederbetreten oder wieder-in-Besitz-Nehmen.* Gewaltanwendung zur Verhinderung des Betretens oder Wiederbetretens eines Grundstücks oder des wieder-in-Besitz-Nehmens beweglichen Eigentums ist gemäß dieser Sektion nicht gerechtfertigt, selbst wenn der Handelnde der Ansicht ist, daß solch ein Wiederbetreten oder wieder-in-Besitz-Nehmen unrechtmäßig ist, sofern:

(i) das Wiederbetreten oder das wieder-in-Besitz-Nehmen durch denjenigen oder zugunsten dessen geschieht, der tatsächlich des Eigentums beraubt worden ist; und

(ii) es andernfalls gemäß Paragraph (1) (b) dieser Sektion gerechtfertigt ist.

(d) *Anwendung lebensgefährdender Gewalt.* Anwendung lebensgefährdender Gewalt ist gemäß dieser Sektion nicht gerechtfertigt, es sei denn, der Handelnde glaubt, daß:

(i) derjenige, gegen den er Gewalt anwendet, ihn aus seiner Wohnung zu verdrängen sucht, ohne sich hierbei auf sein Recht zum Besitz zu berufen; oder

(ii) derjenige, gegen den er Gewalt anwendet, versucht Brandstiftung, Einbruch, Raub oder eine andere verbrecherische Eigentumsaneignung oder -zerstörung zu begehen oder durchzuführen und er entweder:

(1) lebensgefährdende Gewalt gegen den Handelnden oder in dessen Gegenwart gegen einen anderen angewendet oder angedroht hat; oder

(2) die Anwendung anderer als lebensgefährdender Gewalt, um die Begehung oder Durchführung der Straftat zu verhindern, den Handelnden oder einen anderen in seiner Gegenwart, der Gefahr einer schweren Körperverletzung aussetzen würde.

(4) *Anwendung von Freiheitsentziehung als Schutzmaßnahme.* Die in dieser Sektion zugestandene Rechtfertigung erstreckt sich auf die Anwendung von Freiheitsentziehung als Schutzmaßnahme nur dann, wenn der Handelnde alle gebotenen Vorkehrungen trifft, die Freiheitsentziehung zu beenden, sobald er weiß, daß er dies tun kann, ohne das Eigentum zu gefährden, es sei denn, die eingesperrte Person ist aufgrund der Beschuldigung verhaftet, eine Straftat begangen zu haben.

(5) *Anwendung von Vorrichtungen zum Schutz des Eigentums.* Die in dieser Sektion zugestandene Rechtfertigung erstreckt sich auf die

Anwendung von Vorrichtungen zum Schutz des Eigentums nur dann, wenn:

(a) die Vorrichtung nicht dazu bestimmt oder, wie allgemein bekannt, nicht geeignet ist, den Tod oder eine schwere Körperverletzung zu verursachen; und

(b) die Anwendung einer besonderen Vorrichtung, Eigentum vor dem Betreten oder einer anderen Störung zu schützen, unter den vom Handelnden als gegeben angenommenen Umständen vernünftig erscheint; oder

(c) die Vorrichtung in der Regel zu solch einem Zweck gebraucht wird, oder hinreichend dafür gesorgt ist, daß Eindringlinge gewahr werden, daß sie angewendet ist.[96]

(6) *Gewaltanwendung gegen einen den Zugang unrechtmäßig Versperrenden.* Gewaltanwendung, um an demjenigen vorbeizugehen, der, wie der Handelnde annimmt, absichtlich oder wissentlich und ungerechtfertigterweise den Handelnden hindert, an einen Ort zu gehen, an den zu gelangen, er ein Recht hat, ist gerechtfertigt, sofern:

(a) der Handelnde der Ansicht ist, daß derjenige, gegen den er Gewalt anwendet, kein Recht hat, ihn zu hindern; und

(b) der Handelnde sich zwar am Betreten und Herumgehen auf dem Grundstück nicht als gehindert betrachten sollte, da er weiß, daß es sich im Besitz oder unter der Obhut dessen befindet, der ihn hindert, oder im Besitz oder unter der Obhut eines anderen, auf dessen Ermächtigung hin der ihn Hindernde handelt; die Umstände jedoch, die der Handelnde als gegeben annimmt, so dringend ein Handeln erfordern, daß es unvernünftig wäre, das Betreten des Grundstücks oder das Herumgehen auf ihm aufzuschieben bis eine gerichtliche Verfügung erlangt ist; und

(c) der Handelnde gegen den ihn Hindernden keine größere Gewalt anwendet als die, welche gerechtfertigt wäre, um ihn am Vorbeigehen zu hindern.

## Sektion 3.07
## Gewaltanwendung zur Erzwingung von Rechtsvorschriften

(1) *Gewaltanwendung bei Vollziehung einer Verhaftung.* Vorbehaltlich der Bestimmungen dieser Sektion und der Sektion 3.09 ist Gewaltanwendung gegen einen anderen gerechtfertigt, wenn der Handelnde eine Verhaftung vollzieht oder hierbei Hilfe leistet, und wenn er annimmt, daß solche Gewalt unmittelbar notwendig ist, um eine gesetzlich zulässige Verhaftung durchzuführen.[97]

---

[96] Andernfalls Haftung wegen leichtfertigen oder bedingt vorsätzlichen Verhaltens (Dt. 8 S. 48).

[97] Der Handelnde muß demnach an die unmittelbare Notwendigkeit der Gewaltanwendung glauben und die Voraussetzungen einer gesetzlich zulässigen Verhaftung für gegeben halten, z. B. von der Annahme ausgehen,

(2) *Beschränkungen der Gewaltanwendung.*

(a) Gewaltanwendung ist gemäß dieser Sektion nur gerechtfertigt, wenn

(i) der Handelnde den Grund der Verhaftung bekannt gibt oder annimmt, dieser Grund sei dem zu Verhaftenden auf andere Weise bereits bekannt[98] oder könne ihm unter den obwaltenden Umständen nicht mitgeteilt werden; und

(ii) die Verhaftung aufgrund eines Haftbefehls erfolgt, der gültig ist oder den der Handelnde für gültig hält.[99]

(b) Die Anwendung lebensgefährdender Gewalt ist gemäß dieser Sektion nur gerechtfertigt, wenn:

(i) die Verhaftung wegen eines Verbrechens erfolgt; und

(ii) der die Verhaftung Vollziehende als Sicherheitsbeamter hierzu befugt ist oder denjenigen unterstützt, von dem er annimmt, daß er befugt ist, als ein Sicherheitsbeamter zu handeln; und

(iii) der Handelnde annimmt, daß die angewendete Gewalt Unbeteiligte nicht der Gefahr einer wesentlichen Verletzung aussetzt; und

(iv) der Handelnde glaubt, daß:

(1) die Straftat, wegen deren die Verhaftung erfolgt, die Anwendung lebensgefährdender Gewalt oder die Bedrohung mit einer solchen in sich schließt; oder

(2) die Gefahr vorliegt, daß der zu Verhaftende einen anderen töten oder körperlich schwer verletzen würde, falls die Festnahme nicht unverzüglich erfolgt.

(3) *Gewaltanwendung, um Entweichen aus der Haft zu verhindern.* Gewaltanwendung, um Entweichen eines Verhafteten aus der Haft zu verhindern, ist gerechtfertigt, wenn die Gewalt hätte rechtmäßig angewendet werden können, um die Verhaftung zu vollziehen, die die Inhaftierung ermöglichte; doch ist der Wächter wie auch jeder andere, der befugt ist, als Sicherheitsbeamter zu handeln, gerechtfertigt, diejenige, selbst lebensgefährdende Gewalt anzuwenden, die er für unmittelbar notwendig hält, um ein Entweichen aus einem Munizipal- oder Staatsgefängnis zu verhindern, wie auch aus einer anderen Anstalt, die zur Internierung von Personen dient, die wegen einer Straftat angeklagt oder verurteilt sind.

---

daß der zu Verhaftende eine strafbare Handlung begangen hat. Ein Irrtum über die Rechtmäßigkeit der Verhaftung schützt ihn gemäß 3.09 (1) nicht (Dt. 8 S. 52).

[98] Ratio legis: Weiß der zu Verhaftende nicht, daß es sich um seine Verhaftung handelt, dann mag er glauben, zur Notwehr berechtigt zu sein (Dt. 8 S. 55).

[99] Doch darf diese Annahme nicht auf Leichtfertigkeit oder Fahrlässigkeit beruhen (Dt. 8 S. 59).

(4) *Gewaltanwendung seitens Privatpersonen, die bei einer unrechtmäßigen Verhaftung Hilfe leisten.*

(a) Eine Privatperson, die von einem Sicherheitsbeamten aufgefordert wird, ihm beim Vollzug einer unrechtmäßigen Verhaftung Hilfe zu leisten, ist gerechtfertigt, diejenige Gewalt anzuwenden, die sie rechtmäßigerweise anwenden könnte, falls die Verhaftung als solche rechtmäßig wäre, vorausgesetzt, daß sie nicht annimmt, daß die Verhaftung unrechtmäßig ist.[100]

(b) Eine Privatperson, die eine andere Privatperson beim Vollzug einer unrechtmäßigen Verhaftung unterstützt, oder die, ohne von einem Sicherheitsbeamten aufgefordert zu sein, ihn beim Vollzug einer unrechtmäßigen Verhaftung unterstützt, ist gerechtfertigt, diejenige Gewalt anzuwenden, die sie rechtmäßigerweise anwenden könnte, falls die Verhaftung als solche rechtmäßig wäre, vorausgesetzt daß (i) sie die Verhaftung für rechtmäßig hält, und (ii) die Verhaftung rechtmäßig wäre, falls die Tatsachen so lägen, wie sie sie als gegeben annimmt.

(5) *Gewaltanwendung, um Selbstmord oder die Begehung einer Straftat zu verhindern.*

(a) Gewaltanwendung gegen einen anderen ist gerechtfertigt, wenn der Handelnde glaubt, daß solche Gewalt unmittelbar notwendig ist, um den anderen an einem Selbstmord oder einer schweren Selbstverletzung zu hindern, sowie auch an der Begehung oder Durchführung einer Straftat, die eine Körperverletzung oder Bedrohung mit einer solchen in sich schließt, oder an der Beschädigung oder Vernichtung von Eigentum oder an dem Bruch des öffentlichen Friedens, es sei denn, daß:

(i) irgendwelche Beschränkungen platzgreifen, auferlegt durch andere Vorschriften dieses Artikels betreffend gerechtfertigte Gewaltanwendung zum Selbstschutz, zum Schutz anderer, zum Schutz von Eigentum, zur Durchführung einer Verhaftung oder zur Verhinderung des Entweichens aus der Haft, ungeachtet der Strafbarkeit des Verhaltens, gegen welches solche Gewalt angewendet wird; und

(ii) Anwendung lebensgefährdender Gewalt gemäß dieser Sektion nicht gerechtfertigt ist, es sei denn:

(1) der Handelnde glaubt, daß die Gefahr besteht, daß derjenige, den er an der Begehung einer Straftat zu hindern sucht, einen anderen töten oder körperlich schwer verletzen werde, sofern nicht die Begehung oder Durchführung der Straftat verhin-

---

100 Ausnahme von 3.09 (1): Der von einem Sicherheitsbeamten zur Hilfeleistung Aufgeforderte hat, wenn er gutgläubig ist, Anspruch auf Rechtsschutz (Dt. 8 S. 64). Desgleichen, wer sich freiwillig zur Verfügung stellt; s. (4) (b).

dert wird, und daß die Anwendung solcher Gewalt keine wesentliche Gefahr einer Verletzung Unbeteiligter in sich birgt; oder

(2) der Handelnde glaubt, daß die Anwendung solcher Gewalt notwendig ist, um einen Aufruhr oder eine Meuterei zu unterdrücken, nachdem die Aufrührer oder Meuterer aufgefordert waren, auseinanderzugehen, und in jeder vom Recht vorgeschriebenen Form gewarnt waren, daß solche Gewalt angewendet werden würde, falls sie dem Befehl nicht Folge leisteten.

(b) Die in diesem Unterabschnitt zugestandene Rechtfertigung erstreckt sich auf die Anwendung von Freiheitsentziehung als Schutzmaßnahme nur dann, wenn der Handelnde alle gebotenen Vorkehrungen trifft, die Freiheitsentziehung zu beenden, sobald er weiß, daß er dies ungefährdet tun kann, es sei denn, die eingesperrte Person ist aufgrund der Beschuldigung verhaftet, eine Straftat begangen zu haben.

## Sektion 3.08

### Gewaltanwendung durch Personen, denen eine besondere Verantwortung für die Obhut, Disziplin oder Sicherheit anderer obliegt

Die Anwendung von Gewalt gegen einen anderen ist gerechtfertigt, wenn:

(1) der Handelnde ein Elternteil, der Vormund oder sonst jemand ist, der in ähnlicher Weise für die allgemeine Wohlfahrt und Überwachung eines Minderjährigen verantwortlich ist, oder jemand, der auf Ersuchen eines Elternteils, des Vormunds oder einer anderen verantwortlichen Person handelt, und:

(a) die Gewalt zum Schutz oder zur Förderung der Wohlfahrt des Minderjährigen, einschließlich der Verhinderung oder Bestrafung seines schlechten Betragens angewendet wird; und

(b) die angewendete Gewalt nicht dazu bestimmt und selbst nicht dazu geeignet ist, den Tod, eine schwere Körperverletzung, Entstellung, ungewöhnliche Schmerzen, seelisches Leiden oder schwere Demütigung zu verursachen[101]; oder

(2) der Handelnde ein Lehrer oder jemand ist, der mit der Obhut oder mit der um eines bestimmten Zweckes willen erfolgenden Beaufsichtigung eines Minderjährigen betraut ist, und:

(a) der Handelnde annimmt, daß die Gewaltanwendung notwendig ist, um solch einen Zweck zu fördern, einschließlich der Aufrechterhaltung einer angemessenen Disziplin in einer Schule, einer Klasse oder einer anderen Gruppe, und daß solche Gewaltanwendung der Wohlfahrt des Minderjährigen dient; und

(b) die Art der Gewalt, wäre sie von einem Elternteil oder dem

---

[101] Bei Leichtfertigkeit oder Fahrlässigkeit in bezug auf die Folgen der Gewaltanwendung greift 3.09 (2) durch (Dt. 8 S. 71).

Vormund des Minderjährigen angewendet, gemäß dem Unterabschnitt (1) (b) dieser Sektion gerechtfertigt wäre; oder

(3) der Handelnde der Vormund oder sonst jemand ist, der in ähnlicher Weise für die allgemeine Obhut und Beaufsichtigung einer behinderten Person verantwortlich ist; und

(a) die Gewalt zum Schutz oder zur Förderung der Wohlfahrt der behinderten Person, einschließlich der Verhinderung seines schlechten Betragens, angewendet wird, oder, falls solch behinderte Person in einem Krankenhaus oder einer anderen Anstalt im Interesse seiner Obhut und Überwachung untergebracht ist, zur Aufrechterhaltung der angemessenen Disziplin innerhalb solch einer Anstalt; und

(b) die angewendete Gewalt nicht dazu bestimmt und selbst nicht dazu geeignet ist, den Tod, eine schwere Körperverletzung, Entstellung, ungewöhnliche Schmerzen, seelisches Leiden oder Demütigung zu verursachen; oder

(4) der Handelnde ein Arzt oder Therapeut oder eine ihm gemäß seiner Anweisung assistierende Person ist, und:

(a) die Gewalt um einer allgemein anerkannten Behandlung willen angewendet wird, und der Handelnde überzeugt ist, daß die Behandlung geeignet ist, die körperliche oder geistige Gesundheit des Patienten zu fördern; und

(b) die Behandlung mit Einwilligung des Patienten vorgenommen wird oder, falls der Patient ein Minderjähriger oder eine behinderte Person ist, mit Zustimmung eines Elternteils oder Vormunds oder eines anderen, der rechtlich zur Zustimmung befugt ist, oder die Behandlung in einem Notfall vorgenommen wird, falls der Handelnde glaubt, daß keiner von denen, die zur Erteilung der Zustimmung befugt wären, befragt werden kann, und daß eine verantwortungsbewußte, auf die Wohlfahrt des Patienten bedachte Person zustimmen würde; oder

(5) der Handelnde ein Wächter oder ein anderer zuständiger Beamter einer Besserungsanstalt ist, und

(a) er annimmt, daß die Gewaltanwendung notwendig ist, um rechtmäßige Bestimmungen oder Praktiken der Anstalt zu erzwingen, es sei denn, sein Glaube an die Rechtmäßigkeit der Bestimmungen oder Praktiken ist irrig, und sein Irrtum ist auf Unkenntnis oder unrichtige Auslegung der Bestimmungen des Code, einer anderen strafrechtlichen Vorschrift oder der die Verwaltung der Anstalt regelnden Bestimmungen zurückzuführen; und

(b) die Art oder Stärke der angewendeten Gewalt nicht durch Sektion 3.03 oder 3.04 des Code verboten ist; und

(c) falls lebensgefährdende Gewalt angewendet wird, sie durch andere Bestimmungen des Artikels gerechtfertigt ist; oder

(6) der Handelnde für die Sicherheit eines Fahrzeuges oder Flug-

zeuges verantwortlich ist oder jemand ist, der nach dessen Anweisungen handelt, und

(a) er annimmt, daß Gewaltanwendung notwendig ist, um eine Einmischung in die Führung des Fahrzeuges oder Flugzeuges zu verhindern, oder um die Durchführung eines rechtmäßigen Befehls zu erzwingen[102], es sei denn, sein Glaube an die Rechtmäßigkeit des Befehls ist irrig, und sein Irrtum ist auf Unkenntnis oder unrichtige Auslegung der seine Befugnis begrifflich bestimmenden Vorschriften zurückzuführen; und

(b) falls lebensgefährdende Gewalt angewendet wird, sie durch andere Bestimmungen dieses Artikels gerechtfertigt ist; oder

(7) der Handelnde rechtlich befugt oder dazu berufen ist, Ordnung und Anstand in einem Fahrzeug, einer Eisenbahn oder einem anderen Beförderungsmittel aufrechtzuerhalten, oder an einem Ort, an dem Personen versammelt sind, und

(a) er annimmt, daß Gewaltanwendung notwendig ist, um dies zu erreichen; und

(b) die angewendete Gewalt nicht dazu bestimmt und selbst nicht dazu geeignet ist, den Tod, eine schwere Körperverletzung oder ungewöhnliches seelisches Leiden zu verursachen.

## Sektion 3.09

### Irrtum in bezug auf die Unrechtmäßigkeit von Gewalt oder die Rechtmäßigkeit der Verhaftung; leichtfertige oder fahrlässige Anwendung von andernfalls gerechtfertigter Gewalt; leichtfertig oder fahrlässig herbeigeführte Verletzung oder Gefahr einer Verletzung Unbeteiligter

(1) Die in den Sektionen 3.04 bis einschließlich 3.07 gewährleistete Rechtfertigung greift nicht durch, wenn:

(a) der Glaube des Handelnden an die Unrechtmäßigkeit der Gewalt oder des Verhaltens, gegen die er Gewalt zu seinem Schutz anwendet, oder sein Glaube an die Rechtmäßigkeit einer Verhaftung, die er mit Gewalt durchzusetzen sucht, irrig ist; und

(b) sein Irrtum auf Unkenntnis oder unrichtige Auslegung der Vorschriften des Code, einer anderen strafrechtlichen Bestimmung oder des die Rechtmäßigkeit von Verhaftung oder Durchsuchung regelnden Gesetzes zurückzuführen ist.[103]

(2) Glaubt der Handelnde, daß Gewaltanwendung gegen einen anderen im Interesse eines der Ziele notwendig ist, im Hinblick auf die solch ein Glaube eine Rechtfertigung gemäß den Sektionen 3.03

[102] Gedacht ist insbesondere an Durchführung von Befehlen in Notstandsfällen, z. B. bei einem Schiffbruch (Dt. 8 S. 75).

[103] Ergänzt und bestätigt 2.02 (9): Der Irrtum über einen Satz des materiellen oder formellen Strafrechts ist unbeachtlich (Dt. 8 S. 7).

bis 3.08 zur Folge haben würde, verhält er sich jedoch leichtfertig oder fahrlässig, indem er dies glaubt oder indem er zu einem Glauben oder einer Kenntnis gelangt, oder aber es hieran fehlen läßt, die für die Rechtfertigung seiner Gewaltanwendung wesentlich wären, dann kann er sich auf die in diesen Sektionen gewährleistete Rechtfertigung in einem Strafverfahren wegen einer Gesetzesverletzung nicht berufen, für die, je nach der Sachlage, Leichtfertigkeit oder Fahrlässigkeit als Schuldform ausreicht.[104]

(3) Ist Gewaltanwendung gegen einen anderen gemäß der Sektionen 3.03 bis 3.08 gerechtfertigt, verletzt der Handelnde jedoch leichtfertig oder fahrlässig Unbeteiligte oder gefährdet er sie körperlich, dann greift die durch diese Sektionen gewährleistete Rechtfertigung in einem Strafverfahren wegen solcher Leichtfertigkeit gegenüber Unbeteiligten nicht durch.

## Sektion 3.10
## Rechtfertigungsgründe bei Eigentumsdelikten

Ein Verhalten, welches Aneignung, In-Besitznahme, Vernichtung, Beschädigung oder Eindringen in fremdes Eigentum oder Störung desselben in sich schließt, ist gerechtfertigt, wenn gemäß den Umständen, unter denen dies geschieht, gegen einen zivilrechtlichen Anspruch eine Einrede zulässig wäre, es sei denn:

(1) der Code oder das die Gesetzesverletzung begrifflich bestimmende Gesetz enthält eine besondere Regelung für die in Betracht kommende Situation; oder

(2) der Wille des Gesetzgebers, den Rechtfertigungsgrund auszuschließen, ist auf andere Weise klar ersichtlich.

## Sektion 3.11
## Begriffsbestimmungen

Sofern nicht eine abweichende Bedeutung ausdrücklich festgelegt ist, bedeutet in diesem Artikel:

(1) „Rechtswidrige Gewalt“ (*unlawful force*) jegliche Gewalt, einschließlich Einsperrung, die ohne Einwilligung dessen, gegen den sie gerichtet ist, angewendet wird, und deren Anwendung eine

---

[104] Wie in Anm. zu 3.02 (1) bemerkt, anerkennt der Code die Unterscheidung zwischen Entschuldigung (*excuse*) und Rechtfertigung (*justification*) als Verteidigung in einem Strafverfahren. Diese Unterscheidung in den Sektionen 3.03 bis 3.08 durchzuführen, würde den Text wahrscheinlich stark belastet haben. Um so notwendiger dürfte zu obiger, auf die Sektionen 3.03 bis 3.08 Bezug nehmenden Vorschrift folgender Zusatz sein: Auch wenn der Glaube des Handelnden weder auf Leichtfertigkeit noch auf Fahrlässigkeit beruht, kann er sich auf die in den Sektionen 3.03 bis 3.08 gewährleistete Rechtfertigung nicht berufen; sein Verhalten ist jedoch entschuldbar.

Gesetzesverletzung oder ein einklagbares Unrecht darstellt oder darstellen würde, stände dem Gewaltanwendenden nicht eine Verteidigung (wie Mangel an Vorsatz oder an Fahrlässigkeit oder an geistigen Fähigkeiten, oder Nötigung, jugendliches Alter oder Diplomatenrang) zu Gebote, die nicht durch eine Befugnis, Gewalt anzuwenden, gedeckt ist. Zustimmung steht der Einwilligung im Sinne dieser Sektion gleich, gleichviel ob sie in anderer Hinsicht rechtlich wirksam ist oder nicht, abgesehen von einer Zustimmung zur Tötung oder schweren Körperverletzung.

(2) „Tödliche Gewalt" (*deadly force*), jegliche Gewalt, die der Handelnde in der Absicht, zu töten oder körperlich schwer zu verletzen, anwendet oder die, wie er weiß, die Gefahr einer Tötung oder schweren Körperverletzung in sich birgt. Absichtliches Schießen in Richtung auf einen Menschen oder auf ein Fahrzeug, in dem ein Mensch vermutet wird, stellt lebensgefährdende Gewalt dar. Eine Drohung, zu töten oder körperlich schwer zu verletzen, etwa durch Sichtbarmachen einer Waffe oder auf andere Weise, steht der Anwendung lebensgefährdender Gewalt nicht gleich, solange der Handelnde nur die Furcht hervorrufen will, daß er, wenn nötig, lebensgefährdende Gewalt anwenden werde.

(3) „Gebäude" (*dwelling*) jegliches Gebäude oder einen Raum, selbst wenn beweglich oder nur einstweilen errichtet, oder ein Teil davon, in dem der Handelnde zur Zeit seine Wohnung oder Unterkunft hat.

## Artikel 4

## STRAFRECHTLICHE VERANTWORTUNG

### Sektion 4.01

### Geisteskrankheit oder Geistesstörung schließt die Verantwortung aus

(1) Für strafbares Verhalten ist nicht verantwortlich, wem zur Zeit solchen Verhaltens aufgrund von Geisteskrankheit oder -störung die Fähigkeit im wesentlichen[105] fehlt, die Strafwürdigkeit seines Verhaltens zu erkennen oder sein Verhalten den Erfordernissen des Rechts anzupassen.[106]

(2) Im Sinne dieses Artikels schließt der Begriff „Geisteskrankheit oder -störung" nicht eine Abnormität ein, die lediglich in wiederhol-

---

[105] Indem die Vorschrift nur fordert, daß dem Täter „die Fähigkeit im wesentlichen" (*substantial capacity*) fehlte, wird der Tatsache Rechnung getragen, daß ein Sachverständiger, der den Täter nur nach der Tat zu beobachten Gelegenheit hatte, gewissenhafterweise nicht sagen kann, daß die Fähigkeit z. Z. der Tat vollständig ausgeschlossen war (Dt. 4 S. 158).

[106] Die Beeinträchtigung der Fähigkeit der Willensbildung steht der Beeinträchtigung der Erkenntnisfähigkeit gleich (Dt. 4 S. 157).

tem strafbaren oder in anderer Weise antisozialen Verhalten zutage tritt.[107]

### Sektion 4.02
**Beweis von Geisteskrankheit oder -störung ist zulässig, wenn für ein Tatbestandsmerkmal der Gesetzesverletzung erheblich; (Eine die Fähigkeit beeinträchtigende Geisteskrankheit oder -störung als Strafmilderungsgrund in mit Todesstrafe bedrohten Fällen).**

(1) Der Beweis, daß der Angeklagte an Geisteskrankheit oder -störung litt, ist zulässig, wann immer der Nachweis erheblich ist, daß der Angeklagte der Schuldform fähig war oder nicht, die ein Tatbestandsmerkmal der Gesetzesverletzung bildet.[108]

((2) Wann immer die Geschworenen oder das Gericht befugt sind, zu bestimmen oder zu empfehlen, daß der Angeklagte aufgrund der Verurteilung mit dem Tode oder mit einer Freiheitsstrafe bestraft werden soll oder nicht, ist der Beweis, daß seine Fähigkeit, die Strafwürdigkeit seines Verhaltens zu erkennen oder sein Verhalten den Erfordernissen des Rechts anzupassen, als Ergebnis einer Geisteskrankheit oder -störung beeinträchtigt war[109], zugunsten einer Freiheitsstrafe zulässig.)

### Sektion 4.03
**Geisteskrankheit oder -störung, als Verteidigung vorgebracht, ist vom Angeklagten glaubhaft zu machen; Erfordernis der Ankündigung; Form des Wahrspruchs und Urteils, wenn Unverantwortlichkeit festgestellt ist**

(1) Verteidigt der Angeklagte sich mit einer seine Verantwortung ausschließenden Geisteskrankheit oder -störung, dann hat er dies glaubhaft zu machen.[110]

(2) Der Beweis einer die Verantwortung ausschließenden Geisteskrankheit oder -störung ist nicht mehr zulässig, wenn der Angeklagte nicht bei seinem Einspruch, er sei nicht schuldig, oder innerhalb von zehn Tagen danach oder zu einem vom Gericht billigerweise zugestandenen späteren Zeitpunkt schriftlich kundgibt, daß er beabsichtigt, seine Verteidigung hierauf zu stützen.

---

[107] Gemeint sind psychopathische Personen, deren strafbares Verhalten sich von dem eines normalen Menschen nur der Häufigkeit, nicht der Art nach, unterscheidet (Dt. 4 S. 160).

[108] Die Streitfrage, ob es verfahrensrechtlich zulässig ist, die Frage der Zurechnungsfähigkeit mit der der Verwirklichung des subjektiven Tatbestandes zu verbinden, wird hier im positiven Sinne entschieden (Dt. 4 S. 193).

[109] Beeinträchtigung der Zurechnungsfähigkeit wird hier als Grund für Strafmilderung empfohlen (Dt. 4 S. 193).

[110] Vgl. Anm. zu 3.01 (1).

(3) Wird der Angeklagte aufgrund einer seine Verantwortung ausschließenden Geisteskrankheit oder -störung freigesprochen, dann soll dies im Wahrspruch und im Urteil zum Ausdruck kommen.

## Sektion 4.04
**Geisteskrankheit oder -störung, die die Verhandlungsfähigkeit ausschließt**

Wem aufgrund von Geisteskrankheit oder -störung die Fähigkeit fehlt, das gegen ihn anhängige Verfahren zu verstehen oder bei seiner Verteidigung mitzuwirken, darf, solange solche Unfähigkeit andauert, weder einer Verhandlung unterworfen, noch wegen einer Gesetzesverletzung verurteilt oder bestraft werden.

## Sektion 4.05
**Untersuchung des Angeklagten durch einen Irrenarzt im Hinblick auf Geisteskrankheit oder -störung**

(1) Hat der Angeklagte eine Anzeige zu den Akten eingereicht, daß er beabsichtige, seine Verteidigung auf eine seine Verantwortung ausschließende Geisteskrankheit oder -störung zu stützen, oder liegt ein Grund vor, an seiner Verhandlungsfähigkeit zu zweifeln, oder zu vermuten, daß seine Geisteskrankheit oder -störung in anderer Weise zur Erörterung kommen wird, dann soll das Gericht mindestens einen Irrenarzt bestimmen oder den Direktor einer Nervenheilanstalt auffordern, mindestens einen solchen oder neben ihm sich selbst oder sich allein zu benennen, um den Geisteszustand des Angeklagten zu untersuchen und darüber zu berichten. Das Gericht kann anordnen, daß der Angeklagte in eine Nervenheilanstalt oder in ein anderes geeignetes Institut zwecks Untersuchung auf die Dauer von höchstens 60 Tagen eingewiesen wird, oder auch für einen längeren Zeitraum, sofern das Gericht dies für erforderlich hält. Auch kann das Gericht einem vom Angeklagten bereits in Anspruch genommenen, anerkannten Irrenarzt gestatten, als sachverständiger Zeuge aufzutreten und sich an der Untersuchung zu beteiligen.

(2) Bei solcher Untersuchung darf jegliche Methode Anwendung finden, die ärztlicherseits bei Untersuchungen von den an Geisteskrankheit oder -störung Leidenden anerkannt ist.

(3) Der Bericht über die Untersuchung soll enthalten: (a) eine Beschreibung der Art der Untersuchung; (b) eine Diagnose des Geisteszustands des Angeklagten; (c) eine Äußerung über die Fähigkeit des Angeklagten, das gegen ihn anhängige Verfahren zu verstehen und an seiner Verteidigung mitzuwirken, falls er an Geisteskrankheit oder -störung leidet; (d) eine Äußerung darüber, ob bzw. bis zu welchem Grade die Fähigkeit des Angeklagten zur Zeit seines strafbaren, den Gegenstand der Anklage bildenden Verhaltens beeinträchtigt war, die Strafwürdigkeit seines Verhaltens zu erkennen

oder sein Verhalten den Erfordernissen des Rechts anzupassen, sofern der Angeklagte seine Absicht zu den Akten kundgegeben hat, seine Verteidigung auf seine Unzurechnungsfähigkeit zu stützen; und (e) auf besondere Anweisung des Gerichts eine Äußerung darüber, ob der Angeklagte der Schuldform fähig war, die ein Tatbestandsmerkmal der dem Angeklagten vorgeworfenen Gesetzesverletzung bildet.[111]

Kann die Untersuchung infolge des Widerstandes des Angeklagten, an ihr mitzuwirken, nicht durchgeführt werden, dann soll dies in dem Bericht zum Ausdruck kommen. Auch soll der Bericht, wenn möglich, eine Äußerung darüber enthalten, ob dieser Widerstand des Angeklagten auf seine Geisteskrankheit oder -störung zurückzuführen ist.

Der Bericht über die Untersuchung ist in dreifacher Ausfertigung dem Gerichtsschreiber einzureichen; dieser hat für Abschriften für den Anklagevertreter und den Verteidiger zu sorgen.

### Sektion 4.06
**Entscheidung über die Fähigkeit, an der Verhandlung teilzunehmen; Wirkung der Feststellung der Unfähigkeit; Verfahren, nachdem die Fähigkeit wiedererlangt ist; [Verhandlung nach Einweisung]**

(1) Ist die Fähigkeit des Angeklagten, an der Verhandlung teilzunehmen, in Zweifel gezogen, dann hat das Gericht hierüber zu entscheiden. Bestreitet weder der Staatsanwalt noch der Verteidiger die Feststellungen des gemäß Sektion 4.05 zu den Akten genommenen Berichts, dann kann das Gericht die Entscheidung auf Grundlage des Berichts treffen. Werden die Feststellungen bestritten, dann hat das Gericht eine Verhandlung über die strittigen Fragen anzusetzen. Nach Empfang des Berichts über solch eine Verhandlung, hat die Partei, die das Ergebnis der Verhandlung bestreitet, das Recht, die Irrenärzte, die an dem Bericht beteiligt waren, zu laden, einem Kreuzverhör zu unterwerfen und Beweisanträge zu stellen.

(2) Entscheidet das Gericht, daß dem Angeklagten die Fähigkeit fehlt, an der Verhandlung teilzunehmen, dann ist das Verfahren, abgesehen von den im Unterabschnitt (3) [den Unterabschnitten (3) und (4)] dieser Sektion vorgesehenen Ausnahmen, auszusetzen. Das Gericht hat alsdann den Angeklagten der Fürsorge des Kommissars für Geistige Gesundheitspflege (Öffentliche Gesundheitspflege oder Besserungsbehandlung) zu überweisen, damit er in eine geeignete Anstalt der Verwaltung der Geistigen Gesundheitspflege (Öffentliche Gesundheitspflege oder Besserungsbehandlung) für die Dauer seiner

---

[111] Mit den von (a) bis (e) aufgezählten Punkten des Berichtsinhalts will der Code sicherstellen, daß der Bericht dem Gericht die zur Entscheidung über die Zurechnungsfähigkeit bzw. -unfähigkeit des Angeklagten erforderlichen Grundlagen gibt (Dt. 4 S. 196 f.).

Unfähigkeit untergebracht wird. Entscheidet das Gericht aufgrund eigener Initiative oder aufgrund des Antrages des Kommissars für Geistige Gesundheitspflege (Öffentliche Gesundheitspflege oder Besserungsbehandlung) oder auf Antrag des Staatsanwaltes nach einer Verhandlung, sofern eine solche beantragt war, daß der Angeklagte die Fähigkeit, an der Verhandlung teilzunehmen, wiedererlangt hat, dann ist das Verfahren wiederaufzunehmen. Ist andererseits das Gericht der Ansicht, daß so viel Zeit seit der Einweisung des Angeklagten verstrichen ist, daß es unbillig wäre, das Strafverfahren wiederaufzunehmen, dann kann es das Verfahren einstellen und die Entlassung des Angeklagten anordnen. Unter Anwendung der verwaltungsrechtlichen Vorschriften über die Einweisung von Personen, die an Geisteskrankheit oder Geistesstörung leiden, kann das Gericht auch anordnen, daß der Angeklagte einer geeigneten Anstalt der Verwaltung für Geistige Gesundheitspflege überwiesen wird.

(3) Die Tatsache, daß der Angeklagte unfähig ist, an der Verhandlung teilzunehmen, schließt nicht einen rechtlichen Einwand gegen die Strafverfolgung aus, über den vor der Verhandlung und ohne persönliche Mitwirkung des Angeklagten entschieden werden kann.

[Wahlweise: (3) Der Angeklagte oder sein Anwalt oder der Kommissar für Geistige Gesundheitspflege (Öffentliche Gesundheitspflege oder Besserungsbehandlung) können jederzeit innerhalb von 90 Tagen nach einer gemäß dem Unterabschnitt (2) dieser Sektion erfolgten Einweisung oder mit Genehmigung des Gerichts, für die freilich gute Gründe beigebracht werden müssen, zu einem späteren Zeitpunkt den Antrag auf eine Vernehmung nach Einweisung stellen. Ist der Antrag von einem Angeklagten, der nicht durch einen Anwalt vertreten wird, oder von einem anderen zu seinen Gunsten gestellt worden, dann soll dem Angeklagten Gelegenheit geboten werden, einen Anwalt zu bestellen. Fehlen ihm hierfür die Mittel, dann soll der Anwalt durch das Gericht bestimmt werden. Dem Antrag ist nur dann stattzugeben, wenn das Gericht aufgrund einer eidesstattlichen Erklärung oder auf andere Weise davon überzeugt ist, daß der Anwalt gute Gründe für die Annahme hat, daß sein Mandant sich gegen die Beschuldigung mit anderen tatsächlichen oder rechtlichen Einwendungen als mit der Berufung auf eine seine Verantwortung ausschließende Geisteskrankheit oder -störung verteidigen kann.]

[(4) Wird dem Antrag auf eine nach Einweisung stattfindende Vernehmung stattgegeben, dann soll sie vor dem Gericht ohne Zuziehung von Geschworenen stattfinden. Bei der Vernehmung dürfen von keiner der Parteien Beweise in bezug auf die Frage der Geisteskrankheit oder -störung als Verteidigung gegen die Beschuldigung oder als mildernde Umstände beigebracht werden. Nach der Vernehmung kann das Gericht entweder die Anklage oder eine andere Beschuldigung zurückweisen oder sie als fehlerhaft oder unzulänglich begründet erklären, oder entscheiden, daß sie durch die Beweismittel nicht über jeden vernünftigen Zweifel hinaus erwiesen ist, oder es kann das Verfahren aufgrund der Beweisaufnahme oder aus rechtlichen Gründen für beendet erklären. In allen diesen Fällen soll das Gericht, sofern die Mängel des Verfahrens nicht unverzüglich behoben sind, die gemäß Unterabschnitt (2) dieser Sektion angeordnete Einweisung für beendet erklären und anordnen, daß der Angeklagte entlassen wird; oder es kann, entsprechend den verwaltungsrechtlichen Vorschriften über die Einweisung von Personen, die an Geisteskrankheit oder -störung leiden, anordnen, daß der Angeklagte einer geeigneten Anstalt der Verwaltung der Geistigen Gesundheitspflege (Öffentlichen Gesundheitspflege) überwiesen wird.]

### Sektion 4.07
### Entscheidung über Unzurechnungsfähigkeit auf Grundlage des Berichts; Verkehr des Angeklagten mit dem von ihm gewählten Irrenarzt; Form des Sachverständigengutachtens, wenn die Frage der Verantwortung zur Entscheidung steht

(1) Ergibt der gemäß Sektion 4.05 zu den Akten eingereichte Bericht, daß der Angeklagte zur Zeit der Tat an einer Geisteskrankheit oder -störung litt, die seine Fähigkeit wesentlich beeinträchtigte, die Strafwürdigkeit seines Verhaltens zu erkennen oder sein Verhalten den Erfordernissen des Rechts anzupassen, und gelangt das Gericht, gegebenenfalls nach einer Verhandlung, sofern eine solche vom Staatsanwalt oder dem Angeklagten beantragt war[112], zu der Überzeugung, daß der Angeklagte unzurechnungsfähig war, dann hat das Gericht ihn auf seinen Antrag im Hinblick auf die seine Verantwortung ausschließende Geisteskrankheit oder -störung freizusprechen.

(2) Wünscht der Angeklagte, ungeachtet des gemäß Sektion 4.05 zu den Akten eingereichten Berichts, von einem Irrenarzt oder einem anderen Sachverständigen seiner Wahl untersucht zu werden, dann ist ihnen der Zutritt zu dem Angeklagten zwecks Untersuchung zu gestatten.

(3) Zur Verhandlung können die Irrenärzte, die gemäß Sektion 4.05 Berichte eingereicht haben, von der Strafverfolgungsbehörde, dem Angeklagten oder dem Gericht als Zeugen geladen werden. Findet die Verhandlung vor den Geschworenen statt, dann können diese davon in Kenntnis gesetzt werden, daß die Ärzte vom Gericht oder auf dessen Ersuchen vom Direktor der Nervenheilanstalt bestimmt wurden. War der Sachverständige-Zeuge vom Gericht geladen, dann soll er von dem Staatsanwalt und dem Angeklagten

---

[112] Demnach darf das Gericht in Fällen außergewöhnlicher Geisteskrankheit oder -störung (*in cases of extreme mental disease or defect*), in denen die Verantwortung des Angeklagten für seine Tat eindeutig ausgeschlossen ist, ihn auch ohne Verhandlung freisprechen (Dt. 4 S. 198).

einem Kreuzverhör unterworfen werden. Beiden steht es frei, einen anderen geeigneten Irrenarzt oder Sachverständigen als Zeugen zu laden. Indes, wer den Angeklagten nicht selbst untersucht hat, ist nicht berechtigt, sich zum Gutachten eines Sachverständigen zu äußern, insoweit es den Geisteszustand oder die Verantwortung des Angeklagten betrifft, wohl aber zur Frage der Gültigkeit des Verfahrens, das von einem Sachverständigen-Zeugen eingeschlagen wurde, oder zu allgemein-wissenschaftlichen Behauptungen, die von ihm aufgestellt wurden.

(4) Legt ein Irrenarzt oder ein anderer Sachverständiger, der den Angeklagten untersucht hat, über dessen Geisteszustand Zeugnis ab, dann soll es ihm freistehen, sich über die Art der Untersuchung und seine Diagnose betreffend den Geisteszustand des Angeklagten zur Zeit der ihm zur Last gelegten Tat zu äußern. Gleichfalls soll er sich darüber äußern dürfen, bis zu welchem Grad, wenn überhaupt, die Fähigkeit des Angeklagten durch Geisteskrankheit oder -störung beeinträchtigt war, die Strafwürdigkeit seines Verhaltens zu erkennen oder sein Verhalten den Erfordernissen des Rechts anzupassen, oder die Besonderheiten zu erfassen, die zur Verwirklichung eines Tatbestandsmerkmals gehören. Alle Erklärungen sind ihm zu gestatten, seine Diagnose und seine Auffassung des Falles klarzustellen; jedoch kann er einem Kreuzverhör bezüglich seiner Sachkunde, Glaubwürdigkeit oder der Gültigkeit seiner Diagnose oder Auffassung des Falles unterworfen werden.

## Sektion 4.08

### Rechtliche Wirkung eines Freispruchs aufgrund einer die Verantwortung ausschließenden Geisteskrankheit oder -störung; Einweisung; Bedingte Freilassung[113] oder Entlassung

(1) Wird ein Angeklagter aufgrund einer seine Verantwortung ausschließenden Geisteskrankheit oder -störung freigesprochen, dann hat das Gericht ihn der Fürsorge des Kommissars für Geistige Gesundheitspflege (Öffentliche Gesundheitspflege) zu überweisen[114], so daß er in einer geeigneten Anstalt zur Aufsicht, Pflege und Behandlung untergebracht wird.

(2) Ist der Kommissar für Geistige Gesundheitspflege (Ö. G.) der

---

[113] Während hier nur das Wort *„release“* für Freilassung gebraucht ist, finden sich auch die Einschränkungen *„conditional release“* (Unterabschnitt [4]), *„release on such conditions“* (3), *„released on condition“* (2). Dt. 4 S. 199 spricht von *„probationary release as an alternative to absolute discharge“*. Hiermit ist der Charakter der Freilassung als eine bedingte klargestellt, während deren der Täter seine Ungefährlichkeit zu erweisen hat.

[114] Zwingende Vorschrift. Dt. 4 S. 199 nennt die Überweisung zwingend (*mandatory*) und automatisch (*automatic*).

Ansicht, daß eine gemäß Unterabschnitt (1) dieser Sektion seiner Fürsorge überwiesene Person entlassen oder bedingt freigelassen werden kann, ohne sich oder andere zu gefährden[115], dann soll er in einem Bericht den Antrag auf Entlassung oder bedingte Freilassung bei dem Gericht stellen, welches die Person ihm überwiesen hat. Eine Abschrift des Antrages und Berichts ist dem Staatsanwalt des Bezirks zu übersenden, aus dem der Angeklagte ihm überwiesen war. Das Gericht soll danach wenigstens zwei anerkannte Irrenärzte bestimmen, die solch eine Person untersuchen und binnen 60 Tagen oder nach einem längeren Zeitraum, sofern das Gericht diesen für notwendig erachtet, über ihre Auffassung von dem Geisteszustand der Person berichten sollen. Um die Untersuchung und das sich ihr anschließende Verfahren zu erleichtern, kann das Gericht bestimmen, daß die Person in einer dem Gericht nahe gelegene Anstalt untergebracht wird. Hernach kann der Kommissar für Geistige Gesundheitspflege (Ö. G.) eine zur zeitweiligen Unterbringung unzurechnungsfähiger Personen geeignete Anstalt bestimmen.

(3) Gewinnt das Gericht aufgrund des gemäß Unterabschnitt (2) dieser Sektion eingereichten Berichts und des Zeugnisses der berichtenden Irrenärzte, soweit das Gericht ein solches für notwendig hält, die Überzeugung, daß die überwiesene Person entlassen oder bedingt freigelassen werden kann, ohne sich oder andere zu gefährden, dann hat es deren Entlassung oder Freilassung unter den von ihm für notwendig erachteten Bedingungen anzuordnen. Ist das Gericht nicht zu dieser Überzeugung gelangt, dann hat es unverzüglich eine Vernehmung anzusetzen, um zu entscheiden, ob die betreffende Person ungefährdet entlassen oder bedingt freigelassen werden kann. Für solch eine Vernehmung sind die Grundsätze des Zivilverfahrens maßgebend: Die eingewiesene Person hat den Beweis zu erbringen, daß sie als ungefährlich entlassen oder bedingt freigelassen werden kann. Entsprechend der auf die Vernehmung hin ergangenen Entscheidung des Gerichts ist die eingewiesene Person entweder zu entlassen oder unter den Bedingungen zu entlassen, die das Gericht als notwendig erachtet, oder sie ist der Fürsorge des Kommissars für Geistige Gesundheitspflege (Ö. G.) zurückzuüberweisen. Eine Entlassung oder bedingte Freilassung kann hernach nur in Übereinstimmung mit dem für die erste Vernehmung vorgeschriebenen Verfahren erfolgen.

(4) Entscheidet das Gericht innerhalb von (fünf) Jahren nach der bedingten Freilassung einer eingewiesenen Person aufgrund einer Beweisaufnahme, daß die Bedingungen ihrer Freilassung nicht erfüllt worden sind, und daß ihre bedingte Freilassung zugunsten ihrer

---

[115] Mit Hilfe dieses Kriteriums soll vermieden werden, daß ein Eingewiesener entlassen oder auch nur bedingt freigelassen wird, dessen Geisteszustand zwar wesentlich gebessert ist, der jedoch aufgrund seines Charakters oder Vorlebens gefährlich erscheint (Dt. 4 S. 199).

eigenen Sicherheit oder der anderer Personen widerrufen werden sollte, dann hat das Gericht unverzüglich ihre Wiederüberweisung an den Kommissar für Geistige Gesundheitspflege (Ö. G.) anzuordnen. Eine Entlassung oder bedingte Freilassung kann hernach nur in Übereinstimmung mit dem für die erste Verhandlung vorgeschriebenen Verfahren erfolgen.

(5) Eine eingewiesene Person kann bei dem Gericht, durch das sie eingewiesen wurde, Entlassung oder bedingte Freilassung beantragen. Für das auf solchen Antrag hin stattfindende Verfahren gelten die gleichen Vorschriften wie für einen vom Kommissar für Geistige Gesundheitspflege (Ö. G.) gestellten Antrag. Der von einer eingewiesenen Person gestellte Antrag braucht jedoch nicht berücksichtigt zu werden, wenn sie nicht wenigstens (sechs Monate) lang nach dem Erlaß der Einweisungsanordnung interniert war. Verwirft das Gericht den Antrag, dann darf der Eingewiesene einen neuen Antrag nicht vor Ablauf (eines Jahres) stellen, gerechnet vom Tage der vorausgehenden Verhandlung über einen Antrag auf bedingte Freilassung oder Entlassung.[116]

## Sektion 4.09

**Äußerungen die bei einer Untersuchung oder Behandlung gemacht sind, sind als Beweismittel nur in bezug auf die Frage des Geisteszustandes zulässig**

Eine Äußerung, die eine der Untersuchung oder Behandlung durch einen Irrenarzt gemäß den Sektionen 4.05, 4.06 oder 4.08 unterworfene Person bei solcher Untersuchung oder Behandlung getan hat, ist als Beweismittel gegen sie in einem Strafverfahren nur in bezug auf die Frage ihres Geisteszustandes, nicht in Verbindung mit einer anderen Frage, zulässig, in bezug auf jene Frage jedoch selbst dann, wenn in bezug auf die Äußerung sonst ein Zeugnisverweigerungsrecht besteht[117], [es sei denn, solch eine Äußerung enthält zugleich ein Schuldbekenntnis in bezug auf die ihm zur Last gelegte Tat].

## Sektion 4.10

**Mangel an Reife steht der strafrechtlichen Verurteilung entgegen; Überweisung des Verfahrens an das Jugendgericht**

(1) Niemand darf wegen einer Gesetzesverletzung vor ein Strafgericht gestellt oder durch ein solches verurteilt werden, wenn:

(a) er zur Zeit des ihm als Gesetzesverletzung zur Last geleg-

---

[116] Hingegen kann der Kommissar solchen Antrag jederzeit stellen (Dt. 4 S. 200).

[117] Zugunsten des Vertrauensverhältnisses zwischen Arzt und Patient (Dt. 4 S. 201).

ten Verhaltens noch nicht 16 Jahre alt war[118], [alsdann ist das Jugendgericht ausschließlich zuständig]; oder

(b) er zur Zeit eines solchen Verhaltens 16 oder 17 Jahre alt war[119], es sei denn:

(i) das Jugendgericht ist für ihn nicht zuständig, oder

(ii) das Jugendgericht hat auf seine Zuständigkeit verzichtet[120] und in die Einleitung eines Strafverfahrens gegen ihn eingewilligt.

(2) Kein Gericht ist für die Verhandlung gegen eine Person oder für deren Verurteilung zuständig, wenn eine Strafverfolgung gegen sie durch Unterabschnitt (1) dieser Sektion ausgeschlossen ist. Ist zu vermuten, daß eine einer Gesetzesverletzung beschuldigte Person sich noch in dem Alter befindet, in dem ein Strafverfahren gegen sie gemäß Unterabschnitt (1) dieser Sektion ausgeschlossen ist, dann hat das Gericht eine Verhandlung hierüber anzuberaumen. Der Strafverfolgungsbehörde liegt in solchen Fällen der Nachweis ob, daß das Strafverfahren nicht aus diesem Grunde ausgeschlossen ist. Entscheidet das Gericht, daß das Verfahren ausgeschlossen ist, dann ist die Fürsorge für die Person dem Jugendgericht zu übertragen und der Fall, einschließlich aller Unterlagen und Verfahrensprotokolle, an das Jugendgericht abzugeben.

## Artikel 5
## EINLEITENDE STRAFTATEN

### Sektion 5.01
### Strafbarer Versuch

(1) *Begriffsbestimmung des Versuchs.* Des Versuchs einer Straftat[121] macht sich schuldig, wer mit der für die Begehung der Tat erforderlichen Schuldform:

---

[118] Bei Personen unter 16 Jahren kommt die Frage der Einsichtsfähigkeit in das Unrecht nicht in Betracht (Dt. 7 S. 15).

[119] Bei Personen über 16 Jahre kommt Mangel der Verantwortung wegen jugendlicher Unreife nicht mehr in Frage (Dt. 7 S. 15). — Die Zeit der Begehung der Tat, nicht der Eröffnung des Verfahrens ist entscheidend, um zu verhindern, daß die Strafverfolgungsbehörde das Verfahren solange verzögert, bis der Täter das 18. Lebensjahr vollendet hat (Dt. 7 S. 19).

[120] Nach freiem Ermessen, sofern nicht ein Jugendgerichtsgesetz hierfür Vorschriften enthält. Doch steht zu erwarten, daß die Jugendgerichte der Schwere der Tat entscheidendes Gewicht beilegen werden (Dt. 7 S. 17). Außerdem wird das Jugendgericht auf seine Zuständigkeit verzichten, wenn das Verfahren vor Abschluß des 18. Lebensjahres des Angeklagten nicht mehr vollständig durchgeführt werden kann (Dt. 7 S. 19), zumal die für Jugendliche vorgesehenen Sanktionen auf Personen über 18 Jahre nicht mehr anwendbar sind (Dt. 7 S. 18).

[121] Gleichermaßen bei Verbrechen und Vergehen (Dt. 10 S. 74 f.).

(a) absichtlich das tut, was die Straftat verwirklichen würde, würde sein Verhalten, wie er annimmt, den Tatbestandsmerkmalen entsprechen[122]; oder

(b) sofern die Verursachung eines bestimmten Erfolges ein Merkmal der Straftat ist, etwas tut oder unterläßt entweder in der Absicht, den Erfolg herbeizuführen, oder in der Annahme, daß sein Verhalten den Erfolg ohne weiteres Zutun von seiner Seite bewirken werde[123]; oder

(c) absichtlich etwas tut oder unterläßt, was unter den Umständen, wie er sie sieht, ein Tun oder Unterlassen ist, das im Ablauf des geplanten Verhaltens einen wesentlichen Schritt zur Begehung der Tat darstellt.[124]

(2) *Verhalten, das als wesentlicher Schritt im Sinne des Unterabschnitts (1) (c) angesehen werden kann.* Ein Verhalten soll nicht als wesentlicher Schritt im Sinne des Unterabschnitts (1) (c) dieser Sektion angesehen werden, wenn die strafbare Absicht des Täters aus ihm nicht klar hervorgeht. Ohne andere Möglichkeiten auszuschließen, sollen die im folgenden genannten Betätigungen, sofern aus ihnen die strafbare Absicht des Täters klar hervorgeht, vom rechtlichen Standpunkt aus nicht als unzulänglich angesehen werden:

(a) auf der Lauer liegen, nach dem Opfer der Tat suchen oder ihm nachfolgen;

(b) das Opfer verlocken oder zu verlocken suchen, sich an den für die Begehung der Tat ausersehenen Ort zu begeben;

(c) auskundschaften des Ortes, der für die Begehung der Tat ausersehen ist;

(d) unrechtmäßiges Betreten eines Raumes, eines Fahrzeuges oder einer Einfriedung, insofern sie für die Begehung der Tat ausersehen sind;

---

[122] Entscheidend ist demnach die Entschlossenheit des Täters, die Tat zu begehen, seine Gefährlichkeit, gleichviel ob objektiv die Möglichkeit der Durchführung seines Vorhabens besteht oder nicht. Der Einwand der Untauglichkeit des Versuchs, sei es aus tatsächlichen oder rechtlichen Gründen, ist hiermit eliminiert (Dt. 10 S. 25 f., 31 ff.).

[123] Stellt klar, daß für die Strafbarkeit des Versuchs bei Erfolgsdelikten anstelle der für die Herbeiführung des Erfolges objektiv notwendigen letzten, dem Erfolg nächsten Handlung (*last proximate act*) die Annahme des Täters ausreicht, er habe alles Erforderliche getan (Dt. 10 S. 38 f.).

[124] Verlegt bei der Abgrenzung der Vorbereitung vom Versuch den Schwerpunkt von der Frage, was zu tun noch übrig bleibt, um mit der Tat beginnen zu können, auf die Frage, was schon geschehen ist, m. a. W. ob aus dem Verhalten des Täters seine Entschlossenheit klar erkennbar ist, die Tat zu begehen (Dt. 10 S. 47 f.). Dies erhellt aus Unterabschnitt (2), wonach als wesentlicher Schritt (*substantial step*) im Sinne von (1) (c) ein Verhalten anzusehen ist, das die verbrecherische Absicht des Täters klar bestätigt (*strongly corroborative of the actor's criminal purpose*).

(e) der Besitz von Gegenständen, die bei Begehung der Tat anzuwenden sind, und die entweder für solch rechtswidrige Verwendung besonders bestimmt sind, oder die unter den gegebenen Umständen einem rechtmäßigen Zweck des Täters nicht dienen können;

(f) der Besitz, das Sammeln oder Herstellen von Gegenständen, die bei Begehung der Tat anzuwenden sind und sich an oder nahe dem Ort befinden, der für die Begehung ausersehen ist, und wo der Besitz, das Sammeln oder Herstellen unter den gegebenen Umständen einem rechtmäßigen Zweck des Täters nicht dienen kann;

(g) einen Unbeteiligten zu einem Verhalten zu bestimmen versuchen, durch das ein Merkmal der Straftat verwirklicht wird.

(3) *Verhalten, dazu bestimmt, einen anderen bei Begehung einer Straftat zu unterstützen.* Wer etwas tut, was dazu bestimmt ist, einen anderen bei Begehung einer Straftat zu unterstützen, und was gemäß Sektion 2.06 seine Mittäterschaft begründen würde, falls die Tat durch den anderen begangen wäre, ist des Versuchs der Tat schuldig[125], selbst wenn die Tat durch den anderen weder begangen noch versucht worden ist.

(4) *Aufgeben der strafbaren Absicht.* Stützt der Täter, dessen Verhalten gemäß Unterabteilung (1) (b) oder (1) (c) dieser Sektion einen Versuch darstellen würde, seine Verteidigung darauf, daß es seine Bemühung, die Tat zu begehen, aufgegeben oder auf andere Weise deren Begehung verhindert habe, und zwar in einer Weise, die ein endgültiges und freiwilliges Aufgeben seiner strafbaren Absicht erkennen läßt, dann hat er dies glaubhaft zu machen. Solch eine Verteidigung berührt nicht die Haftung eines Teilnehmers, der sich an dem Abstehen von der Tat oder an ihrer Verhinderung nicht beteiligt hat.

Nicht freiwillig im Sinne dieses Artikels ist ein Aufgeben der strafbaren Absicht dann, wenn es vollständig oder zum Teil durch Umstände veranlaßt ist, die zu Beginn der Tat weder gegeben noch ersichtlich waren, und welche die Entdeckung oder Ergreifung wahrscheinlich machen oder die Durchführung der Tat erschweren. Nicht endgültig ist das Abstehen dann, wenn der Täter sich entschied, das strafbare Vorhaben auf einen günstigeren Zeitpunkt zu verschieben oder die Tat an einem anderen, aber gleichartigen Gegenstand zu vollziehen.

---

[125] Da, vom Standpunkt des Unterstützenden aus, seine Betätigung einen wesentlichen Tatbeitrag im Sinne von (1) (c) und (2) dieser Sektion bilden würde (Dt. 10 S. 69).

## Sektion 5.02
## Strafbares zu-bestimmen-Versuchen

(1) *Begriffsbestimmung des zu-bestimmen-Versuchens.* Wer in der Absicht, eine Straftat zu fördern oder zu erleichtern, einem anderen befiehlt oder ihn ermutigt oder ersucht, das[126] zu tun, was solch eine Straftat oder ihren Versuch oder eine Teilnahme an ihr oder ihrem Versuch darstellen würde, macht sich des zu einer Straftat zu-bestimmen-Versuchens schuldig.

(2) *Nicht übermitteltes zu-bestimmen-Versuchen.* Für ein Verschulden im Sinne der Unterabteilung (1) dieser Sektion ist es unerheblich, daß es dem Täter nicht gelingt, mit demjenigen in Verbindung zu treten, den er zu bestimmen versucht, wenn sein Verhalten darauf gerichtet war, solch eine Verbindung herzustellen.[127]

(3) *Aufgeben der strafbaren Absicht.* Stützt der Täter seine Verteidigung darauf, daß er denjenigen, den er zu bestimmen versucht hatte, eine Straftat zu begehen, überredet hat, dies nicht zu tun, oder daß er auf andere Weise die Begehung der Tat mit Mitteln verhinderte, die ein endgültiges und freiwilliges Aufgeben seiner strafbaren Absicht erkennen läßt, dann hat er dies glaubhaft zu machen.

## Sektion 5.03
## Strafbare Verabredung

(1) *Begriffsbestimmung der Verabredung.* Der Verabredung, eine Straftat[128] mit einem oder mehreren anderen zu begehen, macht sich schuldig, wer[129] in der Absicht, deren Begehung zu fördern oder zu erleichtern:

(a) mit einem oder mehreren anderen übereinkommt[130], daß sie

---

[126] Das zu-bestimmen-Versuchen muß unmißverständlich auf Begehung einer Straftat gerichtet sein, um die Grenze zwischen strafbarer versuchter Anstiftung und einer dem Recht der freien Meinungsäußerung entsprechenden politischen Agitation sicherzustellen (Dt. 10 S. 88).

[127] Mit dieser Vorschrift soll die Beurteilung solcher Fälle seitens der amerikanischen Rechtsprechung als eines versuchten anstatt eines durchgeführten zu-bestimmenden-Versuchens für die Zukunft verhindert werden (Dt. 10 S. 89).

[128] Im Gegensatz zu der in der amerikanischen Rechtsprechung traditionellen Auffassung, daß irgendwelche rechtswidrige Tätigkeit oder eine rechtmäßige Betätigung unter Anwendung rechtswidriger Mittel den Gegenstand der Verabredung (*conspiracy*) bilden kann (Dt. 10 S. 102; Amer. Strafrecht S. 215).

[129] Als Alleintäter im Gegensatz zu der weitverbreiteten, von einer Mehrtäterschaft ausgehenden Begriffsbestimmung der Verabredung (*conspiracy*) (Dt. 10 S. 104). Die Folgen der Ablehnung der Zwei- oder Mehrseitigkeit der Verabredung (*conspiracy*) sind in 5.04 normiert.

[130] Kennzeichnet den Charakter der Verabredung als einer Vorbereitungshandlung in Beziehung auf die verabredete Tat. Ihre Strafbarkeit

oder einer oder mehrere von ihnen etwas unternehmen, was solch eine Straftat darstellt oder ihren Versuch oder ein zu-bestimmen-Versuchen, sie zu begehen; oder

(b) übereinkommt, einem oder mehreren anderen beim Planen oder bei der Begehung solcher Straftat Hilfe zu leisten, oder auch bei einem Versuch oder dem zu-bestimmen-Versuchen, sie zu begehen.

(2) *Umfang des auf Verabredung beruhenden Zusammenwirkens.* Wer sich einer Verabredung im Sinne der Unterabteilung (1) dieser Sektion schuldig macht und weiß, daß derjenige, mit dem er verabredet, eine Straftat zu begehen, sich mit einem oder mehreren anderen verabredet hat, die gleiche Straftat zu begehen, macht sich der Verabredung mit diesem oder diesen anderen schuldig, die Straftat zu begehen, gleichviel ob er sie kennt oder nicht.[131]

(3) *Verabredung mit dem Ziel mehrerer Straftaten.* Wer mit anderen verabredet, eine Anzahl von Straftaten zu begehen, macht sich nur einer einzigen Verabredung schuldig, solange die mehreren Straftaten den Gegenstand derselben Verabredung oder eines fortgesetzten, auf Verabredung beruhenden Zusammenwirkens sind.[132]

(4) *Verbindung und Gerichtsstand von Strafverfahren wegen strafbarer Verabredung.*

(a) Vorbehaltlich der Bestimmungen des Paragraphs (b) dieses Unterabschnitts kann gegen zwei oder mehr Personen, die wegen strafbarer Verabredung angeklagt sind, gerichtlich gemeinsam verfahren werden, wenn:

(i) sie angeklagt sind, mit einander die Verabredung getroffen zu haben; oder

(ii) die ihnen zur Last gelegten Verabredungen, gleichviel ob sie zwischen den gleichen oder verschiedenen Beteiligten stattfanden, so mit einander verbunden sind, daß sie nur verschiedene Seiten eines auf ein organisiertes strafbares Unternehmen gerichteten Planes darstellen.

(b) Bei einem gemäß Paragraph (a) dieser Unterabteilung verbundenen Strafverfahren:

(i) darf ein wegen einer Verabredung Beschuldigter nur in dem

---

ist durch die größere Gefahr gerechtfertigt, die in dem Zusammenwirken einer Gruppe gegenüber der Tätigkeit eines einzelnen liegt (Dt. 10 S. 96 f.).

[131] Dient der wirksamen Bekämpfung von Fällen, in denen eine Mehrheit von Personen in verschiedenen Funktionen an einem verbrecherischen Vorhaben beteiligt ist, wie beim Rauschgifthandel die Schmuggler, Mittelsmänner und Wiederverkäufer (Dt. 10 S. 120 ff.).

[132] Besteht kein Zweifel darüber, daß eine und dieselbe Verabredung zugrunde liegt, dann wird die Identität der Verabredung ebensowenig wie durch eine Mehrheit der Ziele dadurch in Frage gestellt, daß Teilnehmer ausscheiden, andere neu eintreten (Dt. 10 S. 130 f.).

Gerichtsbezirk angeklagt werden, in dem er eine solche Verabredung eingegangen ist, oder in dem eine offenkundige Handlung in Ausführung einer solchen Verabredung von ihm oder einem seiner Mitverschworenen begangen wurde; und

(ii) darf durch solche Verbindung von Strafsachen weder die Verantwortung eines der Angeklagten noch die zulässige Verwendung von Handlungen oder Erklärungen eines anderen als Beweismittel gegen ihn erweitert werden; und

(iii) soll das Gericht jeweils auf Antrag eines der Angeklagten eine Abtrennung seiner Strafsache anordnen oder einen gesonderten Wahrspruch entgegennehmen, falls dies notwendig oder zweckmäßig erscheint, um über dessen Schuld oder Unschuld zu entscheiden; auch soll es jede andere Maßnahme ergreifen, die geeignet ist, jedem der Angeklagten gerecht zu werden.

(5) *Offenkundige Betätigung.* Wegen einer Verabredung zu einer anderen Straftat als einem Verbrechen ersten oder zweiten Grades darf ein Angeklagter nur dann verurteilt werden, wenn behauptet und erwiesen ist, daß er oder derjenige, mit dem er die Verabredung eingegangen ist, in Verfolg der Verabredung offenkundig tätig geworden ist.[133]

(6) *Aufgeben der strafbaren Absicht.* Stützt der Täter seine Verteidigung darauf, daß er nach der Verabredung, eine strafbare Handlung zu begehen, die Durchführung der Verabredung in einer Weise vereitelte[134], die ein endgültiges und freiwilliges Aufgeben seiner strafbaren Absicht erkennen läßt, dann hat er dies glaubhaft zu machen.

(7) *Dauer der Verabredung.* In Ergänzung zu Sektion 1.06(4):

(a) Verabredung ist ein Dauerverhalten, welches endet, wenn die Straftat oder Straftaten begangen sind, die ihren Gegenstand bilden, oder wenn die auf ihre Begehung gerichtete Verabredung vom Angeklagten und seinen Mitverschworenen aufgegeben worden ist; und

(b) solch ein Aufgeben wird vermutet, wenn weder der Angeklagte noch ein Mitverschworener in Verfolg der Verabredung

---

[133] Ratio legis: Bei leichteren Verbrechen und bei Vergehen dient das Erfordernis der Ausführungshandlung (*overt act*) als Beweismittel dafür, daß es den Parteien mit der Durchführung der Verabredung ernst ist; bei der Verabredung schwerer Verbrechen ist die Strafverfolgung von diesem Nachweis unabhängig (Dt. 10 S. 140).

[134] Das Erfordernis der Vereitelung nötigt zu dem Schluß, daß ein Verschwörer, der die Benachrichtigung der Polizei als Mittel der Vereitelung wählte, strafbar bleibt und nur den Beginn der Verjährung für sich geltend machen kann, wenn die Polizei säumig war und die verabredete Tat infolgedessen ausgeführt werden konnte (Dt. 10 S. 144).

eine offenkundige Handlung während der Verjährungsfrist vornimmt, der die Verabredung unterliegt; und

(c) tritt einer der Verschwörer von der Verabredung zurück, dann endet die Verabredung für ihn nur dann, wenn er diejenigen, mit denen er die Verabredung eingegangen ist, von seinem Rücktritt unterrichtet oder die zur Aufrechterhaltung der Rechtsordnung berufenen Behörden von dem Bestehen der Verabredung und seiner Beteiligung an ihr in Kenntnis setzt.

## Sektion 5.04

### Unfähigkeit, Mangel an Verantwortung oder Immunität eines an einem zu-bestimmen-Versuchen oder an einer Verabredung Beteiligten

(1) Abgesehen von der Bestimmung des Unterabschnitts (2) dieser Sektion ist es für die Haftung desjenigen, der einen anderen zu bestimmen versucht, oder mit ihm verabredet, eine Straftat zu begehen, ohne Belang, daß

(a) er oder derjenige, den er zu bestimmen versucht oder mit dem er eine Verabredung trifft, nicht eine besondere Stellung einnimmt oder Eigenschaft besitzt, welche ein Merkmal solch einer Straftat ist, sofern er nur glaubt, daß einer von ihnen sie einnimmt oder besitzt[135]; oder

(b) derjenige, den er zu bestimmen versucht oder mit dem er eine Verabredung trifft, für die Straftat nicht verantwortlich ist oder in bezug auf die Strafverfolgung oder Verurteilung Immunität besitzt.[136]

(2) Wer wegen eines zu-bestimmen-Versuchens oder einer Verabredung, eine Straftat zu begehen, angeklagt ist, kann sich damit verteidigen, daß, falls sein Verhalten erfolgreich gewesen wäre, er sich weder nach der Begriffsbestimmung der Gesetzesverletzung als Täter, noch gemäß der Sektion 2.06(5) oder 2.06(6)(a) oder (b) als Teilnehmer einer Straftat schuldig gemacht hätte.[137]

---

135 Entspricht dem für die Strafbarkeit der einleitenden Betätigungen (Versuch, erfolglose Anstiftung, Verabredung) maßgebenden Grundsatz, daß die Beurteilung der Schuld des Täters von der Vorstellung des Täters von den Tatumständen abhängt (Dt. 10 S. 171).

136 Anwendung des in 2.06 (2) (a) für die Teilnahme ausgesprochenen Grundsatzes auf die erfolglose Anstiftung und die Verabredung: Die Schuld eines jeden an ihr Beteiligten ist individuell zu beurteilen (Dt. 10 S. 172).

137 Ist aus der Beziehung der erfolglosen Anstiftung und der Verabredung (wie auch des Versuchs) als einleitende strafbare Betätigungen (*inchoate crimes*) zu der ins Auge gefaßten Tat zu verstehen. Andererseits bestätigt Dt. 10 S. 173 f. den Umkehrschluß: Wer bei Begehung der ins Auge gefaßten Tat sich als Beteiligter schuldig machen würde, falls sie begangen wäre, kann sich, falls sie nicht zur Durchführung kommt, gemäß (1) (b) dieser Sektion nicht damit verteidigen, daß der andere aufgrund seiner Unzurechnungsfähigkeit oder Immunität nicht bestraft werden kann.

## Sektion 5.05

**Einstufung des strafbaren Versuchs, des zu-bestimmen-Versuchens und der Verabredung; Strafmilderung in Fällen geringer Gefahr; Unzulässigkeit mehrfacher Verurteilung**

(1) *Einstufung.* Soweit in dieser Sektion nichts Abweichendes bestimmt ist, sind der Versuch, das zu-bestimmen-Versuchen und die Verabredung Straftaten von gleicher Schwere und gleichen Grades wie die schwerste Straftat, welche versucht oder zu der erfolglos angestiftet wurde oder die den Gegenstand der Verabredung bildete. Ein Versuch, eine erfolglose Anstiftung oder Verabredung, ein [mit Todesstrafe bedrohtes oder ein] Verbrechen 1. Grades zu begehen, stellt ein Verbrechen 2. Grades dar.

(2) *Strafmilderung.* Ist ein bestimmtes Verhalten, das als Versuch, als zu-bestimmen-Versuchen oder als Verabredung zu bestrafen wäre, in sich so wenig geeignet, zur Begehung einer Straftat zu führen, daß weder das Verhalten als solches, noch der Täter eine Gefahr für die Öffentlichkeit bildet, im Hinblick auf die eine Einstufung seines Verhaltens nach Maßgabe dieser Sektion gerechtfertigt wäre, dann soll das Gericht von der ihm in Sektion 6.12 eingeräumten Befugnis Gebrauch machen und eine Strafe für eine Straftat geringerer Schwere oder geringeren Grades festsetzen oder äußerstenfalls das Verfahren einstellen.

(3) *Mehrfache Verurteilung.* Niemand darf wegen mehr als einer der in diesem Artikel begrifflich bestimmten Gesetzesverletzungen verurteilt werden, wenn sein Verhalten auf die Begehung einer und derselben Straftat ausgerichtet war oder zu einer und derselben Straftat führen sollte.

## Sektion 5.06

**Besitz von Werkzeugen, die zur Begehung von Straftaten dienen; Waffen**

(1) *Werkzeuge, die zur Begehung von Straftaten dienen; im allgemeinen.* Wer ein Werkzeug in der Absicht besitzt, es zur Begehung einer strafbaren Handlung zu gebrauchen, begeht ein Vergehen. „Verbrechenswerkzeug" (*Instrument of crime*) ist:

(a) alles, was für verbrecherischen Gebrauch besonders hergestellt oder hergerichtet ist; oder

(b) alles, was gewöhnlich für verbrecherische Zwecke verwendet wird, und was der Täter in seinem Besitz unter Umständen hat, die einen unrechtmäßigen Zweck nicht ausschließen.

(2) *Vermutung eines verbrecherischen Zweckes aufgrund des Besitzes von Waffen.* Trägt jemand eine Feuerwaffe oder eine andere Waffe bei sich oder hat er sie in seiner Nähe, in einem Fahrzeug, in dem er sich befindet, oder in anderer Weise zur Verwendung leicht verfügbar, dann ist zu vermuten, daß er die Absicht hat, sie bei einer Straftat zu verwenden, es sei denn:

(a) die Waffe befindet sich im Haus oder in den Geschäftsräumen des Täters; oder

(b) der Täter ist rechtlich befugt, solch eine Waffe zu besitzen; oder

(c) die Waffe ist von einer Art, wie sie allgemein in einem rechtlich zulässigen Sport verwendet wird.

„Waffe“ (*Weapon*) ist alles, was ohne weiteres zum tödlichen Gebrauch verwendet werden kann, sofern aus den Umständen nicht hervorgeht, daß sie zu rechtmäßigem Gebrauch bestimmt ist. Der Begriff schließt eine Feuerwaffe ein, die nicht geladen ist oder der ein Bolzen oder ein anderer Bestandteil zum unmittelbaren Gebrauch fehlt, wie auch Einzelteile, die leicht zu einer Waffe zusammengefügt werden können.

(3) *Vermutungen in bezug auf den Besitz von verbrecherischen Werkzeugen in Automobilen.* Wird eine Waffe oder ein anderes verbrecherisches Werkzeug in einem Automobil gefunden, dann ist zu vemuten, daß es dem Insassen gehört, sofern es sich um einen einzigen handelt. Sind mehrere Insassen da, dann ist zu vermuten, daß die Waffe oder das Werkzeug allen gehört, abgesehen von folgenden Fällen:

(a) wenn es an einem der Insassen gefunden wird; oder

(b) ist das Automobil nicht gestohlen und liegt die Waffe oder das Werkzeug nicht frei herum, sondern befindet es sich im Handschuhfach, im Kofferraum oder in einem anderen geschlossenen Aufbewahrungsraum, dann ist zu vermuten, daß es den Insassen gehört, die Eigentümer des Automobils sind, oder die befugt sind, es zu fahren; oder

(c) handelt es sich um ein Taxi, dann ist zu vermuten, daß eine Waffe oder ein Instrument, das in dem für Fahrgäste bestimmten Teil gefunden wird, sich im Besitz aller Fahrgäste befindet, sofern solche vorhanden sind, andernfalls im Besitz des Fahrers.

## Sektion 5.07
## Verbotene Angriffswaffen

Wer eine Angriffswaffe herstellt, wiederinstandsetzt, verkauft, oder auf andere Weise mit ihr Handel treibt, sie gebraucht oder besitzt, begeht, sofern er dazu nicht befugt ist, ein Vergehen. Unter einer Angriffswaffe (*offensive weapon*) ist zu verstehen: eine Bombe, ein Maschinengewehr, eine abgesägte Schrotflinte, überhaupt jede Feuerwaffe, die besonders hergestellt oder hergerichtet ist, um verborgen oder ohne Geräusch abgefeuert zu werden; ferner ein Totschläger, Sandsack, Schlagring, Dolch oder ein anderes zur Zufügung einer schweren Körperverletzung geeignetes Werkzeug, das einem rechtmäßigen Zweck nicht dient. Verteidigt der Angeklagte sich damit, daß er die Waffe besaß oder mit ihr Handel trieb ausschließlich als Rarität oder für Schauspielaufführungen, oder daß er sie erst seit kurzem besaß, weil er sie gefunden oder einem Angreifer abgenommen hatte, oder beruft er sich auf Umstände, die die Absicht oder Wahrscheinlichkeit ausschließen, daß er von der Waffe unrechtmäßigen Gebrauch machen würde, dann hat er dies durch überwiegenden Beweis darzutun. Die in Sektion 5.06(3) vorgesehenen Vermutungen sind in Strafverfahren wegen Verletzung der Strafvorschrift dieser Sektion anwendbar.

## Artikel 6
## GESETZLICH ZULÄSSIGE MASSNAHMEN GEGEN RECHTSBRECHER

### Sektion 6.01
**Verbrechen nach Graden abgestuft**

(1) Die in diesem Code begrifflich bestimmten Verbrechen sind im Hinblick auf die zulässige Bestrafung eingeteilt in:

(a) Verbrechen ersten Grades;
(b) Verbrechen zweiten Grades;
(c) Verbrechen dritten Grades.

Ein Verbrechen ist eine Straftat ersten oder zweiten Grades, wenn sie in diesem Code als solche bezeichnet ist. Eine Straftat, die ohne Angabe des Grades als Verbrechen bezeichnet ist, ist ein Verbrechen dritten Grades.

(2) Abgesehen von besonderen Gesetzesvorschriften ist ein nicht in diesem Code, sondern in einem anderen Gesetz dieses Staates begrifflich bestimmtes Verbrechen im Hinblick auf die zulässige Strafe als Verbrechen dritten Grades anzusehen.[138]

### Sektion 6.02
**Straffestsetzung gemäß den Vorschriften des Code; zulässige Verfügungen**

(1) Wer wegen einer Gesetzesverletzung verurteilt ist, ist gemäß den Vorschriften dieses Artikels zu bestrafen.

[(2) Das Gericht hat die Strafe gegen einen wegen Mordes zum Tode oder mit Freiheitsentziehung Verurteilten gemäß der Sektion 210.6 festzusetzen.]

(3) Abgesehen von der Vorschrift des Unterabschnitts (2) dieser Sektion und vorbehaltlich der einschlägigen Bestimmungen dieses Code kann das Gericht die Straffestsetzung gegen einen wegen einer

---

[138] Für die Zukunft ist demnach die Normierung schwerer Verbrechen dem Code vorbehalten. Die in anderen Gesetzen nach Inkrafttreten des Code aufrechterhaltenen Verbrechen sind als Verbrechen dritten Grades zu bestrafen (Dt. 2 S. 11).

Straftat Verurteilten aussetzen[139], oder es kann, anstatt auf Strafe zu erkennen, ihn gemäß Sektion 6.13 einer Anstalt überweisen, oder ihn folgendermaßen bestrafen:

(a) eine nach Sektion 6.03 zulässige Geldstrafe zu zahlen; oder

(b) mit Strafaussetzung zur Bewährung (und, im Falle einer Verurteilung wegen eines Verbrechens oder eines Vergehens, mit Freiheitsentziehung von nicht mehr als dreißig Tagen, die als Bedingung der Strafaussetzung zu verbüßen ist); oder

(c) mit Freiheitsentziehung für eine gemäß den Sektionen 6.05, 6.06, 6.07, 6.08, 6.09 oder 7.06 zulässige Dauer; oder

(d) mit einer Geldstrafe und Strafaussetzung zur Bewährung oder mit Geldstrafe und Freiheitsentziehung, aber nicht mit Strafaussetzung zur Bewährung und Freiheitsentziehung (soweit dies nicht gemäß Paragraph (b) dieses Unterabschnitts zulässig ist).

(4) Bei einem Täter, der wegen einer Übertretung verurteilt ist, kann das Gericht die Straffestsetzung aussetzen oder ihn verurteilen, eine nach Sektion 6.03 zulässige Geldstrafe zu zahlen.

(5) Dieser Artikel nimmt dem Gericht nicht die ihm gesetzlich eingeräumte Befugnis, den Verfall von Eigentum zu verfügen, eine Lizenzberechtigung zeitweilig aufzuheben oder zu widerrufen, jemanden aus seinem Amt zu entfernen, oder irgendeine andere zivilrechtliche Strafe zu verhängen. Solch ein Urteil oder eine Anordnung kann zusammen mit der Straffestsetzung ergehen.

## Sektion 6.03
## **Geldstrafen**

Wer wegen einer Straftat verurteilt ist, kann mit einer Geldstrafe belegt werden[140], die nicht hinausgeht über:

(1) 10,000 Dollar im Falle einer Verurteilung wegen eines Verbrechens ersten oder zweiten Grades;

(2) 5,000 Dollar im Falle einer Verurteilung wegen eines Verbrechens dritten Grades;

(3) 1,000 Dollar im Falle einer Verurteilung wegen eines Vergehens;

(4) 500 Dollar im Falle einer Verurteilung wegen eines leichten Vergehens oder einer Übertretung;

(5) das Doppelte des Gewinns des Täters aus der Straftat;

(6) einen nach einem Sondergesetz zulässigen höheren Betrag.

---

[139] Wird die Aussetzung widerrufen, dann kann der Grund für den Widerruf bei der Straffestsetzung mitberücksichtigt werden (Dt. 2 S. 13).

[140] Gründe für die Verhängung von Geldstrafen sind in 7.02 normiert.

## Sektion 6.04

**Strafen gegen Körperschaften und nicht eingetragene Vereine: Verwirkung des körperschaftlichen Statuts oder Widerruf der Zulassung, derzufolge eine ausländische Körperschaft ermächtigt ist, in dem Staat Handel oder Gewerbe zu betreiben**

(1) Das Gericht kann die Straffestsetzung gegen eine wegen einer Gesetzesverletzung verurteilten Körperschaft oder einen nicht eingetragenen Verein aussetzen, oder kann sie bzw. ihn mit einer gemäß Sektion 6.03 zulässigen Geldstrafe belegen.

(2) (a) Die (Strafverfolgungsbehörde) ist ermächtigt[141], beim zuständigen Gericht ein Zivilverfahren anhängig zu machen, mit dem Antrag, das Statut einer gemäß den Gesetzen dieses Staates gegründeten Körperschaft für verfallen zu erklären oder die Zulassung zu widerrufen[142], gemäß deren eine ausländische Körperschaft ermächtigt ist, in diesem Staat Handel oder Gewerbe zu betreiben. Das Gericht kann das Statut für verfallen erklären oder die Zulassung widerrufen aufgrund der Feststellung, (i) daß der Aufsichtsrat oder ein Abteilungsleiter, im Namen der Körperschaft handelnd, bei Führung der Geschäfte der Körperschaft absichtlich sich beharrlich strafbaren Verhaltens schuldig gemacht hat[143], und (ii) daß zwecks Verhinderung künftigen strafbaren Verhaltens gleicher Art es im öffentlichen Interesse liegt, daß das Statut der Körperschaft für verfallen erklärt und die Körperschaft aufgelöst oder die Zulassung widerrufen wird.

(b) Ist eine Körperschaft wegen einer Straftat verurteilt oder ein Abteilungsleiter der Körperschaft im Sinne der Sektion 2.07 wegen einer Straftat verurteilt, die er bei Führung der Geschäfte der Körperschaft begangen hat, dann kann das Gericht bei Festsetzung der die Körperschaft oder den Abteilungsleiter treffenden Strafe [die Verfolgungsbehörde] anweisen, ein gemäß Paragraph (a) dieses Unterabschnitts zulässiges Verfahren einzuleiten.

(c) Das gemäß Paragraph (a) dieses Unterabschnitts zulässige Verfahren ist in Übereinstimmung mit den Verfahrensgrundsätzen durchzuführen, welche das Recht für eine zwangsweise Auflösung einer Körperschaft vorsieht oder für den Widerruf der Zulassung, die eine ausländische Körperschaft ermächtigt, in diesem Staat Handel oder Gewerbe zu betreiben. Solches Verfahren ist als Ergänzung anderer Verfahren anzusehen, die das Recht zwecks Verfallserklärung des Statuts einer Körperschaft oder des Widerrufs der Zulassung einer ausländischen Körperschaft für zulässig erklärt.

---

[141] Gemäß (b) auf Anweisung des das Strafurteil fällenden Gerichts (Dt. 4 S. 203).

[142] Nebenstrafen mit erfahrungsgemäß abschreckender Wirkung (Dt. 4 S. 202).

[143] Strafbarkeitsvoraussetzung, die jedoch nicht durch vorausgehende Verurteilungen erwiesen zu werden braucht (Dt. 4 S. 203).

## Sektion 6.05
## Jungtäter

(1) *Dem Täter angepaßte Besserungsbehandlung.* Ein Jungtäter ist ein wegen einer Straftat Verurteilter[144], der zu der Zeit, als das Strafurteil verkündet wurde, mindestens 16 und noch nicht 22 Jahre alt war. Ein Jungtäter, gegen den auf eine Freiheitsstrafe von mehr als 30 Tagen (wahlweise (1) 90 Tage; (2) einem Jahr) erkannt ist, ist der Obhut der Jungtäterbesserungsabteilung[145] der Verwaltung der Besserungsanstalten zu überweisen[146], und soll, soweit dies zweckdienlich erscheint, eine seinen Bedürfnissen angepaßte Besserungs- und Rehabilitierungsbehandlung erfahren.

(2) *Sonderstrafmaß.* Ein wegen eines Verbrechens verurteilter Jungtäter kann, ohne Rücksicht auf die Schwere der Tat, anstatt mit einer in diesem Artikel für zulässig erklärten Freiheitsstrafe[147] mit einer Sonderstrafdauer der Freiheitsentziehung, nämlich ohne Mindestmaß[148] und mit einem Höchstmaß von vier Jahren, bestraft werden, sofern das Gericht der Ansicht ist, daß solch ein Sonderstrafmaß seiner Besserung und Rehabilitierung zuträglich und dem Schutz der Öffentlichkeit nicht abträglich ist.

[(3) *Nichtanwendung gesetzlich vorgesehener Unfähigkeitserklärungen; Aufhebung der Verurteilung.*

(a) Bei Verurteilung eines Jungtäters zu einer in dieser Sektion vorgesehenen Sonderstrafdauer oder zu einer anderen Strafe als Freiheitsentziehung kann das Gericht anordnen, daß, solange er nicht wegen eines anderen Verbrechens verurteilt ist, die Entscheidung nicht eine Untauglichkeits- oder Unfähigkeitserklärung enthält, die das Gesetz mit der Verurteilung wegen einer Straftat verbindet.

(b) Wird ein Jungtäter ohne Vorbehalt vor Ablauf der Höchstdauer der Strafzeit aus der Bewährungszeit oder bedingten Entlassung entlassen, dann kann das Gericht anordnen, daß die Verurteilung aufgehoben wird.]

[(4) *Einweisung zur Beobachtung.* Erachtet das Gericht außer den der Strafverkündung vorausgehenden Nachforschungen zusätzliche Auskunft in bezug auf den Jungtäter für erwünscht, bevor es die Strafe verkündet, dann kann es anordnen, daß er für eine Zeit von

---

[144] Durch das für Strafsachen zuständige Gericht, nicht durch ein Jugendgericht (Dt. 7 S. 24).

[145] Aufgabe der Jungtäterbesserungsabteilung: 401.6.

[146] Das Gericht ist demnach in solchen Fällen nicht befugt, die Strafe auszusetzen oder auf Strafaussetzung zur Bewährung zu erkennen; anders die Jungtäterbesserungsabteilung (Dt. 7 S. 26).

[147] S. 6.06 und 6.07.

[148] Die Jungtäterbesserungsabteilung kann in solchem Fall den ihr gemäß (1) Überwiesenen jederzeit bedingt entlassen (Dt. 7 S. 28).

nicht mehr als 90 Tagen der Jungtäterbesserungsabteilung der Verwaltung der Besserungsanstalten zur Beobachtung und Untersuchung an einer geeigneten Empfangs- oder Einstufungszentrale überwiesen wird. Solch eine Abteilung der Verwaltung der Besserungsanstalten und die Jungtäterabteilung des Ausschusses für Bedingte Entlassung sollen das Gericht bei oder bevor dem Ablauf der neunzigtätigen Frist von den Ergebnissen in Kenntnis setzen und ihm entsprechende Vorschläge machen.][149]

## Sektion 6.06

### Straffestsetzung bei Freiheitsentziehung wegen eines Verbrechens; gewöhnliche Strafrahmen

Ein wegen eines Verbrechens Verurteilter kann in folgender Weise mit Freiheitsentziehung bestraft werden:

(1) Im Falle eines Verbrechens ersten Grades mit Freiheitsentziehung, deren Mindestdauer das Gericht auf nicht weniger als ein Jahr und nicht mehr als zehn Jahre festsetzen soll, und deren Höchstmaß lebenslängliche Freiheitsentziehung ist;

(2) im Falle eines Verbrechens zweiten Grades mit Freiheitsentziehung, deren Mindestdauer das Gericht auf nicht weniger als ein Jahr und nicht mehr als drei Jahre festsetzen soll, und deren Höchstmaß zehn Jahre ist;

(3) im Falle eines Verbrechens dritten Grades mit Freiheitsentziehung, deren Mindestdauer das Gericht auf nicht weniger als ein Jahr und nicht mehr als zwei Jahre festsetzen soll, und deren Höchstmaß fünf Jahre ist.

## Zur Wahl gestellte Sektion 6.06

### Straffestsetzung bei Freiheitsentziehung wegen eines Verbrechens; gewöhnliche Strafrahmen

Ein wegen eines Verbrechens Verurteilter kann in folgender Weise mit Freiheitsentziehung bestraft werden:

(1) im Falle eines Verbrechens ersten Grades mit Freiheitsentziehung, deren Mindestdauer das Gericht auf nicht weniger als ein Jahr und nicht mehr als zehn Jahre, und deren Höchstdauer auf nicht mehr als zwanzig Jahre oder auf lebenslängliche Freiheitsentziehung festsetzen soll;

(2) im Falle eines Verbrechens zweiten Grades mit Freiheitsentziehung, deren Mindestdauer das Gericht auf nicht weniger als ein Jahr und nicht mehr als drei Jahre, und deren Höchstdauer auf nicht mehr als zehn Jahre festsetzen soll;

(3) im Falle eines Verbrechens dritten Grades mit Freiheitsentziehung, deren Mindestdauer das Gericht auf nicht weniger als

---

[149] Ausführungsbestimmungen hierzu in 7.08.

ein Jahr und nicht mehr als zwei Jahre, und deren Höchstdauer auf nicht mehr als fünf Jahre festsetzen soll.

Gemäß dieser Sektion soll auf keine Strafe erkannt werden, deren Mindestdauer länger als die Hälfte des Höchstmaßes ist, oder länger als zehn Jahre, wenn das Höchstmaß lebenslängliche Freiheitsentziehung ist.

## Sektion 6.07

**Straffestsetzung bei Freiheitsentziehung wegen eines Verbrechens; erweiterte Strafrahmen**

In den in Sektion 7.03 genannten Fällen kann ein wegen eines Verbrechens Verurteilter mit verlängerter Freiheitsentziehung in folgender Weise bestraft werden:

(1) im Falle eines Verbrechens ersten Grades mit Freiheitsentziehung, deren Mindestdauer das Gericht auf nicht weniger als fünf Jahre und nicht mehr als zehn Jahre festsetzen soll, und deren Höchstmaß lebenslängliche Freiheitsentziehung ist;

(2) im Falle eines Verbrechens zweiten Grades mit Freiheitsentziehung, deren Mindestdauer das Gericht auf nicht weniger als ein Jahr und nicht mehr als fünf Jahre, und deren Höchstdauer auf nicht weniger als zehn und nicht mehr als zwanzig Jahre festsetzen soll;

(3) im Falle eines Verbrechens dritten Grades mit Freiheitsentziehung, deren Mindestdauer das Gericht auf nicht weniger als ein Jahr und nicht mehr als drei Jahre, und deren Höchstdauer auf nicht weniger als fünf und nicht mehr als zehn Jahre festsetzen soll.

## Sektion 6.08

**Straffestsetzung bei Freiheitsentziehung wegen Vergehen oder leichter Vergehen; gewöhnliche Strafrahmen**

Ein wegen eines Vergehens oder eines leichten Vergehens Verurteilter kann mit Freiheitsentziehung von bestimmter Dauer bestraft werden, die das Gericht im Falle eines Vergehens auf nicht mehr als ein Jahr und im Falle eines leichten Vergehens auf nicht mehr als dreißig Tage festsetzen soll.

## Sektion 6.09

**Straffestsetzung bei Freiheitsentziehung wegen Vergehen oder leichter Vergehen; erweiterte Strafrahmen**

(1) In den in Sektion 7.04 genannten Fällen kann ein wegen eines Vergehens oder eines leichten Vergehens Verurteilter mit verlängerter Freiheitsentziehung in folgender Weise bestraft werden:

(a) im Falle eines Vergehens mit Freiheitsentziehung, deren Mindestdauer das Gericht auf nicht mehr als ein Jahr festsetzen soll, und deren Höchstdauer drei Jahre ist;

(b) im Falle eines leichten Vergehens mit Freiheitsentziehung, deren Mindestdauer das Gericht auf nicht mehr als sechs Monate festsetzen soll, und deren Höchstdauer zwei Jahre ist.

(2) Solche Bestrafung mit verlängerter Dauer soll nur dann verhängt werden, wenn:

(a) der Direktor der Besserungsanstalten bescheinigt hat, daß der Verwaltung der Besserungsanstalten oder in einem Landbezirk oder einer Stadt (oder in einer anderen kommunalen Unterabteilung des Staates) eine Anstalt zur Verfügung steht, die für die Gefangenhaltung und Besserungsbehandlung desjenigen, der ein Vergehen oder ein leichtes Vergehen begangen hat, geeignet und für die Aufnahme eines Überwiesenen verfügbar ist; und

(b) der (Ausschuß für Bedingte Entlassung) (Inspektor der Bedingten Entlassung) bescheinigt hat, daß der Ausschuß für Bedingte Entlassung in der Lage ist, solch eine Anstalt zu besichtigen und die Verantwortung für die bedingte Entlassung solcher Gefangenen und für die Beaufsichtigung während ihrer bedingten Entlassung zu übernehmen.

## Sektion 6.10

### Erstmalige bedingte Entlassung aller Rechtsbrecher; Bestrafung mit Freiheitsentziehung schließt als Sonderstrafzeit die bedingte Entlassung ein; Dauer der bedingten Entlassung; Dauer der Wiedereinweisung und der erneuten bedingten Entlassung nach dem Widerruf der vorausgehenden bedingten Entlassung; endgültige unbedingte Entlassung

(1) *Erstmalige bedingte Entlassung aller Rechtsbrecher.* Wer mit einer Freiheitsstrafe von unbestimmter Dauer, jedoch gemäß den Sektionen 6.05, 6.06, 6.07, 6.09 oder 7.06 mit mehr als einem Jahr bestraft ist, ist in Übereinstimmung mit Artikel 305 bei oder bevor dem Ablauf der Höchstdauer seiner Freiheitsstrafe bedingt zu entlassen.

(2) *Bestrafung mit Freiheitsentziehung schließt als Sonderstrafzeit die bedingte Entlassung ein; Dauer der bedingten Entlassung.* Eine Bestrafung mit Freiheitsentziehung auf unbestimmte Dauer, jedoch gemäß den Sektionen 6.05, 6.06, 6.07, 6.09 oder 7.06 mit mehr als einem Jahr, schließt die bedingte Entlassung oder die Wiedereinweisung wegen Verletzung der Bedingungen der bedingten Entlassung als gesonderten Teil des Strafurteils ein, welcher die Dauer der bedingten Entlassung oder der Wiedereinweisung nach der ersten bedingten Entlassung bestimmt. Die Mindestdauer ist ein Jahr, die Höchstdauer sind fünf Jahre. Erfolgt die Bestrafung gemäß Sektion 6.05 (2) oder Sektion 6.09, dann sind zwei Jahre die Höchstdauer.

(3) *Dauer der Wiedereinweisung und der erneuten bedingten Ent-*

*lassung nach dem Widerruf der vorausgehenden bedingten Entlassung.* Wird ein Rechtsbrecher unter Widerruf seiner bedingten Entlassung wiedereingewiesen, dann ist die Dauer der weiteren Freiheitsentziehung aufgrund solcher Wiedereinweisung und einer darauf folgenden erneuten bedingten Entlassung oder Wiedereinweisung aufgrund desselben Strafurteils durch den Ausschuß für Bedingte Entlassung zu bestimmen, soll jedoch die Gesamtdauer des nicht verbüßten Teiles der in Unterabschnitt (2) dieser Sektion vorgesehenen Höchstdauer der bedingten Entlassung nicht übersteigen.

(4) *Endgültige unbedingte Entlassung.* Ist die Höchstdauer der bedingten Entlassung abgelaufen, oder ist der Rechtsbrecher gemäß Sektion 305.12 zuvor aus der bedingten Entlassung entlassen worden, dann soll es so angesehen werden, als habe er seine Strafe verbüßt. Er ist alsdann ohne Vorbehalt zu entlassen.

## Sektion 6.11
## **Ort der Freiheitsentziehung**

(1) Wer mit einer Freiheitsstrafe von unbestimmter Dauer, aber mit einer Höchstdauer von mehr als einem Jahr bestraft ist, ist vom Gericht der Verwaltung der Besserungsanstalten (oder einer einzelnen Abteilung oder Dienststelle) für die Dauer seiner Strafzeit und bis zu seiner dem Gesetz entsprechenden Entlassung zu überweisen.

(2) Ist jemand mit Freiheitsentziehung von bestimmter Dauer bestraft, dann hat das Gericht die Anstalt oder Dienststelle zu bezeichnen, der der Verurteilte für die Dauer seiner Bestrafung und bis zu seiner dem Gesetz entsprechenden Entlassung überwiesen wird.[150]

[150] Die unterschiedliche Regelung der Einleitung der Strafvollstreckung durch das Gericht in (1) und in (2) trägt dem doppelspurigen System der Strafanstalten Rechnung: Staatliche Strafanstalten (*state prisons* oder *penitentiaries)* werden von einer zentralen staatlichen Verwaltungsstelle geleitet; sie dienen der Vollstreckung von Strafen, denen die Verurteilung wegen eines Verbrechens zugrunde liegt. Munizipalgefängnisse (*county jails*) sind zumeist den Gerichten angegliedert; sie dienen der Vollstreckung von Strafen nach Verurteilung wegen eines Vergehens. Unbestimmte Freiheitsstrafen sind bei allen Verbrechen zu verhängen (6.06), wie auch bei Vergehen, die die Anwendung eines erweiterten Strafrahmens rechtfertigen (6.09); in solchen Fällen bestimmt die Zentralverwaltung die Anstalt, in die der Verurteilte einzuweisen ist. Freiheitsstrafen von bestimmter Dauer sind bei normalen und leichten Vergehen zu verhängen (6.08); hier bestimmt das Gericht eine der in seinem Bezirk gelegenen Anstalten. — Außer den munizipalen und staatlichen Anstalten gibt es Bundesgefängnisse (*federal prisons*) zur Vollstreckung von Freiheitsstrafen, die von einem Strafgericht des Bundes verhängt sind, doch liegt die Bundesstrafgewalt außerhalb des Rahmens des Code (vgl. Anm. zu 1.03 [1]).

### Sektion 6.12
### Verurteilung wegen einer weniger schweren als der tatsächlich begangenen Straftat

Ist jemand wegen eines Verbrechens verurteilt, und ist das Gericht im Hinblick auf die Art der Straftat und die Umstände, unter denen sie begangen wurde, sowie unter Berücksichtigung des Vorlebens und der Persönlichkeit des Angeklagten der Ansicht, daß es übermäßig hart wäre, ihn gemäß den Vorschriften des Code zu bestrafen, dann darf es ihn wegen eines weniger schweren Verbrechens oder wegen eines Vergehens verurteilen und eine entsprechende Strafe festsetzen.[151]

### Sektion 6.13
### Überweisung in eine Heilanstalt anstatt Strafverfolgung oder Bestrafung

(1) Ist ein wegen eines (Verbrechen dritten Grades), eines Vergehens oder eines leichten Vergehens strafrechtlich Verfolgter ein chronischer Alkoholiker, Rauschgiftsüchtiger (oder eine Prostituierte) oder jemand, der an einer geistigen Abnormität leidet, und ist das Gericht kraft Gesetzes ermächtigt[152], ihn einem Krankenhaus oder einer anderen Anstalt zwecks ärztlicher, psychiatrischer oder einer anderen Entwöhnungsbehandlung zu überweisen, dann kann das Gericht solche Überweisung anordnen und das Verfahren einstellen. Die Anordnung der Überweisung kann auch nach Verurteilung erfolgen; in solchem Falle kann das Gericht den Wahrspruch oder die Verurteilung aufheben und das Verfahren einstellen.

(2) Das Gericht soll eine Verfügung im Sinne des Unterabschnitts (1) dieser Sektion nur dann treffen, wenn es der Ansicht ist, daß sie die Rehabilitation des Angeklagten wesentlich fördern und den Schutz der Öffentlichkeit nicht beeinträchtigen wird.

---

[151] Diese Vorschrift trägt dem in verschiedenen Jurisdiktionsbezirken üblichen Brauch der Gerichte Rechnung, bei einem Schuldbekenntnis des Täters oder auf seine Bitten hin, der Verurteilung nicht den dem Sachverhalt entsprechenden, sondern einen geringeren Grad des Verbrechens zugrunde zu legen, oder auch den Täter nicht als Verbrecher (*felon*), sondern als eines Vergehens Schuldigen (*misdemeanant*) zu bestrafen (Dt. 2 S. 28 f.). — 6. 12 macht den Richter, will er die Tat milder beurteilen, von obiger Initiative des Angeklagten unabhängig.

[152] Dt. 2 S. 30 f. zufolge, ist diese „äußerst wichtige" Ermächtigung nur eine Rahmenvorschrift, die der Ergänzung durch Vorschriften bedarf, in denen die Voraussetzungen für ein Absehen von der Strafverfolgung im einzelnen festgelegt sind.

## Artikel 7

## BEFUGNISSE DES GERICHTS BEI FESTSETZUNG DER STRAFE

### Sektion 7.01

### Gründe für die Aussetzung der Verkündung einer Freiheitsstrafe und für Strafaussetzung zur Bewährung

(1) Das Gericht soll bei einem wegen einer Straftat Verurteilten von der unmittelbaren Verhängung einer Freiheitsstrafe absehen, es sei denn, es ist im Hinblick auf die Art der Tat und die Umstände, unter denen sie begangen wurde, wie auch auf das Vorleben, die Persönlichkeit und die Lebensverhältnisse des Angeklagten der Ansicht, daß seine Gefangensetzung zum Schutz der Öffentlichkeit notwendig ist, weil[153]:

(a) die ernste Gefahr besteht, daß der Angeklagte während der Strafaussetzung oder der Bewährungszeit eine andere Straftat begehen wird; oder

(b) der Angeklagte der Anwendung von Besserungsmaßregeln bedarf, für die am wirkungsvollsten durch seine Einweisung in eine Anstalt Vorsorge getroffen werden kann; oder

(c) eine mildere Bestrafung der Schwere der Tat nicht entsprechen würde.

(2) Folgende Gründe sollen die Entscheidung des Gerichts zwar nicht bestimmen, sollen jedoch zugunsten der Aussetzung der Verkündung einer Freiheitsstrafe in Betracht gezogen werden:

(a) ein ernstlicher Schaden war durch das Verhalten des Angeklagten weder verursacht noch zu erwarten;

(b) der Angeklagte hatte nicht in Betracht gezogen, daß ernstlicher Schaden durch sein strafbares Verhalten verursacht werden würde oder zu erwarten war;

(c) das Angeklagte handelte als Folge einer schweren Herausforderung;

(d) beachtliche, im Endergebnis jedoch nicht durchgreifende Gründe waren vorhanden, das Verhalten des Angeklagten als entschuldbar oder gerechtfertigt erscheinen zu lassen;

(e) das Opfer der Tat veranlaßte den Angeklagten zu seinem strafbaren Verhalten oder erleichterte die Durchführung der Tat;

(f) der Angeklagte hat den Angegriffenen für den ihm zuge-

---

[153] Durch die Aufzählung der wider (1) (a—c) und für (2) (a—k) die Aussetzung der Bestrafung des Täters sprechenden Gründe wird die Verantwortung für die Entscheidung zwischen der Gesetzgebung und dem Richter verteilt und eine einheitliche und konsequente Anwendung der Kriterien erstrebt (Dt. 2 S. 34 f.).

fügten Schaden oder die ihm zugefügte Verletzung entschädigt oder ist bereit, dies zu tun;

(g) der Angeklagte hat früher weder ein Jugenddelikt begangen, noch sich in anderer Weise strafbar gemacht, oder er hat während eines längeren Zeitraums vor Begehung der Tat nicht gegen die Gesetze verstoßen;

(h) das strafbare Verhalten des Angeklagten war das Ergebnis von Umständen, die sich aller Wahrscheinlichkeit nach nicht wiederholen werden;

(i) die Persönlichkeit und die Haltung des Angeklagten lassen darauf schließen, daß er aller Wahrscheinlichkeit nach eine andere Straftat nicht begehen werde;

(j) es steht zu erwarten, daß der Angeklagte für Bewährungshilfe empfänglich sein wird;

(k) Freiheitsentziehung würde für den Angeklagten selbst oder die von ihm Abhängigen ungewöhnliche Nachteile zur Folge haben.

(3) Das Gericht soll für denjenigen, der wegen einer Straftat verurteilt, aber nicht mit Freiheitsentziehung bestraft ist, eine Bewährungszeit festsetzen, wenn er der Aufsicht, Führung, Unterstützung oder der Weisungen bedarf, für die der Bewährungsdienst Vorsorge treffen kann.

## Sektion 7.02
## Gründe für die Auferlegung von Geldstrafen

(1) Das Gericht soll einen Angeklagten nicht zur Zahlung einer Geldstrafe allein verurteilen, wenn das Gesetz auch eine andere Maßnahme zuläßt, es sei denn, das Gericht ist im Hinblick auf die Art der Straftat und die Umstände, unter denen sie begangen ist, wie auch auf das Vorleben und die Persönlichkeit des Angeklagten der Ansicht, daß Geldstrafe allein zum Schutz der Öffentlichkeit ausreicht.

(2) Das Gericht soll einen Angeklagten nicht zur Zahlung einer Geldstrafe zusätzlich zu einer Freiheitsstrafe oder zur Strafaussetzung zur Bewährung verurteilen, es sei denn:

(a) der Angeklagte hat aus der Straftat geldlichen Gewinn gezogen; oder

(b) das Gericht ist der Ansicht, daß eine Geldstrafe besonders geeignet ist, von der Begehung der Tat, die den Gegenstand des Verfahrens bildet, abzuschrecken oder zur Besserung des Rechtsbrechers beizutragen.

(3) Das Gericht soll den Angeklagten nur dann zur Zahlung einer Geldstrafe verurteilen, wenn:

(a) der Angeklagte in der Lage ist oder sein wird, die Geldstrafe zu zahlen; und

(b) die Geldstrafe den Angeklagten nicht daran hindern wird, dem Opfer der Tat Wiedergutmachung oder eine Entschädigung zu leisten.

(4) Bei Festsetzung des Betrages und der Art der Zahlung einer Geldstrafe soll das Gericht die geldlichen Quellen des Angeklagten in Betracht ziehen wie auch die Belastung, die für den Angeklagten durch die Zahlung entsteht.[154]

## Sektion 7.03
## Gründe für Bestrafung mit verlängerter Freiheitsentziehung; Verbrechen

Das Gericht kann einen wegen eines Verbrechens Verurteilten mit verlängerter Freiheitsentziehung bestrafen[155], wenn es einen oder mehrere der in dieser Sektion genannten Gründe für gegeben hält.[156] Die Feststellungen des Gerichts sind zu den Akten zu nehmen.

(1) Der Angeklagte ist ein hartnäckiger Rechtsbrecher[157], dessen Einweisung für eine verlängerte Freiheitsentziehung zum Schutz der Öffentlichkeit notwendig ist.

Das Gericht soll solch eine Feststellung nur treffen, wenn der Angeklagte älter als 21 Jahre ist und zuvor schon wegen zweier Verbrechen oder wegen eines Verbrechens und zweier Vergehen, begangen zu verschiedenen Zeiten im Alter von mehr als (die Zuständigkeit des Jugendgerichts begründenden) Jahren, verurteilt worden ist.

(2) Der Angeklagte ist ein berufsmäßiger Verbrecher, dessen Einweisung für eine verlängerte Freiheitsentziehung zum Schutz der Öffentlichkeit notwendig ist.

Das Gericht soll solch eine Feststellung nur treffen, wenn der Angeklagte älter als 21 Jahre ist und:

(a) die Umstände, unter denen die Tat begangen ist, erkennen lassen, daß der Angeklagte sich bewußt verbrecherischer Tätigkeit als einer Hauptquelle seines Lebensunterhalts zugewendet hat; oder

---

[154] Über die Zulässigkeit von Teilzahlungen: 302.1; über die Folgen der Nichtzahlung: 302.2.

[155] Gemäß 6.07.

[156] Der Code anerkennt vier Kategorien von Verbrechern, bei denen verlängerte Freiheitsentziehung zulässig ist: den hartnäckigen (1), den berufsmäßigen (2), den anormalen, daher gefährlichen (3) Verbrecher und denjenigen, der das Recht mehrfach verletzt hat (4). Die vom Gericht hierfür jeweils zu treffenden Feststellungen sind Mindesterfordernisse. Bevor das Gericht aufgrund solcher Feststellungen auf verlängerte Freiheitsstrafe erkennt, ist dem Verurteilten in einer Verhandlung Gelegenheit zu geben, sich zu den Feststellungen zu äußern (7.07 [6]) (Dt. 2 S. 41 ff.).

[157] „*Persistent offender*" identisch offenbar mit „*habitual offender*" (Dt. 2 S. 47), der deutsche „Gewohnheitsverbrecher".

(b) der Angeklagte ein beachtliches Einkommen oder Hilfsquellen hat, die nicht anders als durch verbrecherische Tätigkeit erlangt erklärbar sind.[158]

(3) Der Angeklagte ist eine gefährliche, geistig nicht normale Person, dessen Einweisung für eine verlängerte Freiheitsentziehung zum Schutz der Öffentlichkeit notwendig ist.

Das Gericht soll solch eine Feststellung nur treffen, nachdem der Angeklagte einer psychiatrischen Untersuchung unterzogen worden ist, und diese zu dem Schluß führte, daß sein Geisteszustand schwer anormal ist; daß sein verbrecherisches Verhalten die Form von sich wiederholendem oder zwangsmäßigem Betragen aufweist oder beharrlich aggressivem Verhalten, gekennzeichnet durch gedankenlose Gleichgültigkeit in bezug auf die Folgen; und daß er aufgrund dieser Tatsachen eine ernste Gefahr für andere ist.

(4) Der Angeklagte hat das Recht mehrfach verletzt, er hat sich in solchem Ausmaß verbrecherisch betätigt, daß eine Bestrafung mit verlängerter Freiheitsentziehung gerechtfertigt ist.

Das Gericht soll solch eine Feststellung nur treffen, wenn:

(a) der Angeklagte wegen zweier oder mehrerer Verbrechen zu bestrafen ist, oder eine Freiheitsstrafe wegen eines Verbrechens bereits verhängt ist, und die Freiheitsstrafen gemäß Sektion 7.06 gleichzeitig vollstreckt werden sollen; oder

(b) der Angeklagte vor Gericht die Begehung eines oder mehrerer anderer Verbrechen zugibt und beantragt, daß sie bei seiner Bestrafung in Betracht gezogen werden[159]; und

(c) die längsten Freiheitsstrafen, die für jede der Straftaten des Angeklagten zulässig sind, einschließlich der zugestandenen und in Betracht gezogenen, wenn nach einander vollstreckt, das Mindest- und Höchstmaß der verhängten verlängerten Freiheitsentziehung überschreiten würden.

## Sektion 7.04
### Gründe für Bestrafung mit verlängerter Freiheitsentziehung; Vergehen und leichte Vergehen

Das Gericht kann einen wegen eines Vergehens oder leichten Vergehens Verurteilten mit verlängerter Freiheitsentziehung bestrafen[160],

---

[158] Vorbestraftsein ist demnach, anders als beim hartnäckigen Rechtsbrecher, nicht eine Voraussetzung der Feststellung, daß der Verurteilte ein berufsmäßiger Verbrecher ist. Ein Gleiches gilt für den gefährlichen, weil anormalen Verbrecher (Dt. 2 S. 41).

[159] Der Code adoptiert hier die englische Praxis des *„taking into account“*: Nach Verbüßung der Strafe braucht der Täter keine weiteren Verurteilungen zu fürchten. Auch kommt ihm die Begrenzung der Strafdauer bei einander folgenden Vollstreckungen zugute (Dt. 2 S. 48).

[160] Gemäß 6.09.

wenn es einen oder mehrere der in dieser Sektion genannten Gründe für gegeben hält.[161] Die Feststellungen des Gerichts sind zu den Akten zu nehmen.

(1) Der Angeklagte ist ein hartnäckiger Rechtsbrecher, dessen Einweisung für eine verlängerte Freiheitsentziehung zum Schutz der Öffentlichkeit notwendig ist.

Das Gericht soll solch eine Feststellung nur treffen, wenn der Angeklagte zuvor im Alter von mehr als (die Zuständigkeit des Jugendgerichts begründenden) Jahren wegen zweier, zu verschiedenen Zeiten begangener Straftaten verurteilt worden war.

(2) Der Angeklagte ist ein berufsmäßiger Verbrecher, dessen Einweisung für eine verlängerte Freiheitsentziehung zum Schutz der Öffentlichkeit notwendig ist.

Das Gericht soll solch eine Feststellung nur treffen, wenn:

(a) die Umstände, unter denen die Tat begangen ist, erkennen lassen, daß der Angeklagte sich bewußt verbrecherischer Tätigkeit als einer Hauptquelle seines Lebensunterhalts zugewendet hat; oder

(b) der Angeklagte ein beachtliches Einkommen oder Hilfsquellen hat, die nicht anders als durch verbrecherische Tätigkeit erlangt erklärbar sind.

(3) Der Angeklagte ist ein chronischer Alkoholiker, ein Rauschgiftsüchtiger, eine Prostituierte oder eine Person von anormaler Geistesverfassung, deren Rehabilitierungsbehandlung für längere Zeit erforderlich ist.

Das Gericht soll solch eine Feststellung nur treffen, wenn im Hinblick auf die Gruppe, zu der der Angeklagte gehört, der Direktor der Besserungsanstalten bescheinigt, daß für die Rehabilitierungsbehandlung solcher Personen eine besondere Anstalt oder Einrichtungen bestehen, und in jeder Beziehung den Erfordernissen der Sektion 6.09 Unterabschnitt (2) genügen.

(4) Der Angeklagte hat das Recht bereits mehrfach verletzt; er hat sich in solchem Ausmaß verbrecherisch betätigt, daß eine Bestrafung mit verlängerter Freiheitsentziehung gerechtfertigt ist.

Das Gericht soll solch eine Feststellung nur treffen, wenn:

(a) der Angeklagte wegen einer Anzahl von Vergehen oder leichter Vergehen zu bestrafen ist, oder eine Freiheitsstrafe wegen einer Straftat diesen Grades bereits verhängt ist, oder wenn er vor Gericht die Begehung einer oder mehrerer solcher Straftaten zugibt und beantragt, daß sie bei seiner Bestrafung in Betracht gezogen werden; und

[161] Vier Kategorien wie in 7.03, nur daß in (3) anstatt der gefährlichen Personen Alkoholiker, Rauschgiftsüchtige, Prostituierte und anormale Personen genannt sind, weil diese besonders häufig Vergehen und leichte Vergehen begehen (Dt. 2 S. 45).

(b) die längsten Freiheitsstrafen, auf die für jede der Straftaten des Angeklagten erkannt wurde, sowie der zugestandenen und in Betracht gezogenen Straftaten, wenn nacheinander vollstreckt, das Höchstmaß der verhängten verlängerten Freiheitsentziehung überschreiten würden.[162]

## Sektion 7.05

**Vorausgehende Verurteilung in einem anderen Jurisdiktionsbezirk; Begriffsbestimmung und Beweis der Verurteilung; Strafbemessung unter Berücksichtigung eingestandener Straftaten steht einer nachfolgenden Verurteilung wegen dieser Straftaten entgegen**

(1) Eine Verurteilung wegen einer Straftat, die in einem anderen Jurisdiktionsbezirk begangen ist, steht einer vorausgehenden Verurteilung im Sinne von Unterabschnitt (1) der Sektion 7.03 oder 7.04 gleich. Solch eine Verurteilung ist als Verurteilung wegen eines Verbrechens anzusehen, wenn nach dem in solch einem anderen Jurisdiktionsbezirk geltenden Recht Todesstrafe oder Freiheitsentziehung von mehr als einem Jahr zulässig war; als Verurteilung wegen eines Vergehens, wenn Freiheitsentziehung von mehr als 30 Tagen und nicht mehr als einem Jahr zulässig war, und als Verurteilung wegen eines leichten Vergehens, wenn Freiheitsentziehung von nicht mehr als 30 Tagen zulässig war.

(2) Eine Entscheidung seitens eines Gerichts innerhalb eines zuständigen Jurisdiktionsbezirks des Inhalts, daß der Angeklagte eine Straftat begangen hat, steht einer Verurteilung im Sinne der Sektionen 7.03 bis einschließlich 7.05 gleich, selbst wenn die Straffestsetzung oder -vollstreckung ausgesetzt war, vorausgesetzt, daß die Rechtsmittelfrist abgelaufen ist, und der Angeklagte nicht aufgrund später festgestellter Unschuld begnadigt wurde.

(3) Eine vorausgehende Verurteilung kann durch jegliches Beweismaterial bewiesen werden, einschließlich der Fingerabdrücke, die anläßlich einer Verhaftung, Verurteilung oder Freiheitsentziehung hergestellt wurden, sofern das Gericht hierin einen hinreichenden Beweis der früheren Verurteilung des Angeklagten erblickt.

(4) Hatte der Angeklagte beantragt, daß andere Straftaten, die er vor Gericht zugestand, bei der Strafbemessung berücksichtigt werden, und hatte das Gericht diesen Antrag nicht abgelehnt, dann steht seine Bestrafung einer Strafverfolgung oder Verurteilung des Angeklagten wegen solch einer zugestandenen Straftat in diesem Staat entgegen.

---

[162] Gemäß 7.06 (1) (b) in Verbdg. mit 6.08 wäre das Höchstmaß ein Jahr (Dt. 2 S. 46).

## Sektion 7.06

### Mehrheit von Strafen; gleichzeitige und einander folgende Vollstreckung von Freiheitsstrafen

(1) *Freiheitsstrafen wegen mehr als einer Straftat.* Sind dem Angeklagten mehrere Freiheitsstrafen wegen mehr als einer Straftat auferlegt, einschließlich einer Straftat, wegen deren die Aussetzung der Strafverkündung oder eine Strafaussetzung zur Bewährung widerrufen worden ist, dann soll das Gericht bei der Straffestsetzung darüber entscheiden, ob die mehreren Strafen gleichzeitig oder nacheinander vollstreckt werden sollen, es sei denn, daß:

(a) eine bestimmte und eine unbestimmte Freiheitsstrafe gleichzeitig vollstreckt werden sollen und beiden Strafen durch Verbüßung der unbestimmten Freiheitsstrafe genüge geschieht; und

(b) einander folgende bestimmte Freiheitsstrafen zusammen den Zeitraum von einem Jahr nicht überschreiten sollen; und

(c) einander folgende unbestimmte Freiheitsstrafen zusammen das Mindest- oder Höchstmaß des erweiterten Strafrahmens nicht überschreiten sollen, die für die mit Strafe zu belegende Straftat schwerster Art und schwersten Grades zulässig sind; und

(d) nicht mehr als eine verlängerte Freiheitsstrafe auferlegt werden soll.

(2) *Zu verschiedenen Zeiten auferlegte Freiheitsstrafen.* Wird ein Angeklagter, der zuvor zu einer Freiheitsstrafe verurteilt worden ist, danach mit einer anderen Freiheitsstrafe wegen einer Straftat bestraft, die vor der vorausgehenden Bestrafung begangen war, und die er nicht beging, während er sich in Strafhaft befand, dann:

(a) sollen die mehreren Strafen soweit wie möglich dem Unterabschnitt (1) dieser Sektion entsprechen; und

(b) gleichviel ob das Gericht entscheidet, daß die Freiheitsstrafen gleichzeitig oder nacheinander zu vollstrecken sind, soll dem Angeklagten die Zeit angerechnet werden, die er in Verfolg der vorausgehenden Bestrafung verbüßt hat, wenn die zulässige Gesamtdauer der Freiheitsentziehung, die noch zu verbüßen ist, festgesetzt wird; und

(c) wenn eine neue Strafe einem bedingt entlassenen Gefangenen auferlegt wird, soll der Rest der bedingt erlassenen Freiheitsstrafe als während der neu auferlegten Freiheitsstrafe ablaufend angesehen werden.

(3) *Freiheitsstrafe für eine während der bedingten Entlassung begangene Straftat.* Wird ein Angeklagter wegen einer Straftat mit Freiheitsentziehung bestraft, die er beging, während er in diesem Staat bedingt entlassen war, dann sollen beim Widerruf der bedingten Entlassung diese Freiheitsstrafe und die Dauer einer Wiedergefangen-

setzung, die der Ausschuß für Bedingte Entlassung bestimmt, gleichzeitig vollstreckt werden, sofern das Gericht nicht ausdrücklich anordnet, daß sie nacheinander zu vollstrecken sind.

(4) *Mehrheit von Freiheitsstrafen in anderen Fällen.* Sofern in dieser Sektion nicht etwas anderes bestimmt ist, soll das Gericht, wenn es die zweite oder eine weitere Strafe auferlegt, darüber entscheiden, ob die mehreren Freiheitsstrafen gleichzeitig oder nacheinander zu vollstrecken sind.

(5) *Berechnung gleichzeitig und nacheinander vollstreckter Freiheitsstrafen.*

(a) Werden unbestimmte Freiheitsstrafen gleichzeitig vollstreckt, dann verschmelzen die kürzeren Mindeststrafen mit der längsten Mindeststrafe und sind durch diese abgegolten, und die kürzeren Höchststrafen verschmelzen mit der längsten Höchststrafe und sind durch diese abgegolten.

(b) Werden unbestimmte Freiheitsstrafen nacheinander vollstreckt, dann werden die Mindeststrafen zu einer Gesamtmindeststrafe zusammengerechnet, die wie die Summe aller Mindeststrafen zu verbüßen ist, und die Höchststrafen werden zu einer Gesamthöchststrafe zusammengerechnet, die der Summe aller Höchststrafen gleichkommt.

(c) Werden eine bestimmte und eine unbestimmte Freiheitsstrafe nacheinander vollstreckt, dann ist die bestimmte Freiheitsstrafe sowohl der Mindest- wie der Höchststrafe der unbestimmten Strafe hinzuzufügen; beiden Strafen geschieht durch Verbüßung der unbestimmten Strafe genüge.

(6) *Aussetzung der Strafverkündung oder Strafaussetzung zur Bewährung und Freiheitsentziehung; mehrfache Aussetzung von Strafen und Strafaussetzungen zur Bewährung.* Wird ein Angeklagter wegen mehr als einer Gesetzesverletzung bestraft oder wird ein bereits mit Strafe Belegter wegen einer vor der zuvor begangenen Gesetzesverletzung bestraft:

(a) dann soll das Gericht bei einem Angeklagten, der (mit mehr als 30 Tagen Freiheitsentziehung) bestraft ist, nicht auf Strafaussetzung zur Bewährung erkennen, oder auch nicht auf Strafaussetzung zur Bewährung und zugleich auf Freiheitsentziehung (ausgenommen wenn gemäß Sektion 6.02 (3) (b) zulässig); und

(b) mehrere Aussetzungen der Strafverkündung oder Strafaussetzungen zur Bewährung sollen vom Tage der zuerst getroffenen Entscheidung an gleichzeitig laufen; und

(c) ist auf eine unbestimmte Freiheitsstrafe erkannt, dann tut die Verbüßung solch einer Strafe der wegen eines anderen Anklagepunktes ausgesetzten Strafe genüge; desgleichen einer früher ausgesetzten Strafe oder einer Strafaussetzung zur Bewährung; und

(d) ist auf eine bestimmte Freiheitsstrafe erkannt, dann soll die Zeit der wegen eines anderen Anklagepunktes ausgesetzten Strafe oder einer früher ausgesetzten Strafe oder einer Strafaussetzung zur Bewährung während der Vollstreckung solch einer Freiheitsstrafe laufen.

(7) *Gesetzesverletzung begangen während einer ausgesetzten Strafverkündung oder einer Strafaussetzung zur Bewährung.* Wird ein Angeklagter wegen einer Gesetzesverletzung verurteilt, die er nach einer Aussetzung der Strafverkündung oder einer Strafaussetzung zur Bewährung begangen hat, und ist eine dieser Maßnahmen nicht widerrufen:

(a) dann tut, wenn der Angeklagte zu unbestimmter Freiheitsstrafe verurteilt ist, die Verbüßung dieser Strafe der vorausgehenden Aussetzung der Strafverkündung oder der Strafaussetzung zur Bewährung genüge; und

(b) wenn der Angeklagte zu einer bestimmten Freiheitsstrafe verurteilt ist, dann soll die Zeit der ausgesetzten Strafverkündung oder der Strafaussetzung zur Bewährung nicht während der Vollstreckung solch einer Freiheitsstrafe laufen: und

(c) ist die Strafverkündung ausgesetzt oder ist auf Strafaussetzung zur Bewährung erkannt, dann soll die Zeit der Aussetzung der Strafverkündung oder der Strafaussetzung zur Bewährung entweder gleichzeitig mit oder nach Vollstreckung des Rests der früheren Strafen laufen, je nachdem das Gericht dies bei der Straffestsetzung bestimmt.

## Sektion 7.07

### Verfahren bei Straffestsetzung; vorausgehende Nachforschungen und Bericht; Überweisung zwecks psychiatrischer Untersuchung; Übersendung der Akten an die Verwaltung der Besserungsanstalten

(1) Das Gericht soll auf eine Strafe nicht erkennen, ohne zuvor Nachforschungen über den Angeklagten angeordnet und einem schriftlichen Bericht hierüber hinreichende Beachtung zugewendet zu haben, wenn:

(a) der Angeklagte wegen eines Verbrechens verurteilt worden ist; oder

(b) der Angeklagte noch nicht 22 Jahre alt ist, aber wegen einer Straftat schon verurteilt worden war; oder

(c) der Angeklagte (mit Strafaussetzung zur Bewährung oder) mit verlängerter Freiheitsentziehung bestraft werden kann.[163]

---

[163] In den Fällen (a) bis (c) sind die der Straffestsetzung und -verkün-

(2) Das Gericht kann einer der Straffestsetzung vorausgehende Nachforschung auch in jedem anderen Fall anordnen.

(3) Die der Straffestsetzung vorausgehenden Nachforschungen sollen umfassen eine Analyse der Umstände der Tat, das Vorleben des Angeklagten in bezug auf seine Missetaten als Jugendlicher oder seine späteren Straftaten, seinen körperlichen und geistigen Zustand, sein Familienleben und seinen sozialen Hintergrund, seine wirtschaftliche Lage, seine Vorbildung, seinen Beruf und seine persönlichen Gewohnheiten, sowie alles andere, was der Bewährungshelfer für wichtig hält, oder was nach Ansicht des Gerichts in die Nachforschungen aufgenommen werden soll.

(4) Vor Verkündung der Strafe kann das Gericht anordnen, daß der Angeklagte sich einer psychiatrischen Beobachtung und Untersuchung für eine Zeit von höchstens 60 Tagen oder für einen längeren Zeitraum unterwirft, falls ein solcher nach Ansicht des Gerichts notwendig ist. Der Angeklagte kann zu diesem Zweck jeder zur Verfügung stehenden Klinik oder Nervenheilanstalt überwiesen werden. Das Gericht kann jedoch auch einen geeigneten Psychiater beauftragen, die Untersuchung vorzunehmen. Der Bericht über die Untersuchung ist dem Gericht einzureichen.

(5) Vor Verkündung der Strafe soll das Gericht den Angeklagten oder seinen Anwalt über die tatsächlichen Feststellungen und die Folgerungen aus den der Straffestsetzung vorausgehenden Nachforschungen oder der psychiatrischen Untersuchung unterrichten und dem Angeklagten hinreichende Gelegenheit geben, Einwendungen zu machen, falls er dies beantragt. Quellen vertraulicher Information brauchen nicht bekannt gegeben zu werden.

(6) Das Gericht soll auf eine verlängerte Freiheitsstrafe nicht erkennen, ohne daß der Grund hierfür zuvor in einer nach Verurteilung des Angeklagten stattfindenden Verhandlung festgestellt worden und dem Angeklagten der entscheidende Grund schriftlich bekannt gegeben worden ist. Vorbehaltlich der im Unterabschnitt (5) dieser Sektion genannten Einschränkung steht dem Angeklagten das Recht zu, die gegen ihn vorgebrachten Zeugnisse zu erfahren, ihren Inhalt zu bestreiten und einen Gegenbeweis anzutreten.

(7) Wird der Angeklagte mit Freiheitsentziehung bestraft, dann ist ein Durchschlag des Berichts über die der Straffestsetzung vorausgehenden Nachforschungen oder über eine psychiatrische Untersuchung unverzüglich der Verwaltung für Besserungsanstalten (oder einer anderen staatlichen Verwaltungsstelle) oder, falls der Angeklagte einer besonderen Anstalt zur Beobachtung überwiesen wird, dieser Anstalt zu übersenden.

---

dung vorausgehenden Nachforschungen (*pre-sentence investigations*) gesetzliches Erfordernis (Dt. 2 S. 53).

## Sektion 7.08

**Überweisung zwecks Beobachtung; Freiheitsentziehung wegen eines Verbrechens soll für die Dauer eines Jahres als versuchsweise angesetzt gelten; Überprüfung der Straffestsetzung auf Antrag des Direktors der Besserungsanstalten**

(1) Wünscht das Gericht nach einer der Straffestsetzung vorausgehenden Untersuchung zusätzliche Auskunft über einen wegen eines Verbrechens oder Vergehens Verurteilten, bevor es die Strafe festsetzt, dann kann es anordnen, daß er für die Dauer von höchstens 90 Tagen der Verwaltung der Besserungsanstalten zur Überwachung überwiesen wird, oder, falls es sich um einen Jungtäter handelt, der Jungtäterabteilung der Besserungsanstalten zur Überwachung in einer hierfür zuständigen Empfangs- oder Einstufungsstelle. Die Verwaltung und der Ausschuß für bedingte Entlassung oder die entsprechende Jungtäterabteilung haben am Ende oder vor Ablauf der 90 Tage dem Gericht über die Ergebnisse Bericht zu erstatten und Empfehlungen zu unterbreiten. Wird der Rechtsbrecher daraufhin mit Freiheitsentziehung bestraft, dann ist die Dauer solcher Überweisung zwecks Beobachtung auf das Höchst- und Mindestmaß, sofern solche festzusetzen sind, in Anrechnung zu bringen.

(2) Wird jemand aufgrund der Verurteilung wegen eines Verbrechens mit Freiheitsentziehung bestraft, gleichviel ob gemäß einem gewöhnlichen oder einem erweiterten Strafrahmen, dann soll die Strafe als versuchsweise angesetzt gelten, und zwar wie in dieser Sektion vorgesehen, für die Dauer eines Jahres, beginnend nach dem Tage, an dem der Rechtsbrecher durch die Verwaltung der Besserungsanstalten (oder einer anderen staatlichen Verwaltungsstelle) zur Überwachung übernommen wurde.

(3) Ist der Direktor der Besserungsanstalten (oder ein anderer Abteilungschef) gemäß dem Ergebnis der Untersuchung und Einstufung durch die Verwaltung der Besserungsanstalten (oder eine andere staatliche Verwaltungsstelle) bei einem mit Freiheitsentziehung aufgrund einer Verurteilung wegen eines Verbrechens Bestraften der Ansicht, daß die Bestrafung durch das Gericht auf einer unrichtigen Würdigung des Vorlebens, der Persönlichkeit oder des körperlichen oder geistigen Zustandes des Täters beruht, dann hat der Direktor während der Zeit, in der die Bestrafung des Täters gemäß Unterabschnitt (2) dieser Sektion als versuchsweise angesetzt gilt, bei dem die Strafe verhängenden Gericht einen Antrag auf Überprüfung der Straffestsetzung einzureichen. Der Antrag soll einen Bericht über den Täter enthalten, in welchem das Verlangen nach Überprüfung der Bestrafung gerechtfertigt wird, und der zugleich einen Vorschlag betreffend die zu verhängende Strafe enthalten kann.

(4) Das Gericht kann den gemäß Unterabschnitt (3) dieser Sektion gestellten Antrag ohne Verhandlung zurückweisen, wenn es den Bericht für nicht ausreichend hält, um eine Überprüfung der Straffest-

setzung zu rechtfertigen. Ist das Gericht jedoch der Ansicht, daß solche Überprüfung gerechtfertigt ist, dann ist ein Durchschlag des Antrages dem Täter zuzustellen. Ihm steht das Recht zu, zu dieser Frage gehört zu werden und sich durch einen Anwalt vertreten zu lassen.

(5) Gibt das Gericht dem gemäß Unterabschnitt (3) dieser Sektion gestellten Antrag statt, dann hat es die Bestrafung des Täters von neuem festzusetzen. Es kann jegliche Strafe auferlegen, die ursprünglich für das Verbrechen verhängt werden konnte, wegen dessen der Angeklagte verurteilt wurde. Die Dauer der der erneuten Straffestsetzung vorausgehenden Freiheitsentziehung wie auch die dem Täter wegen guten Verhaltens zustehende Herabsetzung der Strafe sind bei der endgültigen Straffestsetzung in Anrechnung zu bringen.

(6) In jeder anderen als in dieser Sektion genannten Hinsicht hat eine dem Täter auferlegte Freiheitsstrafe die gleiche Endgültigkeit, die sie haben würde, falls diese Sektion nicht in Kraft wäre.

(7) Keine in dieser Sektion enthaltene Bestimmung hat Einfluß auf die Rechtsmittel zur Aufhebung oder Berichtigung einer ungesetzlichen Straffestsetzung.

## Sektion 7.09

**Anrechnung einer vor der Straffestsetzung liegenden Haftzeit; Anrechnung einer aufgrund früherer Bestrafung wegen derselben Straftat erfolgten Freiheitsentziehung**

(1) War ein Angeklagter, gegen den auf Freiheitsentziehung erkannt ist, zuvor in einer Staats- oder Munizipalstrafanstalt oder einer anderen Anstalt nach seiner (Verurteilung oder Verhaftung wegen der) Straftat, für die auf Freiheitsentziehung erkannt worden war, in Haft behalten worden, dann ist diese Haftzeit, soweit sie nach seiner (Verurteilung) oder (Verhaftung) liegt, auf die Höchst- und Mindeststrafe, soweit solche bei der Strafbemessung festzusetzen sind, anzurechnen. Der Beamte, dem die Überwachung des Angeklagten obliegt, hat dem Gericht zur Zeit der Straffestsetzung eine Bescheinigung über die der Straffestsetzung vorausgehende Dauer der Haftzeit des Angeklagten in einer staatlichen oder munizipalen Strafanstalt oder einer anderen Anstalt vorzulegen; die Bescheinigung ist den amtlichen Akten der Einweisung des Angeklagten beizuheften.

(2) Wird eine Verurteilung aufgehoben und danach dem Angeklagten eine neue Bestrafung wegen derselben Straftat auferlegt, dann ist die Haftzeit und die bereits vollzogene Freiheitsstrafe auf die Höchst- und Mindeststrafe, sofern solche festzusetzen sind, der neuen Bestrafung anzurechnen. Der Beamte, dem die Überwachung des Angeklagten obliegt, soll dem Gericht zur Zeit der Straffestsetzung eine Bescheinigung über die Dauer der aufgrund der ursprünglichen Straffestsetzung verbüßten Freiheitsentziehung vorlegen; die Bescheinigung ist den amtlichen Akten der erneuten Einweisung des Angeklagten beizuheften.

Teil II

# BEGRIFFSBESTIMMUNGEN DER STRAFTATEN

## Straftaten gegen den Bestand oder die Sicherheit des Staates

(Diese Gruppe von Straftaten, zu denen Hochverrat, Aufruhr, Spionage und verwandte Delikte gehören, ist in den Model Penal Code nicht aufgenommen, weil ihre Begriffsbestimmung insbesondere Sache der Bundesregierung ist. So ist z. B. der Hochverrat in der Verfassung der Vereinigten Staaten, Artikel 3, Sektion 3 definiert: „Hochverrat gegen die Vereinigten Staaten liegt nur dann vor, wenn jemand einen Krieg gegen sie anzettelt oder zu ihren Feinden übergeht, ihnen Hilfe und Beistand leistet." Auch sei hier auf die Strafsache Pennsylvania v. Nelson, 350 U. S. 497 hingewiesen, wo ausgesprochen ist, daß die einzelstaatliche Regelung des Aufruhrs durch ein Bundesgesetz ersetzt ist. Ferner wird die Begriffsbestimmung der Delikte gegen die Sicherheit des Staates unausweichlich durch politische Sondereinstellungen beeinflußt. Diese Tatsachen sprechen gegen den Versuch, „Muster"-Vorschriften auf diesem Gebiet in den Code aufzunehmen. Jedoch wurde bei seinem Aufbau an dieser Stelle Raum für einen Artikel 200 gelassen, um hier gegebenenfalls Begriffsbestimmungen von Straftaten gegen den Bestand oder die Sicherheit des Staates einzufügen.)

## Straftaten gegen die Person

### Artikel 210
### STRAFTATEN GEGEN DAS LEBEN

#### Sektion 210.0
#### Begriffsbestimmungen

Sofern nicht eine abweichende Bedeutung eindeutig festgelegt ist, bedeutet in den Artikeln 210—213:

(1) „menschliches Wesen" (*human being*) ein Mensch, der geboren wurde und lebt;

(2) „Körperverletzung" (*bodily injury*) körperliche Schmerzen, Krankheit oder jegliche Beeinträchtigung der körperlichen Beschaffenheit;

(3) „schwere Körperverletzung" (*serious bodily injury*) eine Körperverletzung, die den Tod zur Folge haben kann, oder die eine

schwere und dauernde körperliche Entstellung oder langanhaltenden Schaden oder Behinderung der Funktion eines Gliedes oder Organs des Körpers verursacht;

(4) „tödliche Waffe“ (*deadly weapon*) jede Schuß- oder andere Waffe, jede Vorrichtung, jedes Instrument, Material, jede Substanz, gleichviel ob lebend oder nicht, die in der Art, in der sie verwendet wird oder verwendet werden soll, nach allgemeiner Erfahrung geeignet ist, den Tod oder eine schwere Körperverletzung zu verursachen.

## Sektion 210.1
## Straftaten gegen das Leben

(1) Einer Straftat gegen das Leben macht sich schuldig, wer absichtlich, wissentlich, leichtfertig oder fahrlässig den Tod eines anderen verursacht.[164]

(2) Eine Straftat gegen das Leben ist entweder Mord oder Totschlag oder fahrlässige Tötung.

## Sektion 210.2
## Mord

(1) Abgesehen von dem in Sektion 210.3 (1) (b) vorgesehenen Fall ist eine Straftat gegen das Leben Mord, wenn:

(a) absichtlich oder wissentlich begangen; oder

(b) leichtfertig unter Umständen begangen, die ungewöhnliche Gleichgültigkeit gegenüber dem Wert menschlichen Lebens erkennen lassen.[165] Solche Leichtfertigkeit und Gleichgültigkeit ist zu vermuten[166], wenn jemand als Täter oder Teilnehmer Raub, Notzucht, gewaltsame oder durch Drohung mit Gewalt erzwungene widernatürliche Unzucht, Brandstiftung, Einbruch, Menschenraub oder als Verbrechen (felony) zu bestrafendes Ausbrechen begeht oder zu begehen versucht oder nach Begehung oder dem Versuch einer solchen Tat flieht.

---

[164] Zu ergänzen durch Sektion 2.02 (2) (a) bis (d).

[165] Dieses, über die Elemente der Leichtfertigkeit im Sinne von 2.02 (2) (c) hinausgehende Merkmal rechtfertigt die Gleichstellung des leichtfertigen Verhaltens mit dem absichtlich oder wissentlich begangenen Mord (Dt. 9 S. 29).

[166] Nur insoweit die Vermutung zutrifft, erkennt der Code das Verbrechen mit Todesfolge (*felony-murder*) bei den hier genannten schweren Verbrechen an. Nach geltendem Recht ist Verbrechen mit Todesfolge (*felony-murder*) schon dann anzunehmen, wenn der Tod des Angegriffenen anläßlich der Begehung einer Straftat eintritt, die an sich keine wesentliche Gefahr für das Leben des Angegriffenen in sich birgt (Dt. 9 S. 26). Wird die Vermutung einer ungewöhnlichen Leichtfertigkeit widerlegt, dann kommt 210.3 (1) (a) in Betracht (Dt. 9 S. 33).

(2) Mord ist ein Verbrechen ersten Grades; (doch kann ein wegen Mordes Verurteilter gemäß Sektion 210.6 mit dem Tode bestraft werden.)

### Sektion 210.3
### Totschlag

(1) Eine Straftat gegen das Leben ist Totschlag, wenn:

(a) sie leichtfertig begangen ist[167]; oder

(b) eine Tötung, die andernfalls Mord wäre, unter dem Einfluß ungewöhnlicher geistiger oder seelischer Störung begangen ist, für die eine einleuchtende Erklärung oder Entschuldigung vorhanden ist.[168] Ob dies der Fall ist, ist aus der Lage des Täters unter den von ihm als gegeben erachteten Umständen zu entscheiden.[169]

(2) Totschlag ist ein Verbrechen zweiten Grades.

### Sektion 210.4
### Fahrlässige Tötung

(1) Eine Straftat gegen das Leben ist eine fahrlässige Tötung, wenn sie fahrlässig begangen ist.[170]

(2) Fahrlässige Tötung ist ein Verbrechen dritten Grades.

### Sektion 210.5
### Verursachen eines Selbstmordes oder Beihilfe zu demselben

(1) *Verursachen eines Selbstmordes als Straftat gegen das Leben.* Wer einen anderen veranlaßt, Selbstmord zu begehen, kann wegen einer Straftat gegen das Leben[171] nur dann verurteilt werden, wenn er absichtlich durch Gewalt, Nötigung oder Täuschung den Selbstmord verursacht.

---

[167] Der Täter muß sich des Risikos im Sinne von 2.02 (2) (c) bewußt gewesen sein; andernfalls kommt 210.4 in Betracht (Dt. 9 S. 44).

[168] Das objektive Kriterium, nach dem die Erregung, in der der Täter sich befand, als Milderungsgrund zu bewerten ist (Dt. 9 S. 41).

[169] Mit der Berücksichtigung dessen, was der Täter für notwendig hielt, ist zugleich die Grenze gegenüber dem Vergehen mit Todesfolge (*misdemeanor-manslaughter*) des geltenden Rechts gezogen (Dt. 9 S. 26, 40 f.).

[170] Zu der positiven Stellungnahme zu der im amerikanischen Strafrecht, besonders jedoch bei den Tötungsdelikten lebhaft diskutierten Frage, ob fahrlässiges Verhalten überhaupt unter Strafe gestellt sein soll, ist in Dt. 9 S. 53 zutreffend vermerkt: Wir sind nicht davon überzeugt, daß das Recht, wenn es fahrlässige Tötung unter Strafe stellt, unfähig sei, zu einer Sorgfalt anzuregen, die andernfalls nicht beobachtet worden wäre, oder daß das Nicht-Gebrauchmachen von den Fähigkeiten, die der Täter besitzt, nicht als hinreichender Grund für seine Verurteilung angesehen werden sollte (Dt. 9 S. 52).

[171] Im Sinne der vorausgehenden Sektionen, doch dürften wohl nur 210.2 und 210.3 in Betracht kommen.

(2) *Beihilfe oder Anstiftung zum Selbstmord als eigenständige Straftat.* Wer absichtlich einen anderen beim Selbstmord Beihilfe leistet oder ihn dazu anstiftet, macht sich eines Verbrechens zweiten Grades schuldig, wenn sein Verhalten den Selbstmord oder den Versuch eines solchen verursacht[172]; andernfalls macht er sich eines Vergehens schuldig.

Sektion 210.6

**Todesurteil für Mord; weiteres Verfahren, die Strafe zu bestimmen**

[(1) *Todesurteil ausgeschlossen.* Wird ein Angeklagter des Mordes schuldig gesprochen, dann soll das Gericht auf eine Strafe für ein Verbrechen 1. Grades erkennen[173], wenn es davon überzeugt ist, daß:

(a) keiner der im Unterabschnitt (3) dieser Sektion genannten erschwerenden Umstände in der Verhandlung durch Beweis erwiesen wurde oder erwiesen werden würde, falls ein weiteres Verfahren gemäß Unterabschnitt (2) dieser Sektion eingeleitet wird; oder

(b) wesentliche mildernde Umstände, in der Verhandlung durch Beweis erwiesen, für Milde sprechen; oder

(c) der Angeklagte mit Zustimmung des Staatsanwalts und mit Zustimmung des Gerichts sich des Mordes im Sinne eines Verbrechens ersten Grades schuldig bekennt; oder

(d) der Angeklagte bei der Begehung der Tat noch nicht 18 Jahre alt war; oder

(e) im Hinblick auf den körperlichen oder geistigen Zustand des Angeklagten Milde angebracht erscheint; oder

(f) wenngleich die Beweisaufnahme ausreichen würde, den Wahrspruch zu rechtfertigen, sie doch nicht alle Zweifel bzgl. der Schuld des Angeklagten ausschließt.

(2) *Entscheidung durch das Gericht allein oder durch das Gericht unter Zuziehung von Geschworenen.* Sofern das Gericht nicht gemäß Unterabschnitt (1) dieser Sektion die Strafe festsetzt, soll es in einem gesonderten Verfahren darüber entscheiden, ob der Angeklagte wegen eines Verbrechens 1. Grades oder mit dem Tode zu bestrafen ist. Das Verfahren soll vor dem Gericht allein stattfinden, wenn der Angeklagte durch ein Gericht ohne Zuziehung der Geschworenen verurteilt worden ist, oder aufgrund seines Schuldbekenntnisses, oder wenn der Staatsanwalt und der Angeklagte auf die Zuziehung von Geschworenen in bezug auf die Straffestsetzung verzichten. In anderen Fällen

---

[172] Voraussetzung der Strafbarkeit wie der Anstiftung so auch der Beihilfe zum Selbstmord ist, daß sie für den Selbstmord kausal ist (*causes such suicide*). Vermutlich ist an Fälle zu denken, in denen die Beihilfe den Selbstmord erst ermöglichte.

[173] D. h. auf Freiheitsstrafe i. S. von 6.01, 6.06, 6.07.

soll das Verfahren vor dem Gericht und den Geschworenen stattfinden, die gemeinsam über die Schuld des Angeklagten entschieden, oder, falls das Gericht aus guten Gründen die Geschworenen entläßt, mit neuen Geschworenen, die zu diesem Zweck einberufen sind.

In dem Verfahren können Beweismittel für alle Fragen beigebracht werden, die das Gericht für die Straffestsetzung für wesentlich hält, einschließlich, wenn auch nicht darauf begrenzt, betreffend das Wesen und die Begleitumstände der Tat, den Charakter, die Bildung, das Vorleben und die geistige und körperliche Beschaffenheit des Angeklagten und alle erschwerenden und mildernden Umstände, die in den Unterabschnitten (3) und (4) dieser Sektion aufgezählt sind. Jeder solche Beweisantrag — außer denen, bei denen ein Zeuge die Aussage verweigern darf —, den das Gericht für wesentlich hält, soll zu Protokoll genommen werden, ohne Rücksicht auf seine Zulässigkeit gemäß den beschränkenden Regeln des Beweisrechts, vorausgesetzt, daß dem Verteidiger Gelegenheit geboten wird, den Beweis zu widerlegen. Dem Anklagevertreter wie auch dem Angeklagten oder seinem Verteidiger ist zu gestatten, Gründe für bzw. gegen die Todesstrafe vorzubringen.

Die Entscheidung, ob auf Todesstrafe zu erkennen sei, ist dem Ermessen des Gerichts anheimzustellen, es sei denn, daß das Verfahren vor einem Geschworenengericht stattfindet. In solchem Fall soll das Gericht nicht auf Todesstrafe erkennen, bevor es den Geschworenen die Frage unterbreitet hat, ob der Angeklagte mit dem Tode oder mit Freiheitsentziehung bestraft werden soll, und der Wahrspruch der Geschworenen dahin lautet, daß auf Todesstrafe zu erkennen sei. Können die Geschworenen sich hierüber nicht einigen, dann soll das Gericht die Geschworenen entlassen und auf Strafe wegen eines Verbrechens ersten Grades erkennen.

Indem das Gericht die Strafe nach freiem Ermessen festsetzt und die Geschworenen über den Wahrspruch entscheiden, sollen beide die in den Unterabschnitten (3) und (4) aufgezählten erschwerenden und mildernden Umstände in Rechnung stellen wie auch alle anderen Tatsachen, die sie für erheblich halten. Doch soll Todesstrafe weder empfohlen noch auf sie erkannt werden, sofern nicht einer der im Unterabschnitt (3) genannten erschwerenden Umstände als gegeben erachtet wird und außerdem mildernde Umstände nicht nachgewiesen sind, die Nachsicht rechtfertigen würden. Wird die Frage den Geschworenen unterbreitet, dann soll das Gericht sie entsprechend belehren und sie auch über die Art der Freiheitsstrafe, auf die erkannt werden könnte, unterrichten, einschließlich der Frage der bedingten Entlassung, falls die Geschworenen sich in ihrem Wahrspruch gegen die Todesstrafe aussprechen.[174]

---

[174] In den, der Sektion 210.6 (2) angefügten Erläuterungen wird der Inhalt von (2) in folgender Weise zusammengefaßt: Findet das gesonderte

Zur Wahl gestellte Formulierung des Unterabschnitts (2):

(2) *Entscheidung durch das Gericht.* Sofern das Gericht nicht gemäß Unterabschnitt (1) dieser Sektion die Strafe festsetzt, soll es in einem gesonderten Verfahren darüber entscheiden, ob der Angeklagte wegen eines Verbrechens 1. Grades oder aber mit dem Tode zu bestrafen ist. In dem Verfahren soll das Gericht, in Übereinstimmung mit Sektion 7.07, den Bericht über die der Straffestsetzung vorausgehenden Nachforschungen in Betracht ziehen wie auch den Bericht über die Untersuchung durch einen Psychiater, falls eine solche angeordnet war. Außerdem können Beweismittel für alle Fragen beigebracht werden, die das Gericht für die Straffestsetzung für wesentlich hält, einschließlich, wenn auch nicht darauf begrenzt, betreffend das Wesen und die Begleitumstände der Tat, den Charakter, die Bildung, das Vorleben und der geistige und körperliche Zustand des Angeklagten und alle erschwerenden oder mildernden Umstände, die in den Unterabschnitten (3) und (4) dieser Sektion aufgezählt sind. Jeder solche Beweisantrag, den das Gericht für wesentlich hält, außer denen, bei denen ein Zeuge die Aussage verweigern darf, soll zu Protokoll genommen werden, ohne Rücksicht auf seine Zulässigkeit gemäß den beschränkenden Regeln des Beweisrechts, vorausgesetzt, daß dem Verteidiger Gelegenheit geboten wird, den Beweis zu widerlegen. Dem Anklagevertreter wie auch dem Angeklagten oder seinem Verteidiger ist zu gestatten, Gründe für bzw. gegen die Todesstrafe vorzubringen.

Die Entscheidung, ob auf Todesstrafe zu erkennen sei, ist dem Ermessen des Gerichts anheimzustellen. Indem das Gericht von seiner Ermessensfreiheit Gebrauch macht, soll es die in den Unterabschnitten (3) und (4) aufgezählten erschwerenden und mildernden Umstände in Rechnung stellen wie auch alle anderen Tatsachen, die es für erheblich hält. Doch soll es auf Todesstrafe nicht erkennen, sofern es nicht einen der im Unterabschnitt (3) genannten erschwerenden Umstände als gegeben erachtet und außerdem findet, daß mildernde Umstände nicht vorhanden sind, die Nachsicht rechtfertigen würden.

(3) *Erschwerende Umstände.*

(a) Der Mord war durch einen zu einer Freiheitsstrafe Verurteilten begangen.

---

Verfahren vor einem Geschworenengericht statt, dann ist das Gericht befugt, (1) die Frage der Todesstrafe den Geschworenen vorzuenthalten und auf eine Freiheitsstrafe zu erkennen, und (2) auf Freiheitsstrafe zu erkennen, obgleich der Wahrspruch der Geschworenen Todesstrafe empfiehlt. Kurz gesagt, es erscheint wünschenswert, daß eine Todesstrafe auf dem übereinstimmenden Urteil des Gerichts und der Geschworenen beruht, sofern nicht zuvor auf die Geschworenen verzichtet worden war.

(b) Der Angeklagte war zuvor wegen eines anderen Mordes verurteilt worden oder wegen eines Verbrechens, bei dem er Gewalt gegen einen anderen angewandt oder angedroht hatte.

(c) Der Angeklagte beging zu der Zeit, als er den Mord beging, noch einen anderen Mord.

(d) Der Angeklagte setzte eine große Anzahl von Personen der Gefahr des Todes aus.

(e) Der Mord wurde begangen, während der Angeklagte als Täter oder Teilnehmer Raub, Notzucht, widernatürliche durch Gewalt oder durch Drohung mit Gewalt erzwungene Unzucht, Brandstiftung, Einbruch oder Menschenraub beging oder zu begehen versuchte oder nach der Begehung oder dem Versuch, eine solche Tat zu begehen, floh.

(f) Der Mord wurde begangen, um einer rechtmäßigen Festnahme zu entgehen oder ihr zuvorzukommen, oder um ein Entweichen aus rechtmäßiger Haft zu bewerkstelligen.

(g) Der Mord wurde um eines geldlichen Vorteils wegen begangen.

(h) Der Mord war besonders verrucht, scheußlich oder grausam und zeugte von ungewöhnlicher Verderbtheit.

(4) *Mildernde Umstände.*

(a) Der Angeklagte ist nicht durch eine ins Gewicht fallende frühere verbrecherische Tätigkeit belastet.

(b) Der Mord wurde zu einer Zeit begangen, als der Angeklagte unter dem Einfluß ungewöhnlicher geistiger oder seelischer Erregung stand.

(c) Das Opfer war selbst an dem todbringenden Verhalten des Angeklagten beteiligt oder willigte in dieses ein.

(d) Der Mord wurde unter Umständen begangen, von denen der Angeklagte annahm, daß sie sein Verhalten moralisch rechtfertigten oder in milderem Lichte erscheinen ließen.

(e) Der Angeklagte war nur ein Teilnehmer an einem von einem anderen begangenen Mord und seine Teilnahme an der Tat war verhältnismäßig gering.

(f) Der Angeklagte handelte unter Zwang oder stand unter der Herrschaft eines anderen.

(g) Zur Zeit des Mordes war die Fähigkeit des Angeklagten, das Unrechtmäßige seines Verhaltens zu erkennen oder sein Verhalten den Anforderungen des Rechts anzupassen, durch Geisteskrankheit oder -störung oder durch Trunkenheit vermindert.

(h) Das jugendliche Alter zur Zeit der Tat.

## Artikel 211
## KÖRPERVERLETZUNG; LEICHTFERTIGE GEFÄHRDUNG; DROHUNGEN

### Sektion 211.0
### Begriffsbestimmungen

Die in Sektion 210.0 gegebenen Begriffsbestimmungen finden auf diesen Artikel Anwendung, sofern nicht eine abweichende Bedeutung eindeutig festgelegt ist.

### Sektion 211.1
### Körperverletzung

(1) *Einfache Körperverletzung.* Einer Körperverletzung macht sich schuldig, wer:

(a) absichtlich, wissentlich oder leichtfertig einem anderen eine Körperverletzung zufügt oder dies zu tun versucht; oder

(b) fahrlässig einem anderen eine Körperverletzung mit einer tödlichen Waffe zufügt; oder

(c) durch drohende Gesten einen anderen in Furcht vor der unmittelbaren Zufügung einer schweren Körperverletzung zu versetzen sucht.

Einfache Körperverletzung ist ein Vergehen, ein leichtes Vergehen jedoch, wenn in einem auf gegenseitiges Einverständnis begonnenen Kampf oder Rauferei begangen.

(2) *Schwere Körperverletzung.* Einer schweren Körperverletzung macht sich schuldig, wer:

(a) einem anderen eine gefährliche Körperverletzung zuzufügen versucht oder absichtlich, wissentlich oder leichtfertig unter Umständen zufügt, die eine ungewöhnliche Gleichgültigkeit gegenüber dem Wert menschlichen Lebens erkennen lassen; oder

(b) absichtlich oder wissentlich einem anderen eine Körperverletzung mit einer tödlichen Waffe zufügt oder dies zu tun versucht.

Schwere Körperverletzung im Sinne des § (a) ist ein Verbrechen zweiten Grades; im Sinne des § (b) ein Verbrechen dritten Grades.

### Sektion 211.2
### Leichtfertige Gefährdung eines anderen

Ein Vergehen begeht, wer leichtfertig etwas tut, was einen anderen der Gefahr des Todes oder einer gefährlichen Körperverletzung aussetzt oder aussetzen könnte. Leichtfertigkeit und Gefahr sind zu vermuten, wenn jemand wissentlich eine Schußwaffe auf einen anderen richtet oder in dessen Richtung in Anschlag bringt, gleichviel ob er glaubt, die Schußwaffe ist geladen oder nicht.

Sektion 211.3
**Terroristische Drohungen**

Eines Verbrechens dritten Grades macht sich schuldig, wer mit einem Gewaltverbrechen droht in der Absicht, einen anderen zu terrorisieren oder die Räumung eines Gebäudes, eines Versammlungsortes oder eines öffentlichen Verkehrsmittels zu erzwingen, oder auf andere Weise eine schwere Beunruhigung der Öffentlichkeit herbeizuführen, oder wer in leichtfertiger Nichtachtung der Möglichkeit der Verursachung solchen Terrors oder solcher Beunruhigung mit dem Gewaltverbrechen droht.

## Artikel 212
## MENSCHENRAUB UND VERWANDTE STRAFTATEN; NÖTIGUNG

Sektion 212.0
**Begriffsbestimmungen**

Die in Sektion 210.0 gegebenen Begriffsbestimmungen finden auf diesen Artikel Anwendung, sofern nicht eine abweichende Bedeutung eindeutig festgelegt ist.

Sektion 212.1
**Menschenraub**

Des Menschenraubs macht sich schuldig, wer rechtswidrig einen anderen aus seiner Wohnung oder seinen Geschäftsräumen oder eine beträchtliche Strecke weit von dem Ort, wo er sich befand, verschleppt, oder wer einen anderen rechtswidrig längere Zeit an einem unzugänglichen Ort einsperrt, in der Absicht:

(a) ihn gegen Lösegeld oder bis zur Zahlung einer Belohnung oder als Deckung oder Geisel festzuhalten; oder

(b) die Begehung eines Verbrechens oder einer darauf folgenden Flucht zu erleichtern; oder

(c) das Opfer oder einen anderen körperlich zu verletzen oder zu terrorisieren; oder

(d) auf einen Regierungsakt oder eine politische Betätigung störend einzuwirken.

Menschenraub ist ein Verbrechen ersten Grades, sofern der Täter nicht freiwillig vor der Verhandlung das Opfer lebend an einem sicheren Ort freiläßt; solchenfalls ist die Tat ein Verbrechen zweiten Grades. Im Sinne dieser Sektion ist ein Verschleppen oder Einsperren rechtswidrig, wenn mit Gewalt, Drohung oder Täuschung vollführt; desgleichen, wenn das Opfer noch nicht 14 Jahre alt oder handlungsunfähig ist, und die Tat ohne Zustimmung eines Elternteils, des Vormundes oder einer anderen für die Wohlfahrt des Opfers verantwortlichen Person geschieht.

## Sektion 212.2
**Bösartige Beschränkung der Handlungsfreiheit**

Ein Verbrechen dritten Grades begeht, wer wissentlich:

(a) einen anderen rechtswidrig und unter Umständen, die ihn der Gefahr schwerer körperlicher Schädigung aussetzen, in seiner Handlungsfreiheit beschränkt; oder

(b) einen anderen gegen dessen Willen in Dienstbarkeit hält.

## Sektion 212.3
**Freiheitsberaubung**

Ein Vergehen begeht, wer wissentlich einen anderen in rechtswidriger Weise so beschränkt, daß er im Gebrauch seiner Freiheit wesentlich gehindert ist.[175]

## Sektion 212.4
**Eingriffe in Obhutsverhältnisse**

(1) *Obhut über Kinder.* Eine Gesetzesverletzung begeht, wer, ohne hierzu befugt zu sein, wissentlich oder leichtfertig ein Kind unter 18 Jahren der Obhut seiner Eltern, seines Vormundes oder rechtmäßigen Beschützers entzieht oder abspenstig macht.

(a) Glaubte der Täter, daß seine Handlung notwendig war, um das Kind vor einer Gefahr für dessen Wohlergehen zu schützen; oder

(b) war ein Kind unter 14 Jahren auf sein eigenes Betreiben, ohne daß ein Druck auf das Kind ausgeübt war, und ohne die Absicht des Täters, eine Straftat mit oder an dem Kind zu begehen, der Obhut entzogen worden,

dann hat der Täter dies glaubhaft zu machen.

Der Nachweis, daß das Kind unter dem kritischen Alter war, rechtfertigt die Vermutung, daß der Täter das Alter des Kindes kannte oder sich leichtfertig über diese Frage hinwegsetzte. Die Gesetzesverletzung ist ein Vergehen, sofern der Täter, ohne ein Elternteil oder eine Person zu sein, die zum Kinde in einem gleichgestellten Verhältnis steht, nicht wußte, daß sein Verhalten ernsthafte Besorgnis bzgl. der Sicherheit des Kindes hervorrufen würde, oder wenn er sich über die Wahrscheinlichkeit solcher Besorgnis leichtfertig hinwegsetzt; alsdann ist seine Tat ein Verbrechen dritten Grades.

(2) *Obhut über eingewiesene Personen.* Eines Vergehens macht sich schuldig, wer, ohne hierzu befugt zu sein, wissentlich oder leichtfertig eine eingewiesene Person der gesetzlichen Obhut entzieht oder an sich lockt. „Eingewiesene Person" bedeutet, abgesehen von dem, der auf richterliche Anordnung hin eingewiesen ist, eine Waise,

---

[175] Verschärfung bei Zusammentreffen mit 211.3 und/oder 243.1 (Dt. 11 S. 22).

ein vernachlässigtes oder zu Straftaten neigendes Kind, ein Geistesgestörter oder Geisteskranker oder jede andere hilflose oder behinderte Person, die der Obhut eines anderen durch eine rechtlich anerkannte Sozialbehörde oder durch Gesetz anvertraut ist.

## Sektion 212.5
## Strafbare Nötigung

(1) *Begriffsbestimmung.* Einer strafbaren Nötigung macht sich schuldig, wer in der Absicht, einen anderen in seiner Handlungsfreiheit zu dessen Nachteil in rechtswidriger Weise zu beschränken, damit droht:

(a) eine Straftat zu begehen; oder

(b) jemanden einer Straftat zu beschuldigen; oder

(c) ein Geheimnis preiszugeben, das geeignet ist, einen anderen dem Haß oder der Verachtung auszusetzen oder ihn lächerlich zu machen, oder seinen Kredit oder sein geschäftliches Ansehen zu schädigen; oder

(d) als Beamter eine bestimmte Maßnahme zu ergreifen oder zu unterlassen, oder einen Beamten zu solchem Verhalten zu veranlassen.

Glaubte der Täter, daß die Beschuldigung oder der Gegenstand des Geheimnisses wahr oder die ins Auge gefaßte amtliche Maßnahme gerechtfertigt sei, dann hat er dies in einem gegen ihn anhängigen und auf (b), (c) oder (d) gestützten Verfahren glaubhaft zu machen; desgleichen wenn er behauptet, daß seine Absicht lediglich darauf gerichtet war, den anderen zu einem Verhalten zu zwingen, das dem Gegenstand der Beschuldigung, der Bloßstellung durch die Preisgabe des Geheimnisses oder der ins Auge gefaßten Maßnahme Rechnung tragen würde, z. B. durch Abstehen von weiterem verwerflichen Verhalten[176], durch Wiedergutmachung eines Unrechts oder dadurch, daß der andere sich jeglicher Handlung enthält oder keine Verantwortung übernimmt, für die er, der Täter, ihn für ungeeignet hält.

(2) *Einstufung.* Strafbare Nötigung ist ein Vergehen, sofern nicht der Täter droht, ein Verbrechen zu begehen, oder seine Absicht bösartig ist; alsdann ist die Tat ein Verbrechen dritten Grades.

---

[176] Z. B. vom Gebrauch von Rauschgiften oder von der Beteiligung am Glücksspiel (Erläuterung zu 212.5).

## Artikel 213
## STRAFTATEN GEGEN DIE SITTLICHKEIT

### Sektion 213.0
### Begriffsbestimmungen

Die in Sektion 210.0 gegebenen Begriffsbestimmungen finden auf diesen Artikel Anwendung, sofern nicht eine abweichende Bedeutung eindeutig festgelegt ist.

### Sektion 213.1
### Notzucht und verwandte Straftaten

(1) *Notzucht.* Ein Mann, der mit einer Frau, die nicht seine Ehefrau ist, geschlechtlich verkehrt, macht sich der Notzucht schuldig, wenn:

(a) er mit Gewalt oder durch die Drohung, jemanden[177] sofort zu töten, körperlich schwer zu verletzen, zu verschleppen oder ihm ungewöhnliche Schmerzen zuzufügen, zwingt, sich ihm hinzugeben; oder

(b) er ihre Fähigkeit wesentlich gemindert hatte, ihr eigenes Verhalten zu beurteilen oder zu beherrschen, indem er ohne ihr Wissen Rauschgifte oder berauschende Getränke oder andere Mittel anwendete, um ihren Widerstand auszuschließen; oder

(c) die Frau bewußtlos ist; oder

(d) das Mädchen noch nicht zehn Jahre alt ist.

Notzucht ist ein Verbrechen zweiten Grades, sofern nicht (i) der Täter bei der Begehung jemandem eine gefährliche Körperverletzung zufügt oder (ii) das Opfer sich dem Täter vor Begehung der Tat nicht freiwillig angeschlossen oder ihm nicht schon früher gewisse Freiheiten erlaubt hatte; in solchen Fällen ist die Tat ein Verbrechen ersten Grades. Unter geschlechtlichen Verkehr fällt auch der Verkehr per os oder per anum; ein wenn auch nur geringes Eindringen ist erforderlich; nicht dagegen Samenerguß.

(2) *Grober geschlechtlicher Mißbrauch.* Ein Mann, der mit einer Frau, die nicht seine Ehefrau ist, geschlechtlich verkehrt, begeht ein Verbrechen dritten Grades, wenn:

(a) er sie durch eine Drohung, die den Widerstand einer Frau durchschnittlicher Festigkeit brechen würde, zwingt, sich ihm hinzugeben; oder

(b) er weiß, daß sie an einer Geisteskrankheit oder Geistesstörung leidet, die sie unfähig macht, sich darüber klar zu sein, was sie tut, oder

(c) er weiß, daß sie sich nicht bewußt ist, daß ein Geschlechts-

---

[177] Gedacht ist vor allem an die der Frau nahestehenden Verwandten (Erltrg. zu 213.1).

akt an ihr vollzogen wird[178], oder daß sie sich ihm hingibt, weil sie ihn fälschlich für ihren Gatten hält.

### Sektion 213.2
### Anormaler Geschlechtsverkehr unter Gewaltanwendung oder Mißbrauch

(1) *Durch Gewalt oder ihr gleichgestelltes Verhalten.* Wer mit einem anderen in anormaler Weise geschlechtlich verkehrt, oder wer einen anderen veranlaßt, sich auf einen anormalen Geschlechtsverkehr einzulassen, begeht ein Verbrechen zweiten Grades, wenn:

(a) er den anderen mit Gewalt zwingt, sich zu beteiligen, oder hierzu durch die Drohung veranlaßt, daß er einen anderen sofort töten, ihm eine gefährliche Körperverletzung oder ungewöhnliche Schmerzen zufügen oder ihn verschleppen werde; oder

(b) er die Fähigkeit des anderen, sein eigenes Verhalten zu beurteilen oder zu beherrschen, wesentlich dadurch gemindert hatte, daß er ohne dessen Wissen Rauschgifte, berauschende Getränke oder andere Mittel anwandte, um jeglichen Widerstand auszuschließen; oder

(c) der andere bewußtlos ist; oder

(d) der andere noch nicht zehn Jahre alt ist.

Unter anormalem Geschlechtsverkehr ist zu verstehen ein Geschlechtsverkehr per os oder per anum zwischen Menschen, die nicht verheiratet sind, wie auch jede Form von Geschlechtsverkehr mit einem Tier.

(2) *Unter Mißbrauch.* Wer mit einem anderen in anormaler Weise geschlechtlich verkehrt, oder wer einen anderen veranlaßt, sich auf einen anormalen Geschlechtsverkehr einzulassen, begeht ein Verbrechen dritten Grades, wenn:

(a) er den anderen durch eine Drohung, die den Widerstand eines Menschen durchschnittlicher Festigkeit brechen würde, veranlaßt, sich an dem Geschlechtsverkehr zu beteiligen; oder

(b) er weiß, daß der andere an einer Geisteskrankheit oder -störung leidet, die ihn unfähig macht, sich darüber klar zu sein, was er tut; oder

(c) er weiß, daß der andere sich darauf einläßt, weil er sich nicht bewußt ist, daß ein Geschlechtsakt an ihm vollzogen wird.

### Sektion 213.3
### Korruption Minderjähriger und Verführung

(1) *Begriffsbestimmung der Straftat.* Eine männliche Person, die mit einer weiblichen Person, die nicht seine Ehefrau ist, geschlechtlich

---

[178] Wenn z. B. ein Doktor die Patientin in den Glauben versetzt, er nehme eine Untersuchung oder Behandlung vor (Dt. 4 S. 255).

verkehrt, oder jemand, der sich auf einen anormalen Geschlechtsverkehr einläßt, oder einen anderen veranlaßt, sich auf einen solchen einzulassen, macht sich strafbar, wenn:

(a) der andere noch nicht (16) Jahre alt und der Täter wenigstens (4) Jahre älter ist als der andere; oder

(b) der andere noch nicht 21 Jahre alt ist und der Täter sein Vormund oder in anderer Weise für seine Wohlfahrt verantwortlich ist[179]; oder

(c) der andere sich in Haft befindet oder in einem Krankenhaus oder einer anderen Anstalt untergebracht ist, und dem Täter die Überwachung oder die Erziehungsgewalt über ihn zusteht; oder

(d) die andere eine weibliche Person ist, die durch ein Heiratsversprechen, das der Täter nicht ernst meint, verleitet wird, sich an dem Geschlechtsakt zu beteiligen.

(2) *Einstufung.* Eine Straftat, begangen gemäß § (a) des Unterabschnitts (1) ist ein Verbrechen dritten Grades; in den anderen Fällen dieser Sektion dagegen ein Vergehen.

## Sektion 213.4
## Geschlechtlicher Mißbrauch

Wer einen anderen, mit dem er nicht verheiratet ist, geschlechtlich berührt, oder den anderen veranlaßt, ihn geschlechtlich zu berühren, macht sich des geschlechtlichen Mißbrauchs, eines Vergehens, schuldig, wenn:

(1) er weiß, daß die Berührung für den anderen anstößig ist; oder

(2) er weiß, daß der andere an einer Geisteskrankheit oder -störung leidet, die ihn oder sie der Fähigkeit beraubt, zu wissen, was er oder sie tut; oder

(3) er weiß, daß der andere sich nicht bewußt ist, daß es sich um einen Geschlechtsakt handelt; oder

(4) der andere noch nicht zehn Jahre alt ist; oder

(5) er die Fähigkeit des anderen, sein oder ihr eigenes Verhalten zu beurteilen oder zu beherrschen, wesentlich dadurch gemindert hatte, daß er ohne dessen Wissen Rauschgifte, berauschende Getränke oder andere Mittel anwandte, um jeglichen Widerstand auszuschließen; oder

(6) der andere noch nicht (16) Jahre alt und der Täter wenigstens (4) Jahre älter als der andere ist; oder

(7) der andere noch nicht 21 Jahre alt ist und der Täter sein Vormund oder in anderer Weise für sein Wohlergehen verantwortlich ist; oder

---

[179] Z. B. der Bewährungshelfer wie auch der Leiter einer Jugendherberge (Erltrg. zu 213.3).

(8) der andere sich in Haft befindet oder in einem Krankenhaus oder einer anderen Anstalt untergebracht ist, und dem Täter die Überwachung oder die Erziehungsgewalt über ihn zusteht.

Geschlechtliche Berührung ist jedes Berühren der Geschlechts- oder anderer intimer Teile des Menschen, um Geschlechtslust zu erregen oder zu befriedigen.

Sektion 213.5

**Unzüchtiges zur-Schau-Stellen**

Ein Vergehen begeht, wer, um seine eigene Geschlechtslust oder die eines anderen, mit dem er nicht verheiratet ist, zu erregen oder zu befriedigen, seinen Geschlechtsteil so entblößt, daß, wie er weiß, sein Verhalten als Beleidigung empfunden werden oder Beunruhigung hervorrufen kann.

Sektion 213.6

**Allgemeine, auf den Artikel 213 anwendbare Bestimmungen**

(1) *Irrtum über das Alter.* Wann immer in diesem Artikel die Strafbarkeit des Verhaltens davon abhängt, daß ein Kind noch nicht zehn Jahre alt ist, kann der Täter sich nicht damit verteidigen, daß er nicht wußte, wie alt das Kind war, oder daß er Grund hatte zu glauben, das Kind sei älter als zehn Jahre. Hängt die Strafbarkeit davon ab, daß das Kind ein bestimmtes anderes Alter als das von zehn Jahren noch nicht erreicht hat, dann hat der Täter, falls er sich mit seiner Unkenntnis verteidigt, überzeugend nachzuweisen, daß er Grund hatte zu glauben, das Kind habe jenes Alter bereits überschritten.

(2) *Verhältnis zwischen Eheleuten.* Wann immer in diesem Artikel die Gesetzesverletzung gemäß ihrer Begriffsbestimmung das Verhalten gegenüber einem Ehegatten nicht mitumfaßt, sind die Personen mit ausgenommen, die wie Mann und Frau zusammen leben, gleichviel welches der rechtliche Status ihrer Beziehungen zu einander ist. Unter diese Ausnahme fallen nicht Eheleute, die aufgrund richterlicher Entscheidung getrennt leben. Ist nach der Begriffsbestimmung einer Gesetzesverletzung das Verhalten gegenüber einem Ehegatten oder das Verhalten einer Frau nicht mitumfaßt, dann soll hierdurch die Verurteilung eines Ehegatten oder einer Frau als Teilnehmer an einem Geschlechtsakt nicht ausgeschlossen sein, den aufgrund seiner oder ihrer Veranlassung ein anderer vollzieht, der nicht unter diese Ausnahme fällt.

(3) *Unterschiedsloser Geschlechtsverkehr des Anzeigenden.* Verteidigt der Täter sich in einem auf Sektion 213.3 und auf die Unterabschnitte (6), (7) und (8) der Sektion 213.4 gestützten Strafverfahren damit, daß das angebliche Opfer vor der Tat, die den Gegenstand der

Anklage bildet, ohne feste Bindungen mit anderen geschlechtlich verkehrt hat, dann hat er dies überzeugend nachzuweisen.

(4) *Rechtzeitige Anzeige.* Ein auf diesen Artikel gestütztes Strafverfahren kann nur dann eingeleitet oder durchgeführt werden, wenn die angebliche Gesetzesverletzung innerhalb von (3) Monaten nach der Tat der Behörde zur Kenntnis gebracht war, oder, sofern das angebliche Opfer noch nicht (16) Jahre alt oder in anderer Weise unfähig war, Anzeige zu erstatten, innerhalb von (3) Monaten, nachdem ein Elternteil, ein Vormund oder eine andere mit der Fürsorge betraute Person von der Tat Kenntnis erhalten hat.

(5) *Zeugnisaussagen des Anzeigenden.* Niemand darf wegen einer Tat, die nach diesem Artikel ein Verbrechen ist, aufgrund einer nicht bestätigten Aussage des angeblichen Opfers verurteilt werden. Die Bestätigung kann durch Indizienbeweis erfolgen. In jedem Strafverfahren vor den Geschworenen wegen einer nach diesem Artikel strafbaren Tat sollen die Geschworenen darüber belehrt werden, daß die Aussage des Opfers oder eines von ihm benannten Zeugen mit besonderer Sorgfalt im Hinblick auf die Gefühlsmomente des Aussagenden auszuwerten ist, wie auch mit Rücksicht auf die Schwierigkeit, die Wahrheit bzl. der behaupteten geschlechtlichen Betätigungen festzustellen, die unter vier Augen stattfanden.

## Straftaten gegen das Eigentum

### Artikel 220

### BRANDSTIFTUNG, STRAFBARE SCHADENSZUFÜGUNG UND JEDE ANDERE ZERSTÖRUNG VON EIGENTUM

#### Sektion 220.1

#### Brandstiftung und verwandte Straftaten

(1) *Brandstiftung.* Einer Brandstiftung, eines Verbrechens zweiten Grades, macht sich schuldig, wer einen Brand stiftet oder eine Explosion verursacht[180] in der Absicht:

(a) ein Gebäude oder einen bewohnten Raum eines anderen[181] zu zerstören; oder

(b) eigenes Eigentum[182] oder das eines anderen zu zerstören

---

[180] „Stiftet" und „verursacht" kennzeichnen den Beginn der Ausführungshandlung. Vorbereitungshandlungen, soweit sie dem Versuchsstadium zugerechnet werden, sind durch 5.01 und 5.05 erfaßt (Dt. 11 S. 38 f.). Über die Rechtsprechung hierzu s. Amer. Str. S. 182 f.

[181] Es genügt, daß ein anderer als der Eigentümer der Bewohner ist, mag auch dem Täter ein dingliches Recht zustehen (Dt. 11 S. 40).

[182] „Eigentum", wie Gegenstände oder Waren, steht im Gegensatz zu dem im folgenden Satz genannten „Gebäude oder bewohnten Raum" (Dt. 11 S. 40).

oder zu beschädigen, um sich die den Schaden deckende Versicherungssumme zu verschaffen. Verteidigt der Täter sich in einem auf diesen Paragraphen gestützten Strafverfahren damit, daß er durch sein Verhalten nicht leichtfertig ein Gebäude oder einen bewohnten Raum eines anderen gefährdete oder einen anderen der Gefahr des Todes oder einer Körperverletzung aussetzte, dann hat er dies glaubhaft zu machen.

(2) Verursachung eines Brandes oder einer Explosion. Eines Verbrechens dritten Grades macht sich schuldig, wer absichtlich einen Brand oder eine Explosion verursacht[183], gleichviel ob auf seinem eigenen oder eines anderen Eigentum, und hierbei leichtfertig:

(a) einen anderen der Gefahr des Todes oder einer Körperverletzung aussetzt; oder

(b) die Gefahr der Beschädigung oder Zerstörung eines Gebäudes oder bewohnten Raumes eines anderen herbeiführt.

(3) *Versäumnis, die Ausbreitung eines gefährlichen Brandes zu verhindern oder ihn zu melden.* Wer erkennt, daß ein Brand das Leben oder einen wesentlichen Teil des Eigentums eines anderen gefährdet, und es versäumt, geeignete Maßnahmen zu ergreifen, um den Brand zu löschen oder seine Ausbreitung zu verhindern, sofern er dies tun kann, ohne sich selbst zu gefährden, oder es versäumt, die Feuerwehr zu benachrichtigen, begeht ein Vergehen, wenn:

(a) er sich bewußt ist, daß er amtlich oder vertraglich oder in anderer Weise rechtlich verpflichtet ist, den Brand zu verhindern oder zu bekämpfen; oder

(b) das Feuer von ihm oder mit seiner Zustimmung oder auf einem Grundstück, dessen Schutz oder Überwachung ihm anvertraut ist, angelegt war, mag dies auch in rechtmäßiger Weise geschehen sein.

(4) *Begriffsbestimmungen.* „Bewohnter Raum“ (*Occupied structure*) umfaßt ein Schiff, einen Anhängewagen, Schlafwagen, ein Flugzeug oder anderes Fahrzeug, einen Raum oder Platz, geeignet, um darin zu übernachten oder einen Beruf auszuüben, gleichviel ob jemand tatsächlich sich darin befindet oder nicht. Als Eigentum eines anderen ist im Sinne dieser Sektion alles anzusehen, woran ein anderer als der Handelnde ein Besitz- oder Eigentumsinteresse hat. Ist ein Gebäude oder Raum in gesondert bewohnte Einheiten aufgeteilt, dann ist jede nicht vom Täter bewohnte Einheit als ein von einem anderen bewohnter Raum anzusehen.

---

[183] Umfaßt Fälle, in denen das Entzünden eines Brennstoffes einem bestimmten Zweck dient, z. B. Metallarbeiter verwenden Azetylen zum Schneiden von Eisen (Dt. 11 S. 39).

### Sektion 220.2
### **Verursachung einer Katastrophe oder der Gefahr, eine solche herbeizuführen**

(1) *Verursachung einer Katastrophe.* Wer eine Katastrophe durch Explosion, Feuer, Überschwemmung, eine Lawine, das Einstürzen eines Gebäudes, das Ausströmenlassen von Giftgasen, durch radioaktive Stoffe oder andere schädliche oder zerstörende Kräfte oder Stoffe, oder mit irgendwelchen Mitteln herbeiführt, die zahlreiche Verletzungen oder Schäden verursachen können, begeht ein Verbrechen zweiten Grades, wenn er dies absichtlich oder wissentlich tut, oder ein Verbrechen dritten Grades, wenn er leichtfertig handelt.

(2) *Herbeiführung der Gefahr einer Katastrophe.* Eines Vergehens macht sich schuldig, wer leichtfertig die Gefahr einer Katastrophe herbeiführt, indem er Feuer, Explosivstoffe oder andere gefährliche, im Unterabschnitt (1) aufgeführte Mittel anwendet.

(3) *Versäumnis, eine Katastrophe zu verhindern.* Wer wissentlich oder leichtfertig es daran fehlen läßt, geeignete Maßnahmen zu ergreifen, um eine Katastrophe zu verhindern oder in ihren Wirkungen abzuschwächen, begeht ein Vergehen, wenn:

(a) er sich bewußt ist, daß er amtlich, vertraglich oder in anderer Weise rechtlich verpflichtet ist, solche Maßnahmen zu ergreifen; oder

(b) er eine Handlung beging, die eine Katastrophe verursachte oder die Gefahr einer solchen herbeiführte, oder wenn er einer solchen Handlung zustimmte.

### Sektion 220.3
### **Strafbare Schadenszufügung**

(1) *Begriffsbestimmung.* Einer strafbaren Sachbeschädigung macht sich schuldig, wer:

(a) körperliches Eigentum eines anderen absichtlich, leichtfertig oder fahrlässig beschädigt, indem er Feuer, Explosivstoffe oder andere in Sektion 220.2 (1) aufgeführte Mittel anwendet; oder

(b) absichtlich oder leichtfertig sich an körperlichem Eigentum eines anderen zu schaffen macht und dadurch Menschen oder Eigentum gefährdet; oder

(c) absichtlich oder leichtfertig einem anderen einen geldlichen Schaden durch Täuschung oder Bedrohung zufügt.

(2) *Einstufung.* Strafbare Schadenszufügung ist ein Vergehen dritten Grades, wenn der Täter absichtlich einen geldlichen Schaden von mehr als 5000 Dollar oder eine erhebliche Unterbrechung oder Behinderung öffentlicher Verbindungen, des Verkehrswesen, der Wasser-, Gas- oder Elektrizitätsversorgung oder anderer öffentlicher Dienstleistungen verursacht. Sie ist ein Vergehen, wenn der Täter absichtlich einen geldlichen Schaden von mehr als 100 Dollar ver-

ursacht, und ein leichtes Vergehen, wenn er absichtlich oder leichtfertig einen geldlichen Schaden von mehr als 25 Dollar verursacht. In anderen Fällen von Schadenszufügung liegt eine Übertretung vor.

## Artikel 221
## EINBRECHEN UND ANDERES STRAFBARES EINDRINGEN

### Sektion 221.0
### Begriffsbestimmungen

Sofern nicht eine abweichende Bedeutung eindeutig festgelegt ist, bedeutet in diesem Artikel:

(1) „bewohnter Raum" (*occupied structure*) einen Raum, ein Fahrzeug oder einen Ort, an dem Menschen übernachten oder ihrem Beruf nachgehen können, gleichviel ob jemand anwesend ist oder nicht.

(2) „Nacht" (*night*) die Zeit zwischen dreißig Minuten nach Sonnenuntergang und dreißig Minuten vor Sonnenaufgang.

### Sektion 221.1
### Einbrechen

(1) *Begriffsbestimmung.* Des Einbrechens macht sich schuldig, wer ein Gebäude oder einen bewohnten Raum oder einen abgeschlossenen oder bewohnten Teil desselben in der Absicht betritt, in ihm eine Straftat zu begehen[184], es sei denn, das Grundstück ist zur fraglichen Zeit jedermann zugänglich oder der Handelnde ist befugt, es zu betreten. Behauptet der Angeklagte in einem Strafverfahren, daß das Gebäude oder der Raum nicht mehr bewohnt war, dann hat er dies glaubhaft zu machen.

(2) *Einstufung.* Einbrechen ist ein Verbrechen zweiten Grades, wenn zur Nachtzeit in die Wohnung eines anderen begangen, oder wenn der Täter während des Einbrechens:

(a) absichtlich, wissentlich oder leichtfertig einem anderen eine Körperverletzung zufügt oder zuzufügen versucht; oder

(b) Explosivstoffe oder eine lebensgefährdende Waffe bei sich trägt.

In anderen Fällen ist Einbrechen ein Verbrechen dritten Grades. Eine Handlung ist als bei Begehung (*in the course of committing*) einer Straftat begangen anzusehen, wenn sie bei einem Versuch der Tat geschieht oder auf der Flucht nach dem Versuch oder der Begehung der Tat.

---

[184] Einbrechen ist nach englisch-amerikanischer Überlieferung so sehr ein eigenständiges Delikt, daß es nicht darauf ankommt, auf welche Straftat die dem Einbrechen zugrunde liegende Absicht gerichtet ist (Dt. 11 S. 55, 59).

(3) *Mehrfache Verurteilung.* Eine Verurteilung sowohl wegen Einbrechens als auch wegen der Tat, um deren willen der Täter einbrach, oder auch wegen des Versuches dieser Tat ist nicht statthaft, es sei denn, die Tat, um deren Willen er einbrach, ist ein Verbrechen ersten oder zweiten Grades.

Sektion 221.2

**Strafbares Eindringen**

(1) *Gebäude und bewohnte Räume.* Einer strafbaren Handlung macht sich schuldig, wer wissend, daß er hierzu nicht befugt ist, ein Gebäude oder bewohnten Raum oder einen abgeschlossenen oder bewohnten Teil desselben betritt oder sich darin verborgen hält.[185] Eine strafbare Handlung dieser Art ist ein Vergehen, wenn zur Nachtzeit in einer Wohnung begangen. Andernfalls ist sie ein leichtes Vergehen.

(2) *Mutwilliger Rechtsbrecher.* Einer strafbaren Handlung macht sich schuldig, wer wissend, daß er hierzu nicht befugt ist, einen Platz betritt oder in ihm verweilt, obwohl er vor dem Betreten gewarnt ist durch:

(a) unmittelbare persönliche Mitteilung; oder

(b) Bekanntmachung, wie sie vom Recht vorgeschrieben ist oder auf andere Weise Eindringlingen zur Kenntnis gelangen kann; oder

(c) einen Zaun oder eine andere Einfriedung, offenkundig dazu bestimmt, Eindringlinge fernzuhalten.

Eine strafbare Handlung im Sinne dieses Unterabschnitts ist ein leichtes Vergehen, wenn der Rechtsbrecher eine an ihn persönlich durch den Eigentümer des Grundstücks oder eine andere hierzu ermächtigte Person gerichtete Aufforderung, das Grundstück zu verlassen, nicht beachtet. In anderen Fällen ist sie eine Übertretung.

(3) *Verteidigungen.* Verteidigt der Angeklagte sich in einem auf diese Sektion gestützten Strafverfahren damit, daß:

(a) das Gebäude oder der bewohnte Raum, in dem er die strafbare Handlung im Sinne des Unterabschnitts (1) beging, verlassen gewesen sei; oder

(b) das Grundstück zur fraglichen Zeit jedermann zugänglich war und er allen Vorschriften in bezug auf das Betreten des Grundstücks oder auf das Verweilen auf ihm nachgekommen sei; oder

(c) er vernünftigerweise glauben konnte, daß der Eigentümer des Grundstücks oder ein anderer, der befugt war, den Zutritt zu

---

[185] Welche Absicht dem Verhalten des Täters zugrunde liegt, ist unerheblich; Beschädigung fremden Eigentums ist nicht Strafbarkeitsbedingung (Dt. 2 S. 132).

gestatten, ihm das Betreten oder Verweilen erlaubt haben würde, dann hat er dies glaubhaft zu machen.

## Artikel 222
## RAUB

### Sektion 222.1
### Raub

(1) *Begriffsbestimmung.* Des Raubes macht sich schuldig, wer im Verlauf eines Diebstahls:[186]

(a) eine gefährliche Körperverletzung einem anderen zufügt; oder

(b) einen anderen mit einer unmittelbar bevorstehenden gefährlichen Körperverletzung bedroht oder absichtlich in ihm die Furcht vor einer solchen erregt; oder

(c) ein Verbrechen ersten oder zweiten Grades begeht oder unverzüglich zu begehen droht.[187]

Eine Handlung ist auch dann als „im Verlauf eines Diebstahls" begangen anzusehen, wenn sie beim Versuch eines Diebstahls oder während der Flucht nach dem Versuch oder der Vollendung des Diebstahls begangen ist.

(2) *Einstufung.* Raub ist ein Verbrechen zweiten Grades; ein Verbrechen ersten Grades jedoch, wenn der Täter im Verlauf des Diebstahls einen anderen zu töten versucht oder ihm absichtlich eine gefährliche Körperverletzung zufügt oder zuzufügen versucht.

## Artikel 223
## DIEBSTAHL UND VERWANDTE STRAFTATEN

### Sektion 223.0
### Begriffsbestimmungen

Sofern nicht eine abweichende Bedeutung eindeutig festgelegt ist, bedeutet in diesem Artikel:

(1) „entziehen" (*deprive*) (a) Eigentum einem anderen entziehen,

---

[186] Die im zweiten Absatz von (1) gegebene Erläuterung von „im Verlauf eines Diebstahls" stellt klar, daß der Versuch des Raubes wie auch die Flucht nach dem Versuch der vollendeten Tat gleichgestellt sind; Aneignung fremden Eigentums als solche ist demnach nicht Tatbestandsmerkmal des Raubes.

[187] Die in (a) bis (c) genannten Umstände kennzeichnen den Raub als Angriff auf fremdes Eigentum unter terrorisierenden Umständen. Dies setzt zwar unmittelbare Beeinflussung des zu Beraubenden, nicht jedoch seine Gegenwart voraus; z. B. Bedrohung durch telephonischen Anruf, um den Aufbewahrungsort des Gegenstandes zu erfahren (Dt. 11 S. 70). Daß als Aneignungshandlung nur ein Wegnehmen im engeren Sinne von Diebstahl *(theft)* in Betracht kommt, sollte nicht zweifelhaft sein.

entweder dauernd oder so lange, daß dies der Aneignung eines beträchtlichen Teiles des wirtschaftlichen Wertes gleichkommt, oder in der Absicht, es nur gegen Zahlung einer Belohnung oder einer anderen Entschädigung zurückzuerstatten; oder (b) über das Eigentum in einer Weise zu verfügen, daß der Eigentümer es aller Wahrscheinlichkeit nach nicht wiedererlangen kann.

(2) „Geldinstitut" (*financial institution*) eine Bank, Versicherungsgesellschaft oder -anstalt, Spar- und Darlehnskasse oder -gesellschaft oder -verein, Bausparkasse, Kapitalanlagegesellschaft oder eine Spar- und Anlagevereinigung.

(3) „Regierung" (*government*) die Vereinigten Staaten, jeder einzelne Staat innerhalb derselben, ein Bezirk innerhalb eines Staates, seine Stadtgemeinde, jede andere Verwaltungseinheit oder Abteilung, Dienststelle oder Unterabteilung der vorgenannten Einheiten, oder jede Körperschaft oder andere Vereinigung, die Regierungsfunktionen ausführt.

(4) „bewegliches Eigentum" (*movable property*) Eigentum, dessen Örtlichkeit veränderlich ist, einschließlich dessen, was auf dem Lande wächst, mit ihm verbunden ist, oder im Boden gefunden wird; ferner Schriftstücke, selbst wenn die in ihnen verbrieften Rechte örtlich nicht fixiert sind. „Unbewegliches Eigentum" (*Immovable property*) ist jede andere Art von Eigentum.

(5) „erlangen" (*obtain*) (a) in bezug auf Eigentum das Herbeiführen einer tatsächlichen oder angeblichen Übertragung eines rechtlich geschützten Interesses am Eigentum, gleichviel ob an denjenigen, der die Übertragung herbeiführt oder an einen anderen; oder (b) in bezug auf Arbeits- oder Dienstleistungen die Sicherstellung der Leistungen.

(6) „Eigentum" (*property*) alles, was Wert besitzt, einschließlich Grundstücke, körperliches und unkörperliches persönliches Eigentum, Vertragsrechte, obligatorische Ansprüche und andere Vermögensinteressen oder -ansprüche, Eintritts- oder Beförderungskarten; ferner gefangene wilde Tiere oder Haustiere, Nahrungsmittel und Getränke, Elektrizität und andere Kraftquellen.

(7) „Fremdes Eigentum" (*property of another*) umfaßt Eigentum, an dem irgend ein anderer als der Täter ein Interesse hat, das der Täter zu verletzen nicht befugt ist, und ungeachtet der Tatsache, daß der Täter ebenfalls ein Interesse an dem Eigentum hat und es dem anderen verwehrt ist, es auf zivilrechtlichem Wege zurückzuerlangen, sei es, daß das Eigentum Gegenstand einer ungesetzlichen Übertragung gewesen war oder als Schmuggelware dem Verfall unterlag. Eigentum im Besitz des Täters ist nicht als Eigentum eines anderen anzusehen, dem es nur als Sicherheit dient, auch wenn der Gläubiger sich das Eigentum aufgrund eines bedingten Kaufvertrages oder eines anderen Sicherungsvertrages vorbehalten hat.

## Sektion 223.1

### Vereinheitlichung der Aneignungsdelikte; Einstufung; Bestimmungen, die allgemein auf „Aneignung" anwendbar sind

(1) *Vereinheitlichung der Aneignungsdelikte.* Ein in diesem Artikel als *„Aneignen"* bezeichnetes Verhalten ist als eine einzige Deliktsart anzusehen.[188] Eine Anklage wegen Aneignen (*theft*) kann auf den Beweis gestützt werden, daß die Tat in einer Weise begangen wurde, die im Sinne dieses Artikels Aneignen (*theft*) sein würde, ungeachtet einer abweichenden Bezeichnung in dem Anklagebeschluß der Geschworenen oder der Strafverfolgungsbehörde; doch bleibt es dem Gericht vorbehalten, eine den Interessen des Angeklagten Rechnung tragende Verhandlung dadurch sicherzustellen, daß es Vertagung oder einen anderen geeigneten Rechtsbehelf gewährt, wenn die Verteidigung durch die Versäumnis einer rechtzeitigen Benachrichtigung oder durch überraschende Anträge benachteiligt werden würde.

(2) *Einstufung der Aneignungsdelikte.*

(a) Aneignung ist ein Verbrechen dritten Grades, wenn der Wert des Gegenstandes 500 Dollar übersteigt, oder wenn der gestohlene Gegenstand eine Feuerwaffe, ein Automobil, ein Flugzeug, ein Motorfahrrad oder Motorboot oder ein anderes durch einen Motor getriebenes Fahrzeug ist, oder wenn es sich um das Ansichbringen gestohlenen Eigentums handelt, oder der Empfänger den Ankauf oder Verkauf gestohlenen Eigentums als Geschäft betreibt.

(b) Jede andere, nicht im vorhergehenden Paragraphen genannte Aneignung ist ein Vergehen. War jedoch das Eigentum einem anderen nicht unmittelbar weggenommen und nicht durch Drohung oder unter Verletzung eines Vertrauensverhältnisses

---

[188] Im Gegensatz zu der überlieferten Unterscheidung insbesondere von Diebstahl (223.2: *„theft by unlawful taking or disposition"*), Betrug (223.3: *„theft by deception"*), Erpressung (223.4: *„theft by extortion"*), Hehlerei (223.6: *„receiving stolen property"*). Nur die in diesem Artikel *(in this Article)* aufgenommenen Aneignungsdelikte *(theft offenses)* sind als eine einzige Deliktsart *(a single offense)* anzusehen. Für sie mußte der Begriff *theft* durch einen allen genannten Delikten gemeinsames Merkmal, die Aneignung, übersetzt werden. Nicht in diesen Artikel als einzige Deliktsart *(single offense)* aufgenommen ist der im Artikel 222 unter Strafe gestellte Raub. Für das dem Raub zugrunde liegende Verhalten konnte daher für *theft* der herkömmliche engere Begriff Diebstahl beibehalten werden.

Gemeinsamer Nenner aller als Aneignungsdelikte *(theft offenses)* zusammengefaßter Straftaten ist die Aneignung fremden Eigentums ohne Zustimmung des Geschädigten oder mit seiner entweder durch Täuschung oder Erpressung erlangten Zustimmung (Dt. 1 S. 101 ff.). Zweck der Vereinheitlichung ist die Vermeidung prozessualer Schwierigkeiten durch Vereinheitlichung des Verfahrens für alle kodifizierten Abarten der Aneignung, außer dem Raub (Dt. 2 S. 58).

erlangt, und weist der Täter überzeugend nach, daß der Wert des gestohlenen Gegenstandes geringer als 50 Dollar war, dann ist die Tat ein leichtes Vergehen.

(c) Der vermittels einer Aneignung erlangte Wert soll, unter Anwendung eines durchschnittlichen Maßstabes, als der höchste Wert des Eigentums oder der Dienstleistung angesetzt werden, welche der Täter sich aneignete oder anzueignen suchte. Werte, die durch Aneignung erlangt wurden, begangen in Verfolg eines Planes oder im Verlauf eines fortgesetzten, gegen ein- und dieselbe oder gegen verschiedene Personen gerichteten Verhaltens, können zwecks Einstufung der Straftat zusammengerechnet werden.

(3) *Geltendmachung eines Anspruchs.* Verteidigt der Angeklagte sich in einem Strafverfahren wegen strafbarer Aneignung damit, daß:

(a) er sich nicht bewußt war, daß es sich um das Eigentum eines anderen oder um Dienstleistungen für einen anderen handelte; oder

(b) er einen ehrlichen Anspruch auf das Eigentum oder die Dienste hatte oder ihm ein Recht zustand, sie zu erwerben oder über sie so zu verfügen, wie er es tat; oder

(c) er sich Eigentum aneignete, das zum Verkauf ausgestellt war, und er die Absicht hatte, es zu kaufen und sofort dafür zu zahlen, oder er unterstellen konnte, daß der Eigentümer, wäre er anwesend gewesen, seinem Verhalten zugestimmt hätte,

dann hat er dies glaubhaft zu machen.

(4) *Aneignung von Sachen des Ehegatten.* Ein Angeklagter kann sich nicht damit verteidigen, daß er sich Sachen des Ehegatten aneignete, es sei denn, es handelt sich um die Aneignung von Gegenständen des Haushaltes oder von persönlicher Habe oder von Gegenständen, die in der Regel beiden Ehegatten zugänglich sind; in diesen Fällen liegt strafbare Aneignung nur dann vor, wenn die Ehegatten nicht zusammen leben.

## Sektion 223.2
### Aneignung durch unrechtmäßiges Wegnehmen oder Verfügen

(1) *Bewegliches Eigentum.* Der Aneignung macht sich schuldig, wer in der Absicht, einem Anderen bewegliches Eigentum zu entziehen[189], dieses unrechtmäßig wegnimmt oder eine unrechtmäßige Herrschaft über dasselbe ausübt.[190]

---

[189] Über den Begriffsinhalt des Entziehens beweglichen wie auch unbeweglichen Eigentums s. 223.0 (1) und (4).

[190] Während die erste Alternative „wegnimmt" *(takes)* den Diebstahl kennzeichnet, deckt die zweite „unrechtmäßige Herrschaft ausübt" *(exercises unlawful control)* Unterschlagung *(embezzlement)* und Untreue *(fraudulent conversion)* (Dt. 2 S. 59 f.).

(2) *Unbewegliches Eigentum.* Der Aneignung macht sich schuldig, wer unbewegliches Eigentum eines anderen oder ein Recht daran unrechtmäßig in der Absicht überträgt, für sich selbst oder für einen anderen, der hierzu nicht berechtigt ist, Nutzen zu ziehen.

### Sektion 223.3
### Aneignung durch Täuschung

Strafbarer Aneignung macht sich schuldig, wer Eigentum eines anderen bewußt durch Täuschung erlangt.[191] Jemand täuscht einen anderen absichtlich, wenn er:

(1) eine falsche Vorstellung erweckt[192] oder verstärkt, einschließlich falscher Vorstellungen in bezug auf die Rechtslage, den Wert, die Absicht oder einen anderen Beweggrund; indes, Täuschung in bezug auf die Absicht einer Person, ein Versprechen zu halten, soll nicht schon aus der Tatsache gefolgert werden, daß er das Versprechen danach nicht ausführt; oder

(2) verhindert, daß ein anderer eine Auskunft erhält, die sein Urteil in bezug auf eine geschäftliche Verfügung beeinflussen würde; oder

(3) es daran fehlen läßt, eine falsche Vorstellung zu berichtigen, die der Täter zuvor erweckt oder verstärkt hat, oder die, wie er weiß, einen anderen beeinflussen wird, zu dem er in einem Treuhand- oder Vertrauensverhältnis steht; oder

(4) es daran fehlen läßt, den anderen von dem Bestehen eines Pfandrechts, eines Gegenanspruchs oder eines anderen rechtlichen Hindernisses am Genuß des Eigentums zu unterrichten, das er überträgt oder belastet als Gegenleistung für das Eigentum das er erhielt, gleichviel ob solch ein Hindernis rechtsgültig besteht oder nicht, oder ob es in ein öffentliches Register einzutragen ist oder nicht.

Der Begriff „täuschen“ (*deceive*) schließt jedoch nicht eine Unrichtigkeit in bezug auf Fragen ein, denen eine geldliche Bedeutung nicht zukommt; desgleichen nicht ein sich mit Behauptungen groß Tun, durch die der Durchschnitt derer, an die die Behauptungen sich wenden, kaum getäuscht werden dürfte.[193]

### Sektion 223.4
### Aneignung durch Erpressung

Strafbarer Aneignung macht sich schuldig, wer Eigentum eines anderen bewußt dadurch erlangt, daß er droht:

---

[191] Vgl. 223.0 (5) und (7).

[192] Selbst wenn die Behauptung, wörtlich genommen, wahr, jedoch infolge Unterdrückung näherer Angaben irreführend ist (Dt. 2 S. 66).

[193] Gedacht ist hier an das Anlocken von Käufern durch übertreibende Warenanpreisung (Dt. 2 S. 72).

(1) einen anderen körperlich zu verletzen oder irgendeine andere Straftat zu begehen; oder

(2) jemanden einer Straftat zu beschuldigen; oder

(3) ein Geheimnis zu enthüllen, das einen anderen dem Haß, der Verachtung oder der Lächerlichkeit auszusetzen oder seinen Kredit oder sein geschäftliches Ansehen zu mindern geeignet wäre; oder

(4) als Beamter eine Handlung gegen einen anderen zu unternehmen oder ihm etwas vorzuenthalten, oder einen Beamten zu veranlassen, solches zu tun[194]; oder

(5) einen Streik, einen Boykott oder eine andere nicht amtliche Gesamtaktion zu veranlassen oder fortzusetzen, wenn die Gegenstände nicht zugunsten der Gruppe, in deren Interesse der Täter zu handeln vorgibt, gefordert oder in Empfang genommen werden; oder

(6) im Hinblick auf einen rechtmäßigen Anspruch eines anderen oder auf dessen rechtmäßige Verteidigung ein bestimmtes Zeugnis abzulegen oder Auskunft zu beschaffen oder solch ein Zeugnis oder solch eine Auskunft vorzuenthalten; oder

(7) irgendeinen anderen Schaden zuzufügen, aus dem der Täter keinen Nutzen zieht.[195]

Verteidigt der Angeklagte sich in einem gemäß der Unterabschnitte (2), (3) oder (4) anhängigen Strafverfahren damit, daß die durch Drohung mit einer Anklage, mit Bloßstellung, mit einer Klage oder sonst einem Antrag auf amtliches Vorgehen erlangte Sache ehrlicherweise als Wiedergutmachung oder Schadloshaltung für einen Schaden gefordert wurde, der ihm unter Umständen zugefügt wurde, auf die solche Anklage, Bloßstellung, Klage oder der Antrag auf amtliches Vorgehen sich bezieht, oder als Entschädigung für ent-

---

[194] An diesem Fall wird deutlich, was auch für die anderen Ziffern gilt, daß das angedrohte Übel nicht rechtswidrig zu sein braucht: Der Polizeibeamte, der befugt oder sogar verpflichtet ist, eine Verhaftung vorzunehmen, droht dies zu tun, sofern er nicht eine bestimmte Summe erhält. Es ist die in der Absicht, die Übertragung fremden Eigentums zu erzwingen, vorgenommene Androhung eines Übels, die strafbar ist (Dt. 2 S. 75).

[195] Das allgemeine Prinzip der Erpressung, um weitere, vollzählig nicht aufführbare Fälle zu erfassen. Die nähere Bestimmung des Schadens als solchen, „aus dem der Täter keinen Nutzen zieht“ (*harm which would not benefit the actor*), gilt selbstverständlich auch für die vorausgehenden Ziffern, da es nicht der angedrohte Schaden als solcher ist, aus dem dem Täter ein Vorteil erwächst, sondern die Übertragung fremden Eigentums, um derentwillen er die Erpressung begeht. Eines der für (7) in Dt. 2 S. 79 gegebenen Beispiele: Ein Vorarbeiter fordert von Arbeitern einen bestimmten Prozentsatz ihres Lohnes; falls sie nicht zahlen, würde er ihre Entlassung veranlassen.

zogenes Eigentum oder rechtmäßig geleistete Dienste, dann hat er dies glaubhaft zu machen.[196]

Sektion 223.5

**Aneignung eines verlorenen, verlegten oder irrtümlich gelieferten Gegenstandes**

Strafbarer Aneignung macht sich schuldig, wer in den Besitz von Gegenständen eines anderen kommt, die, wie er weiß, verloren, verlegt oder irrtümlich — sei es in bezug auf die Art oder die Menge der Gegenstände, sei es in bezug auf den Empfänger — geliefert worden sind, wenn er in der Absicht, dem Eigentümer diese Gegenstände zu entziehen, es an geeigneten Maßnahmen fehlen läßt, sie demjenigen zukommen zu lassen, der ein Recht auf sie hat.

Sektion 223.6

**Gestohlene Gegenstände an sich Bringen**

(1) An sich bringen. Strafbarer Aneignung macht sich schuldig, wer bewußt bewegliches Eigentum eines anderen, von dem er weiß oder glaubt, daß es gestohlen ist, in Empfang nimmt, zurückbehält oder darüber verfügt, es sei denn, daß er dies in der Absicht tut, es dem Eigentümer zurückzugeben. „An sich bringen" (*receiving*) bedeutet den Besitz, die Herrschaft oder einen Rechtstitel erwerben oder als Eigentumssicherung beleihen.

(2) *Vermutung der Kenntnis.* Die erforderliche Kenntnis oder der Glaube wird bei einem Händler vermutet, der:

(a) in dem Besitz oder der Herrschaft von Gegenständen gefunden wird, die zwei oder mehreren Personen bei verschiedenen Gelegenheiten gestohlen wurden; oder

(b) gestohlenes Eigentum bei einem Geschäft innerhalb eines Jahres vor der ihm zur Last gelegten Verfügung empfangen hat; oder

(c) als Händler von Gegenständen gleicher Art sie für einen Preis erwirbt, der, wie er weiß, weit unter dem wirklichen Wert liegt.

„Händler" (*dealer*) ist jeder, dessen Geschäft im An- oder Verkauf von Gegenständen besteht.

Sektion 223.7

**Inanspruchnahme von Dienstleistungen**

(1) Strafbarer Inanspruchnahme von Dienstleistungen macht sich schuldig, wer bewußt durch Täuschung oder Drohung oder gegen

---

[196] Hieraus folgt, daß der Täter sich strafbar macht, wenn er durch die Drohung mit einer Anklage usw. mehr zu erlangen beabsichtigt, als er glaubt, daß ihm zustehe (Erltrg. zu 223.4).

gefälschtes Ersatzgeld oder unter Anwendung anderer Mittel, Zahlung zu vermeiden, Dienste erlangt, von denen er weiß, daß sie nur gegen Entgelt erhältlich sind. „Dienstleistungen" (*services*) umfaßt Arbeitsleistung, berufsmäßige Dienste, Beförderung und Versendung, Fernsprecher- und andere öffentliche Dienste, Unterbringung in Hotels, Gaststätten und anderswo, Zulassung zu Ausstellungen, Gebrauch von Fahrzeugen oder anderem beweglichen Eigentum. Sofern ein Entgelt für Dienstleistungen unmittelbar nach Leistung der Dienste gezahlt wird, wie in Hotels und Gaststätten, rechtfertigt eine Weigerung zu zahlen oder heimliches Davongehen ohne zu zahlen oder Zahlung anzubieten, die Vermutung, daß die Dienste mittels der Täuschung erlangt wurden, daß er die Absicht hatte, zu zahlen.

(2) Strafbare Inanspruchnahme begeht, wer über Dienste anderer verfügen kann und solche Dienste, zu denen er jedoch nicht berechtigt ist, wissentlich zu seinem eigenen Vorteil in Anspruch nimmt, oder zu dem eines anderen, der hierzu gleichfalls nicht berechtigt ist.

### Sektion 223.8
### Aneignung durch Versäumnis, erforderliche Verfügungen über in Empfang genommene Gelder zu treffen

Strafbarer Aneignung macht sich schuldig, wer Eigentum aufgrund eines Übereinkommens oder einer ihm bekannten gesetzlichen Verpflichtung annimmt, eine bestimmte Zahlung zu leisten oder eine andere Verfügung zu treffen, gleichviel ob über das Eigentum als solches oder über den Erlös oder in entsprechendem Umfang über sein eigenes Eigentum, dann jedoch über das empfangene Eigentum wie über eigenes verfügt und es versäumt, die ihm obliegende Zahlung zu leisten oder die entsprechende Verfügung zu treffen. Dies gilt auch dann, wenn es nicht möglich war, das in Betracht kommende Eigentum als dem Geschädigten gehörend zu der Zeit auszusondern, als der Täter es versäumte, die geforderte Zahlung zu leisten oder die Verfügung zu treffen. Handelt es sich um einen Beamten oder Angestellten der Regierung oder eines Geldinstitutes, dann wird vermutet: (i) daß er die gesetzlichen Verpflichtungen in bezug auf seine durch diese Sektion unter Strafe gestellte Verantwortung kennt, und (ii) daß er über fremdes Eigentum wie über eigenes verfügte, wenn er versäumt, zu zahlen oder nach rechtmäßiger Anmahnung Rechnung zu legen, oder wenn ein Rechnungsprüfer einen Fehlbetrag oder eine Fälschung von Konten aufdeckt.[197]

---

[197] Diese Vermutungen entheben den Anklagevertreter in der Hauptverhandlung nicht des Nachweises, daß der Beamte oder Angestellte die Tat schuldhaft begangen hat. Sie ermöglichen jedoch die Erhebung der Anklage, ohne daß der Beschuldigte über die vermuteten Tatsachen vernommen worden ist (Dt. 2 S. 81 f.).

Sektion 223.9

**Unerlaubter Gebrauch von Autos oder anderen Fahrzeugen**

Ein Vergehen begeht, wer ein Automobil, Flugzeug, Motorrad, Motorboot oder ein anderes durch einen Motor getriebenes Fahrzeug ohne Erlaubnis des Eigentümers benutzt. Verteidigt der Angeklagte sich in einem gemäß dieser Sektion anhängigen Strafverfahren damit, daß er Grund hatte zu glauben, der Eigentümer würde der Benutzung zugestimmt haben, hätte er davon Kenntnis gehabt, so hat er dies glaubhaft zu machen.

## Artikel 224
## FÄLSCHUNG UND BETRÜGERISCHE MACHENSCHAFTEN

Sektion 224.0

**Begriffsbestimmungen**

Sofern nicht eine abweichende Bedeutung eindeutig festgelegt ist, finden die in Sektion 223.0 gegebenen Begriffsbestimmungen auf diesen Artikel Anwendung.

Sektion 224.1

**Fälschung**

(1) *Begriffsbestimmung.* Einer Fälschung macht sich schuldig, wer in der Absicht einen anderen zu betrügen oder zu schädigen, oder wissend, das er etwas tut, was die Begehung eines Betruges oder einer Schädigung durch einen anderen erleichtert[198]:

(a) ein Schriftstück eines anderen ohne dessen Ermächtigung ändert; oder

(b) ein Schriftstück herstellt, vervollständigt, im Namen eines anderen ausstellt, beglaubigt, emittiert oder überträgt auf eine Weise, daß es den Anschein hat, als sei dies durch einen anderen geschehen, der jedoch eine Ermächtigung hierzu nicht erteilt hat, oder als sei das Schriftstück zu einer Zeit oder an einem Ort oder in einer den Tatsachen nicht entsprechenden numerischen Folge ausgestellt, oder als sei es ein Durchschlag eines Originals, welches tatsächlich nicht vorhanden war; oder

(c) ein Schriftstück in Umlauf setzt oder zur Schau stellt[199],

---

[198] Gemäß der zweiten Alternative begeht einen Betrug auch der, der ein gefälschtes Schriftstück jemandem zur weiteren Verwendung überläßt, der von der Fälschung Kenntnis hat, also nicht getäuscht werden kann (Erltrg. zu 224.1).

[199] Gedacht ist insbesondere an ein Diplom oder eine Lizenz, in der die Berechtigung zur Ausübung eines bestimmten Berufs bescheinigt ist (Dt. 11 S. 84).

das, wie er weiß, in einer der in den Paragraphen (a) oder (b) angegebenen Weise gefälscht ist.

„Schriftstück“ (*writing*) umfaßt Gedrucktes wie auch jede andere Art der Aufnahme einer Mitteilung, sowie Geld, Münzen, Geldersatz, Marken, Stempel, Kreditkarten, Dienstabzeichen, Warenzeichen und andere Symbole, die einen Wert, ein Recht, eine Befugnis oder einen Ausweis zum Inhalt haben.

(2) *Einstufung.* Fälschung ist ein Verbrechen zweiten Grades, wenn das Schriftstück zu einer Emission von Geldscheinen gehört oder angeblich gehören soll, sowie zu der von Wertpapieren, Post- oder Steuermarken, oder anderen von der Regierung ausgegebenen Urkunden, oder zu einer Ausgabe von Anleihen, Obligationen oder anderen Papieren gehört, die Anteile oder Rechte an irgendwelchem Eigentum oder ein Unternehmen verbriefen. Ein Verbrechen dritten Grades ist die Fälschung, wenn das Schriftstück ein Testament ist oder als solches ausgegeben wird, oder eine Urkunde über ein Verfügungsgeschäft, oder einen Vertrag, oder die Freigabe eines Rechts; oder eine Handelsurkunde, oder ein anderes Dokument, das rechtliche Beziehungen beweisen, erzeugen, übertragen, ändern, beenden oder in anderer Weise betreffen soll. Andernfalls ist die Fälschung ein Vergehen.

## Sektion 224.2
## Antiquitäten, Seltenheitsgegenstände und Ähnliches nachmachen

Ein Vergehen begeht, wer in der Absicht, einen anderen zu betrügen, oder wissend, daß er die Begehung eines Betruges durch einen anderen erleichtert, einen Gegenstand so herstellt, ändert oder in Umlauf setzt oder zur Schau stellt, daß er im Hinblick auf das Alter, die Seltenheit, die Herkunft oder Urheberschaft desselben einen Wert zu haben scheint, den er tatsächlich nicht hat.

## Sektion 224.3
## Betrügerisches Zerstören, Fortschaffen oder Verheimlichen von Urkunden, die in öffentliche Verzeichnisse aufgenommen werden

Ein Verbrechen dritten Grades begeht, wer in der Absicht, einen anderen zu täuschen oder zu schädigen, ein Testament, eine Verfügungsurkunde, eine Hypothek, ein Wertpapier oder ein anderes Schriftstück, das in ein öffentlichrechtliches Verzeichnis aufzunehmen ist, zerstört, fortschafft oder verheimlicht.

## Sektion 224.4
## An Verzeichnissen Fälschungen vornehmen[200]

Ein Vergehen begeht, wer wissend, daß er hierzu nicht ermächtigt

---

[200] Im Gegensatz zu 224.3 dient diese Vorschrift dem Schutz von Ver-

ist, ein Schriftstück oder ein Verzeichnis fälscht, zerstört, fortschafft oder verheimlicht, in der Absicht, jemanden zu täuschen oder zu schädigen oder ein Unrecht zu verbergen.

### Sektion 224.5
### Schlechte Schecks

Ein Vergehen begeht, wer einen Scheck oder ein ähnliches Orderpapier anstelle einer Geldzahlung ausstellt oder weitergibt, wissend daß der Bezogene es nicht einlösen wird. Im Sinne dieser Sektion wie auch in einem Strafverfahren wegen Vermögensbeschädigung, begangen durch einen schlechten Scheck, wird vermutet[201], daß der Aussteller weiß, daß der Scheck oder das Orderpapier (sofern es sich nicht um einen nachdatierten Scheck oder ein solches Orderpapier handelt), nicht eingelöst werden wird, wenn:

(1) der Aussteller kein Konto bei dem Bezogenen zu der Zeit hatte, zu der der Scheck oder das Orderpapier ausgestellt wurde; oder

(2) der Bezogene beim Vorlegen innerhalb von 30 Tagen nach der Ausstellung Zahlung mangels der erforderlichen Geldmittel verweigert hatte, und der Aussteller es daran fehlen ließ, seinerseits innerhalb von 10 Tagen zu zahlen, nachdem er von der Weigerung Kenntnis erhalten hatte.

### Sektion 224.6
### Kreditkarten

Eine Gesetzesverletzung begeht, wer eine Kreditkarte zu dem Zweck benutzt, Waren oder Dienstleistungen zu erlangen, obwohl er weiß, daß:

(1) die Karte gestohlen oder gefälscht ist; oder

(2) die Karte widerrufen oder für ungültig erklärt worden ist; oder

(3) die Verwendung der Karte durch ihn aus irgendeinem anderen Grunde unerlaubt ist.

Verteidigt der Angeklagte sich in einem gemäß Unterabschnitt (3) anhängigen Strafverfahren damit, daß er die Absicht und die Möglichkeit hatte, alle Verpflichtungen zu erfüllen, die dem Aussteller der Karte aus seiner Verwendung der Karte erwuchsen, dann hat

---

zeichnissen und Konten privater Körperschaften, wie sie von Banken, Kirchen, Arbeiterverbänden u. a. geführt werden (Dt. 11 S. 98).

[201] Anlaß zu der Vermutung betrügerischer Absicht bieten die unter (1) und (2) genannten Sachverhalte. Im Falle (1) kann der Beschuldigte die Vermutung durch den Nachweis entkräften, daß er sich über das Bestehen seines Kontos bei dem Bezogenen bona fide geirrt hat. Im Falle (2) spricht das Verhalten des Beschuldigten gegen die Glaubwürdigkeit seiner Behauptung, er habe sich über die Höhe seines Kontos geirrt (Dt. 2 S. 118).

er dies durch überwiegenden Nachweis glaubhaft zu machen. Eine „Kreditkarte“ (*credit card*) ist ein Schriftstück, in dem die Bereitschaft zum Ausdruck kommt, für Waren oder Dienste zu zahlen, die der im Schriftstück bezeichneten Person oder einer von ihr benannten Person oder dem, der die Karte vorweist, geliefert bzw. geleistet wurden. Eine Gesetzesverletzung im Sinne dieser Sektion ist ein Verbrechen dritten Grades, wenn der Wert der Waren oder Dienste, die aufgrund der Kreditkarte geliefert bzw. geleistet wurden oder werden sollten, 500 Dollar übersteigt; andernfalls ist sie ein Vergehen.

## Sektion 224.7
### Auf Täuschung angelegte geschäftliche Machenschaften

Ein Vergehen begeht, wer in seinem Geschäft:

(1) falsche Gewichte oder Maße gebraucht oder zum Gebrauch besitzt, oder irgendeine andere Vorrichtung zur falschen Bestimmung oder Bezeichnung der Beschaffenheit oder Menge der Ware; oder

(2) weniger als die angegebene Menge einer Ware oder Dienstleistung verkauft, anbietet oder zum Verkauf ausstellt oder liefert; oder

(3) sich mehr als die angegebene Menge einer Ware oder Dienstleistung aneignet oder anzueignen sucht, wenn er als Käufer das Gewicht oder Maß anzugeben hat; oder

(4) verfälschte oder falsch bezeichnete Ware verkauft, anbietet oder zum Verkauf ausstellt. „Verfälscht“ (*adulterated*) bedeutet: abweichend von der üblichen Zusammensetzung oder Eigenschaft, die entweder durch ein Gesetz, das Strafen für solch eine Abweichung vorsieht, oder handelsüblich festgelegt ist. „Falsch bezeichnet“ (*mislabeled*) bedeutet: abweichend von dem allgemein beobachteten Wahrheits- oder Auskunftsinhalt der Bezeichnung, die entweder durch ein Gesetz, das Strafen für solch eine Abweichung vorsieht, oder handelsüblich festgelegt ist; oder

(5) eine falsche oder irreführende Behauptung in einer Ankündigung aufstellt, die an das Publikum oder einen wesentlichen Teil desselben gerichtet ist, um den Erwerb oder den Verkauf von Waren oder Dienstleistungen zu fördern; oder

(6) eine falsche oder irreführende schriftliche Behauptung aufstellt, um Waren oder ein Guthaben zu erlangen; oder

(7) eine falsche oder irreführende schriftliche Behauptung aufstellt, um den Verkauf von Wertpapieren zu fördern, oder eine Auskunft unterdrückt, die für schriftliche Auskünfte über Wertpapiere gesetzlich vorgeschrieben ist.

Verteidigt der Angeklagte sich in einem gemäß dieser Sektion anhängigen Strafverfahren damit, daß er durch sein Verhalten weder bewußt noch leichtfertig täuschen wollte, dann hat er dies durch überwiegenden Nachweis glaubhaft zu machen.

Sektion 224.8

**Passive Bestechung im Handelsverkehr und Verletzung der Pflicht, uneigennützig zu handeln**

(1) Ein Vergehen begeht, wer einen Vorteil als Gegenleistung dafür fordert, annimmt oder anzunehmen sich bereit erklärt, daß er wissentlich eine Treupflicht verletzt oder zu verletzen sich bereit erklärt, die ihm obliegt als:

(a) Teilhaber, Handelsvertreter oder Angestellter eines anderen;

(b) Treuhänder, Vormund oder Vertrauensmann;

(c) Rechtsberater, Arzt, Buchhalter, Taxator, oder als sonstiger berufsmäßiger Berater oder Gewährsmann;

(d) Beamter, Abteilungsleiter oder an der Leitung einer eingetragenen oder nicht eingetragenen Gesellschaft Beteiligter; oder

(e) Schiedsrichter oder zu unparteiischer Entscheidung berufener Sachkenner.

(2) Wer sich dem Publikum als jemand empfiehlt, dessen Beruf es ist[202], zwischen Waren oder Dienstleistungen objektiv zu wählen, sie in solcher Weise abzuschätzen oder zu beurteilen, begeht ein Vergehen, wenn er einen Vorteil dafür fordert, annimmt oder anzunehmen sich bereit erklärt, daß er eine bestimmte Wahl trifft oder eine bestimmte Schätzung oder ein bestimmtes Werturteil abgibt.

(3) Ein Vergehen begeht, wer einen Vorteil anbietet, übermittelt oder zu übermitteln sich bereit erklärt, dessen Annahme gemäß dieser Sektion strafbar ist.

Sektion 224.9

**Das Ergebnis eines öffentlich veranstalteten Wettbewerbs zuvor verabreden[203]**

(1) Ein Vergehen begeht, wer in der Absicht, zu verhindern, daß ein öffentlich veranstalteter Wettbewerb entsprechend den bei ihm zu beobachtenden Regeln und Gepflogenheiten durchgeführt wird:

---

[202] Athleten, Teilnehmer an sportlichen Wettkämpfen, Schauspieler u. a. unterfallen hiernach nicht dem Verbot passiver Bestechung im Handelsverkehr; der Gesetzgeber unterstellt, daß die Öffentlichkeit sich über den Mangel an Selbstlosigkeit derjenigen, die ihre Erfolge der Benutzung bestimmter Fabrikate zuschreiben, kaum täuschen lassen wird (Erltrg. zu 224.8).

[203] Ratio legis: Verhinderung der Irreführung der Öffentlichkeit über die Kenntnisse und Fähigkeiten von Teilnehmern an Wettbewerben — nach den mit Fernsehwettbewerben gemachten Erfahrungen.

(a) irgendwelchen Vorteil anbietet, überträgt oder zu übertragen sich bereit erklärt, oder einem Teilnehmer, Leiter oder einer anderen mit dem Wettkampf oder Wettbewerb befaßten Person einen Schaden zuzufügen droht; oder

(b) sich an einem Menschen, Tier oder Gegenstand unerlaubterweise zu schaffen macht.

(2) *Einen Vorteil für eine vorherige Verabredung fordern oder annehmen.* Ein Vergehen begeht, wer wissentlich einen Vorteil fordert, annimmt oder anzunehmen sich bereit erklärt, dessen Hingabe gemäß Unterabschnitt (1) strafbar sein würde.

(3) *Teilnahme an einem Wettbewerb, dessen Ergebnis zuvor verabredet ist.* Ein Vergehen begeht, wer wissentlich und aus Beweggründen, die gemäß dieser Sektion strafbar sein würden, an einem öffentlich veranstalteten Wettbewerb mitarbeitet, ihn fördert, veranstaltet, als Richter auftritt, oder in anderer Weise an ihm teilnimmt, obwohl er weiß, daß der Wettbewerb nicht entsprechend den zu beobachtenden Regeln und Gepflogenheiten durchgeführt werden soll.

## Sektion 224.10
## Täuschung von Gläubigern, für deren Forderungen Sicherheiten bestellt sind

Ein Vergehen begeht, wer Waren, für die eine Sicherheit bestellt ist, zerstört, fortschafft, verheimlicht, belastet, überträgt oder auf andere Weise über sie verfügt, in der Absicht, die Geltendmachung der Sicherheit zu verhindern.

## Sektion 224.11
## Betrug bei Zahlungsunfähigkeit

Ein Vergehen begeht, wer wissend, daß ein Verfahren eingeleitet worden ist oder werden soll, um einen Zwangsverwalter oder eine andere Person zu ernennen, die befugt ist, Eigentum zugunsten von Gläubigern zu verwalten, oder daß ein Vergleich oder eine sonstige Abwicklung zugunsten der Gläubiger getroffen worden ist oder werden soll:

(1) Waren zerstört, fortschafft, verheimlicht, belastet, überträgt oder in anderer Weise über sie verfügt, um den Anspruch eines Gläubigers zu vereiteln oder dessen Durchführung zu hindern, oder auf andere Weise die Durchführung des Rechts betreffend die Verwaltung von Waren zugunsten der Gläubiger zu erschweren; oder

(2) wissentlich eine Eigentumsurkunde oder -verzeichnis fälscht; oder

(3) wissentlich gegenüber einem Zwangsverwalter oder einer anderen Person, die befugt ist, Eigentum zugunsten von Gläubi-

gern zu verwalten, das Bestehen, den Umfang oder den Aufbewahrungsort von Waren falsch angibt oder anzugeben sich weigert, ebenso wie jede andere Auskunft, die er in bezug auf solche Verwaltung zu geben gesetzlich verpflichtet sein könnte.

### Sektion 224.12
### Entgegennahme von Einzahlungen seitens eines insolventen Geldinstituts

Ein Beamter, Geschäftsführer oder ein anderer, der ein Geldinstitut[204] leitet oder an dessen Leitung beteiligt ist, begeht ein Vergehen, wenn er eine Geldeinzahlung, eine Prämienzahlung oder eine Geldanlage für ein Institut annimmt oder deren Annahme zuläßt, obwohl er weiß, daß:

(1) das Institut infolge finanzieller Schwierigkeiten im Begriffe steht, seine Tätigkeit einzustellen oder unter Zwangsverwaltung gestellt zu werden oder in einer Umorganisation begriffen ist; und

(2) derjenige, der eine Einzahlung oder eine andere Zahlung macht, sich der unsicheren Lage des Instituts nicht bewußt ist.

### Sektion 224.13
### Mißbrauch anvertrauten Eigentums sowie des Eigentums der Regierung oder eines Geldinstituts

Eine Gesetzesverletzung begeht, wer ihm als Treuhänder anvertrautes Eigentum oder Eigentum der Regierung oder eines Geldinstituts in einer Weise verwendet oder darüber verfügt, von der er weiß, daß sie ungesetzlich ist und für den Eigentümer oder für den, zu dessen Gunsten ihm das Eigentum anvertraut war, die Gefahr des Verlustes oder einer Schädigung in sich birgt. Die Straftat ist ein Vergehen, wenn der Betrag 50 Dollar übersteigt; andernfalls ist sie ein leichtes Vergehen. „Treuhänder" (*fiduciary*) umfaßt den Treuhänder, Vormund, Vollstrecker, Verwalter, Zwangsverwalter, sowie jeden anderen, der treuhänderische Funktionen für eine Körperschaft oder eine andere treuhänderische Organisation ausübt.

### Sektion 224.14
### Die Ausfertigung von Schriftstücken mittels Täuschung veranlassen

Ein Vergehen begeht, wer mittels Täuschung veranlaßt, daß jemand ein Schriftstück ausfertigt, das die geldlichen Interessen eines anderen betrifft oder betreffen könnte.[205]

---

[204] Zur Begriffsbestimmung eines Geldinstituts *(financial institution)* vgl. 223.0 (2) u. 224.0.

[205] In der ersten Fassung dieser Sektion vom Jahre 1954 waren beispielhaft einzelne Schriftstücke aufgeführt, wie dingliche und obligatorische Verträge, Konzessionen, Mietverträge, letztwillige Verfügungen (Dt. 2

## Straftaten gegen die Familie

### Artikel 230
### STRAFTATEN GEGEN DIE FAMILIE

### Sektion 230.1
### Doppelehe und Vielehe

(1) *Doppelehe.* Des Vergehens der Doppelehe macht sich schuldig, wer, obwohl verheiratet, eine andere Ehe eingeht oder eingehen zu wollen erklärt, es sei denn, daß zur Zeit der nachfolgenden Eheschließung:

(a) der Täter glaubt, daß der frühere Ehegatte verstorben ist; oder

(b) der Täter und der frühere Ehegatte seit fünf Jahren ununterbrochen getrennt gelebt haben, und der Täter während dieser Zeit nicht wußte, daß der frühere Ehegatte noch am Leben ist; oder

(c) ein Gericht ein Urteil erließ, in dem es eine frühere Ehe, die den Täter am Abschluß einer neuen Ehe gehindert hätte, für beendet oder ungültig erklärte, und der Täter nicht weiß, daß das Urteil ungültig ist; oder

(d) der Täter gute Gründe hatte, zu glauben, daß er berechtigt sei, wieder zu heiraten.

(2) *Vielehe.* Der Vielehe, eines Verbrechens dritten Grades, macht sich schuldig, wer zu ein- und derselben Zeit mit mehr als einem Ehegatten verheiratet ist oder mit ihnen in wilder Ehe lebt, indem er ein Recht auf eine mehrfache Ehe geltend macht. Die Tat ist ein Dauerdelikt. Sie endet erst, wenn jegliches Zusammenleben aufhört und der Anspruch auf eine Ehe mit mehr als einem Ehegatten aufgegeben wird. Diese Sektion findet jedoch keine Anwendung auf die an einer Vielehe Beteiligten, wenn solche Ehe in dem Lande, in dem die Beteiligten wohnen oder zu dem sie gehören, rechtlich zulässig ist, und sie diesen Staat nur durchfahren oder zeitweilig besuchen.

(3) *Wer einer Doppel- oder Vielehe beitritt.* Einer Doppel- oder Vielehe macht sich auch derjenige schuldig, der eine Ehe mit einem anderen eingeht oder einzugehen bereit ist, von dem er weiß, daß dieser dadurch eine Doppel- oder Vielehe eingeht.

---

S. 113). In der endgültigen Fassung gab man der allgemeinen Wendung: „jedes Schriftstück, das die geldlichen Interessen betrifft" *(any instrument affecting ... the pecuniary interest)* den Vorzug, um geldlich bedeutsame Willenserklärungen aller Art, z. B. Verzichtserklärungen oder Verlängerung von Zahlungsfristen, mitzuumfassen (Erltrg. zu 224.14).

## Sektion 230.2
### Blutschande

Der Blutschande, eines Verbrechens dritten Grades, macht sich schuldig, wer wissentlich einen Verwandten auf- oder absteigender Linie, einen Bruder oder eine Schwester, sei es voll- oder halbbürtig (oder einen Onkel, eine Tante, einen Neffen oder eine Nichte vollbürtiger Art), heiratet[206] oder mit einem von ihnen in wilder Ehe lebt oder geschlechtlich verkehrt. Unter „wilder Ehe" (*cohabit*) ist zu verstehen ein Zusammenleben unter der Angabe oder dem Anschein, verheiratet zu sein. In die hier genannten verwandtschaftlichen Beziehungen ist Blutsverwandtschaft ohne Rücksicht auf die Rechtmäßigkeit der verwandtschaftlichen Beziehung wie auch die durch Adoption hergestellte Beziehung zwischen Eltern und Kindern[207] eingeschlossen.

## Sektion 230.3
### Abtreibung

(1) *Ungerechtfertigte Abtreibung.* Wer absichtlich und ungerechtfertigterweise die Schwangerschaft eines anderen anders als durch Lebendgeburt beendet, begeht ein Verbrechen dritten Grades, oder, wenn die Schwangerschaft über 26 Wochen angedauert hat, ein Verbrechen zweiten Grades.

(2) *Gerechtfertigte Unterbrechung der Schwangerschaft.* Ein approbierter Arzt ist berechtigt, die Schwangerschaft zu beenden, wenn er der Ansicht ist, daß die Fortdauer der Schwangerschaft die körperliche oder geistige Gesundheit der Mutter ernsthaft gefährdet, oder daß das Kind mit einem schweren körperlichen oder geistigen Fehler zur Welt kommen würde, oder daß die Schwangerschaft die Folge von Notzucht, Blutschande oder eines anderen strafbaren Geschlechtsverkehrs ist. Jeder unerlaubte Verkehr mit einem Mädchen unter 16 Jahren ist als strafbar im Sinne dieses Unterabschnitts anzusehen. Gerechtfertigte Schwangerschaftsunterbrechung darf nur in einem behördlich zugelassenen Krankenhaus ausgeführt werden, abgesehen von Notfällen, in denen ein Krankenhaus nicht zur Verfügung steht. [Zusätzliche Ausnahmen von dem Erfordernis der Unterbringung in einem Krankenhaus können hier eingefügt werden, um Situationen in spärlich bevölkerten Gegenden Rechnung zu tragen, wo Krankenhäuser nicht leicht erreichbar sind.]

---

[206] Im Falle einer Heirat ist der Nachweis geschlechtlichen Verkehrs für eine Verurteilung nicht erforderlich, zumal ein Gegenbeweis kaum zu führen wäre, falls die Beschuldigten jeglichen Verkehr bestreiten (Dt. 4 S. 236).

[207] Das Recht schützt hier eine Parallele zur natürlichen Familienstruktur (Dt. 4 S. 235).

(3) *Ärztliche Bescheinigungen über die Notwendigkeit einer Unterbrechung; Vermutung im Falle der Nichterfüllung dieses Erfordernisses.* Eine Unterbrechung der Schwangerschaft soll nicht erfolgen, wenn nicht zwei Ärzte, von denen einer die Unterbrechung durchführt, schriftlich die Gründe benannt haben, die nach ihrer Ansicht die Unterbrechung rechtfertigen. Solch eine Bescheinigung ist vor der Unterbrechung dem Krankenhaus vorzulegen, und auch dem Vertreter der Anklage oder der Polizei, falls die Unterbrechung mit Rücksicht auf einen strafbaren Geschlechtsverkehr erfolgt. Das Versäumnis, einem der Erfordernisse dieses Unterabschnitts nachzukommen, gibt zu der Vermutung Anlaß, daß die Unterbrechung nicht gerechtfertigt war.

(4) *Abtreibung durch die Schwangere selbst.* Eine Frau, deren Schwangerschaft über 26 Wochen angedauert hat, begeht ein Verbrechen dritten Grades, wenn sie absichtlich ihre Schwangerschaft anders als durch Lebendgeburt beendet, oder wenn sie Instrumente, Drogen oder Gewalt an sich selbst zur Erreichung dieses Zweckes anwendet. Von den Fällen einer gemäß Unterabschnitt (2) gerechtfertigten Unterbrechung abgesehen, begeht jemand, der eine Frau veranlaßt oder wissentlich unterstützt, Instrumente, Drogen oder Gewalt an sich selbst anzuwenden, um eine Schwangerschaft anders als durch Lebendgeburt zu beenden, ein Verbrechen dritten Grades, gleichviel ob die Schwangerschaft über 26 Wochen angedauert hat oder nicht.

(5) *Vorgebliche Abtreibung.* Eines Verbrechens dritten Grades macht sich schuldig, wer unter der Behauptung, daß es seine Absicht sei, eine Abtreibung vorzunehmen, etwas tut, was geeignet ist, eine Abtreibung an einer Schwangeren zu verursachen, während die Frau tatsächlich nicht schwanger ist oder der Täter nicht glaubt, daß sie es sei. Wer einer ungerechtfertigten Abtreibung oder des Versuchs einer solchen gemäß Unterabschnitt (1) angeklagt ist, kann wegen solch einer Tat auch dann verurteilt werden, wenn erwiesen ist, daß er eine in diesem Unterabschnitt verbotene Handlung beging.

(6) *Vertrieb von Abtreibungsmitteln.* Wer eine zur Beendigung einer Schwangerschaft besonders hergestellte oder vom Täter für diesen Zweck als geeignet bezeichnete Sache verkauft oder zum Verkauf anbietet oder in der Absicht, sie zu verkaufen, besitzt oder anpreist oder ausstellt, begeht ein Vergehen, es sei denn:

(a) der Verkauf, das Angebot oder die Auslage ist für einen Arzt oder einen Drogisten oder einen Zwischenhändler zwecks Weiterleitung an Ärzte oder Drogisten bestimmt; oder

(b) der Verkauf findet auf Anordnung oder Vorschrift eines Arztes statt; oder

(c) der Besitz der Gegenstände ist mit der Absicht verbunden, sie in einer in den Paragraphen (a) und (b) für zulässig erklärten Weise zu verkaufen; oder

(d) die Reklame richtet sich an die in Paragraph (a) genannten Personen und ist auf den Vertrieb an beruflich Interessierte beschränkt, zu dem das Publikum nicht leicht Zugang hat.

(7) *Schwangerschaftsverhütung.* Keine in dieser Sektion enthaltenen Vorschriften ist auf Rezepte, die Anwendung oder Verteilung von Drogen oder anderen schwangerschaftsverhütenden Substanzen anwendbar, gleichviel ob die Festsetzung des befruchteten Eies in der Gebärmutter verhütet werden oder die Schwangerschaft auf andere Weise vor oder bei oder unmittelbar nach der Befruchtung verhindert werden soll.

### Sektion 230.4
**Die Wohlfahrt von Kindern gefährden**

Eltern, ein Vormund oder jeder andere, dem es obliegt, die Wohlfahrt eines Kindes unter 18 Jahren zu überwachen, begeht ein Vergehen, wenn er wissentlich die Wohlfahrt[208] des Kindes dadurch gefährdet, daß er seine Pflicht, für das Kind zu sorgen, es zu beschützen oder zu unterstützen, verletzt.

### Sektion 230.5
**Beharrlicher Mangel an Unterstützung**

Ein Vergehen begeht, wer es beharrlich daran fehlen läßt, einem Ehegatten, einem Kind oder einer anderen von ihm abhängigen Person die Unterstützung zu gewähren, die er gewähren kann und die, wie ihm bekannt ist, zu gewähren, er rechtlich verpflichtet ist.

## Straftaten gegen die öffentliche Verwaltung

### Artikel 240
### BESTECHUNG UND UNMORALISCHE BEEINFLUSSUNG

### Sektion 240.0
**Begriffsbestimmungen**

In den Artikeln 240—243, soweit nicht eine abweichende Bedeutung eindeutig festgelegt ist:

(1) bedeutet „Vorteil" (*benefit*) einen Gewinn oder Vorteil oder alles, was der Empfänger als Gewinn oder Vorteil ansieht, einschließlich einen Vorteil für eine andere Person oder Gemeinschaft, an deren Förderung ihm gelegen ist; jedoch nicht einen Vorteil, der ganz allgemein einer Gruppe oder Klasse von Wählern als Folge öffentlicher Maßnahmen in Aussicht gestellt ist, und den der um Wahlstimmen Werbende zu unterstützen oder zu bekämpfen sich verpflichtet;

---

[208] Die physische wie auch die moralische Wohlfahrt (Dt. 9 S. 183).

(2) schließt „Regierung“ (*government*) jeden Zweig, jede Unterabteilung oder Dienststelle der Regierung des Staates oder einer Gemeinde innerhalb desselben ein;

(3) bedeutet „Schädigung“ (*harm*) einen Schaden, Nachteil oder eine Verletzung oder alles, was von der betroffenen Person als Schaden angesehen wird, einschließlich des Schadens, Nachteils oder der Verletzung einer anderen Person oder Gemeinschaft, an deren Förderung ihm gelegen ist;

(4) bedeutet „gerichtliches oder Verwaltungs-Verfahren“ (*official proceeding*) ein Verfahren vor einer mit Gesetzgebung, gerichtlichen Entscheidungen oder Verwaltung befaßten oder einer anderen Dienststelle der Regierung oder vor einem Beamten, der ermächtigt ist, Zeugen unter Eid zu vernehmen, einschließlich eines Sachbearbeiters, vernehmenden Prüfers, Bevollmächtigten, Notars oder jedes anderen, der ein Zeugnis oder eine Aussage in Verbindung mit solch einem Verfahren aufnimmt;

(5) bedeutet „Mitglied des Parteivorstandes“ (*party official*) jemand, der in einer politischen Partei innerhalb der Vereinigten Staaten aufgrund einer Wahl oder Ernennung einen Posten bekleidet, kraft dessen er im Rahmen seiner jeweiligen Verantwortung über Parteiangelegenheiten entscheidet oder sie leitet oder bei der Entscheidung oder Leitung mitwirkt;

(6) ist „geldlicher Vorteil“ (*pecuniary benefit*) ein Vorteil in Form von Geld oder Gegenständen oder geschäftlichen Interessen oder alles, dessen hauptsächliche Bedeutung in wirtschaftlichem Gewinn liegt;

(7) ist (*public servant*) ein Beamter oder Angestellter der Regierung, einschließlich der Gesetzgeber und Richter, sowie jeder, der als Geschworener, Ratgeber, Sachverständiger oder in anderer Weise an der Durchführung von Regierungsfunktionen teilhat; nicht jedoch Zeugen;

(8) bedeutet „Verwaltungsverfahren“ (*administrative proceeding*) jedes Verfahren außer einem gerichtlichen, dessen Ergebnis durch vom Recht vorgeschriebene Beurkundung der Vorgänge gesichert sein muß, oder in dem rechtliche Bestimmungen oder Betriebsvorschriften in ihrer Anwendung auf Einzelpersonen vorgeschrieben sind.

## Sektion 240.1
### Bestechung in amtlichen und politischen Angelegenheiten[209]

Der Bestechung, eines Verbrechens dritten Grades, macht sich schuldig, wer einem anderen anbietet oder zuwendet oder zuzuwen-

---

[209] Im ersten Absatz ist in (1) und (2) die einfache, in (3) die schwere passive Bestechung und im zweiten Absatz die aktive Bestechung unter Strafe gestellt.

den einwilligt, oder wer von einem anderen fordert, annimmt oder anzunehmen einwilligt:

(1) in seiner Eigenschaft als Beamter oder als Mitglied des Parteivorstandes oder als Wähler einen geldlichen Vorteil als Vergütung für eine Entscheidung, Stellungnahme, Empfehlung, Stimmabgabe oder die Ausübung seiner Ermessensfreiheit; oder

(2) in einem gerichtlichen oder Verwaltungs-Verfahren irgendwelchen Vorteil[210] als Dank für eine Entscheidung, Stimmabgabe, Empfehlung oder die Ausübung seiner amtlichen Ermessensfreiheit; oder

(3) irgendwelchen Vorteil als Vergütung für die Verletzung einer, wie er weiß, ihm als Beamten oder als Mitglied des Parteivorstandes obliegenden rechtlichen Pflicht.

In einem auf diese Sektion gestützten Strafverfahren kann der Täter sich nicht damit verteidigen, daß derjenige, den er zu beeinflussen suchte, nicht befugt war, in der gewünschten Weise zu handeln, sei es, daß er das Amt noch nicht angetreten hatte, oder daß er nicht zuständig war, oder aus irgendeinem anderen Grunde.

## Sektion 240.2
## Drohungen und andere unzulässige Beeinflussung in amtlichen und politischen Angelegenheiten

(1) *Begriffsbestimmungen der Gesetzesverletzungen.* Einer Gesetzesverletzung macht sich schuldig, wer:

(a) einen anderen mit einer rechtswidrigen Schädigung bedroht, in der Absicht, ihn als Beamten oder als Mitglied des Parteivorstandes oder als Wähler in seiner Entscheidung, Stellungnahme, Empfehlung, Stimmabgabe oder in der Ausübung seiner Ermessensfreiheit zu beeinflussen;

(b) einem Beamten eine Schädigung in der Absicht androht, ihn in seiner Entscheidung, Stellungnahme, Empfehlung, Stimmabgabe oder in der Ausübung seiner Ermessensfreiheit in einem gerichtlichen oder Verwaltungs-Verfahren zu beeinflussen; oder

(c) einem Beamten oder einem Mitglied eines Parteivorstandes eine Schädigung androht, um ihn zu veranlassen, eine ihm, wie er weiß, obliegende Rechtspflicht zu verletzen; oder

(d) sich persönlich an einen Beamten, dem Ermessensfreiheit in einem gerichtlichen oder Verwaltungs-Verfahren zusteht, mit einer Darstellung, einem Gesuch, einer Beweisführung oder einer anderen Mitteilung wendet, um ein Ergebnis durch Berücksichtigung anderer als rechtlich zulässiger Erwägungen zu beeinflussen.

In einem auf diese Sektion gestützten Strafverfahren kann der

---

[210] Im Gegensatz zu (1) ein Vorteil anderer als geldlicher Art, z. B. politische Unterstützung, ehrenamtliche Ernennungen (Dt. 8 S. 102).

Täter sich nicht damit verteidigen, daß derjenige, den er zu beeinflussen suchte, nicht befugt war, in der gewünschten Weise zu handeln, sei es, daß er das Amt noch nicht angetreten hatte, oder daß er nicht zuständig war, oder aus irgend einem anderen Grunde.

(2) *Einstufung.* Eine Gesetzesverletzung gemäß dieser Sektion ist ein Vergehen, es sei denn, der Täter drohte mit einer Straftat oder bedient sich einer Drohung, um ein gerichtliches oder Verwaltungs-Verfahren zu beeinflussen; in solchen Fällen ist die Tat ein Verbrechen dritten Grades.

## Sektion 240.3
**Vergütung für Verhalten im Amte**

Eines Vergehens macht sich schuldig, wer eine geldliche Vergütung als Gegenleistung dafür fordert, annimmt oder anzunehmen einwilligt, daß er als Beamter eine für einen anderen günstige Entscheidung, Stellungnahme, Empfehlung oder Stimmabgabe abgegeben hat, oder in anderer Weise zu dessen Gunsten von seiner Ermessensfreiheit Gebrauch gemacht[211] oder eine ihm obliegende Pflicht verletzt hat. Ebenso macht sich eines Vergehens schuldig, wer eine Vergütung anbietet, zahlt oder zu zahlen einwilligt, deren Annahme durch diese Sektion verboten ist.

## Sektion 240.4
**Vergeltung für Verhalten im Amte**

Eines Vergehens macht sich schuldig, wer einem anderen durch eine ungesetzliche Handlung eine Schädigung zufügt, als Vergeltung für etwas, was dieser in seiner Eigenschaft als Beamter rechtmäßig getan hat.

## Sektion 240.5
**Geschenke an Beamte von Personen, die zu deren Amtsbereich gehören**

(1) *Beamte zur Durchsetzung von Verwaltungsmaßnahmen und des Rechts.* Kein Beamter einer Regierungsstelle, die Verwaltungsfunktionen ausübt oder Besichtigungen oder Untersuchungen durchführt oder die Regierung in Zivil- oder Strafprozessen vertritt, oder der die Überwachung von Gefangenen obliegt, darf eine geldliche Vergütung von jemandem fordern, annehmen oder anzunehmen sich bereit erklären, der, wie dem Beamten bekannt, solch einer Anordnung, Besichtigung, Untersuchung oder Überwachung unterworfen ist, oder gegen den solch ein Prozeß, wie dem Beamten bekannt, anhängig ist oder in Betracht gezogen wird.

---

[211] Ratio legis: Die Vorschrift will nicht allein das Untergraben der amtlichen Moral verhindern, sondern auch Nichtzahlende vor Zurücksetzung schützen (Dt. 8 S. 109).

(2) *Beamte, die mit Regierungsverträgen oder geldlichen Transaktionen betraut sind.* Kein Beamter, dem eine seinem Ermessen anvertraute Funktion in bezug auf Verträge, Einkäufe, Zahlungen, Ansprüche oder andere geldliche Transaktionen übertragen ist, darf eine geldliche Vergütung von jemandem fordern, annehmen oder anzunehmen sich bereit erklären, der, wie er weiß, an solch einem Vertrag, Kauf, Anspruch oder solch einer Zahlung oder Transaktion interessiert ist oder aller Wahrscheinlichkeit nach interessiert sein wird.

(3) *Rechtspflege- und Verwaltungsbeamte.* Kein Beamter mit richterlicher oder administrativer Machtbefugnis wie auch kein Beamter, der bei einem Gericht oder einem anderen mit gerichtlicher Machtbefugnis ausgestatteten Gerichtshof beschäftigt ist oder der an der Vollstreckung gerichtlicher Entscheidungen mitwirkt, darf eine geldliche Vergütung von jemandem fordern, annehmen oder anzunehmen sich bereit erklären, der, wie er weiß, an einer vor solch einem Beamten oder Gerichtshof, an dem er beschäftigt ist, anhängigen Angelegenheit interessiert ist oder aller Wahrscheinlichkeit nach interessiert sein wird.

(4) *Zur Gesetzgebung berufene Personen.* Kein Gesetzgeber oder an der gesetzgebenden Körperschaft oder einem ihrer Ausschüsse oder einer Dienststelle beschäftigter Beamte darf eine geldliche Vergütung von jemandem fordern, annehmen oder anzunehmen sich bereit erklären, der, wie er weiß, an einem Gesetz, einer Transaktion oder einem von der gesetzgebenden Körperschaft oder einem ihrer Ausschüsse oder Dienststellen anhängigen oder in Betracht gezogenen Verfahren interessiert ist.

(5) *Ausnahmen.* Diese Sektion findet keine Anwendung auf:

(a) Gebühren, die dem Beamten gesetzlich zustehen, oder auf eine andere Vergütung für gesetzlich zulässige Dienstleistungen oder auf die er aus anderem Grunde einen gesetzlichen Anspruch hat; oder

(b) Geschenke oder andere Vorteile, gewährt aufgrund von Verwandtschaft oder anderen persönlichen, beruflichen oder geschäftlichen Beziehungen, ohne Verbindung mit der amtlichen Stellung des Empfängers; oder

(c) unbedeutende Vorteile in Verbindung mit persönlichen, beruflichen oder geschäftlichen Beziehungen, die keinen Anlaß zur Befürchtung geben, daß die amtliche Unparteilichkeit durch sie untergraben wird.

(6) *Verboten ist, Vorteile anzubieten.* Niemand darf wissentlich einen der durch die vorausgehenden Unterabschnitte verbotenen Vorteile übertragen, anbieten oder anzubieten sich bereit erklären.

(7) *Einstufung.* Eine nach dieser Sektion verfolgbare Gesetzesverletzung ist ein Vergehen.

### Sektion 240.6
### **Vergütung eines Beamten für die Berücksichtigung privater Interessen bei Angelegenheiten, die er zu bearbeiten hat**

(1) *Annahme einer Vergütung.* Ein Beamter begeht ein Vergehen, wenn er eine Vergütung fordert, annimmt oder anzunehmen sich bereit erklärt für eine Raterteilung oder eine andere Unterstützung bei der Vorbereitung oder Förderung eines Gesetzes, Vertrages, Anspruchs oder einer sonstigen Transaktion oder eines Vorschlages, in bezug auf den, wie er weiß, ihm Ermessensfreiheit innerhalb seiner Amtsführung zusteht oder aller Wahrscheinlichkeit nach zustehen wird.[212]

(2) *Zahlung einer Vergütung.* Eines Vergehens macht sich schuldig, wer einem Beamten eine Vergütung zahlt oder anbietet oder zu zahlen sich bereit erklärt, wissend, daß deren Annahme seitens des Beamten ungesetzlich ist.

### Sektion 240.7
### **Politische Unterstützung gegen Vergütung; besondere Einflußnahme**

(1) *Politische Unterstützung gegen Vergütung.* Eines Vergehens macht sich schuldig, wer eine geldliche Vergütung als Gegenleistung dafür fordert, annimmt oder anzunehmen sich bereit erklärt, — oder auch einwilligt, daß eine politische Partei oder eine andere Person die Vergütung empfängt, — daß er eine Anstellung oder Beförderung im öffentlichen Dienst billigt oder mißbilligt, oder daß er im Hinblick auf eine durch einen Beamten oder eine Regierungsdienststelle ihm erwiesene Vergünstigung[213] die Bestätigung einer Person oder einer Transaktion billigt oder mißbilligt. „Billigung" (*Approval*) schließt eine Empfehlung, ein Unterlassen der Nichtbilligung, oder jede andere Bekundung einer Begünstigung oder Zustimmung ein. „Mißbilligung" (*Disapproval*) umfaßt den Mangel einer Zustimmung oder jede andere Bekundung des Mißfallens oder des Nichtzustimmens.

(2) *Andere Formen besonderer Einflußnahme.* Eines Vergehens macht sich schuldig, wer eine geldliche Vergütung als Gegenleistung dafür fordert, annimmt oder anzunehmen sich bereit erklärt, daß er[214] seinen besonderen Einfluß auf einen Beamten ausübt oder einen anderen veranlaßt, dies zu tun. „Besonderer Einfluß" (*special influence*) bedeutet Ausübung des Einflusses durch Berufung auf Verwandt-

---

[212] Der Beamte dient zwei Herren; z. B. ein Mitglied einer Gesetzgebungskommission, der außerdem eine Anwaltspraxis ausübt, berücksichtigt bei der Beratung des Gesetzes die Interessen eines Mandanten (Dt. 8 S. 115).

[213] Zum Beispiel Zulassung zu einem bestimmten Beruf; Anstellung im öffentlichen Dienst (Dt. 8 S. 117).

[214] Sowohl ein Beamter als auch eine Privatperson (Dt. 8 S. 117).

schaft, Freundschaft oder eine andere Beziehung, ohne Rücksicht auf den sachlichen Gehalt der Transaktion als solcher.

(3) *Zahlung der Unterstützung oder der besonderen Einflußnahme.* Eines Vergehens macht sich schuldig, wer eine geldliche Vergütung anbietet, zahlt oder zu zahlen sich bereit erklärt, deren Annahme gemäß dieser Sektion verboten ist.

## Artikel 241
## MEINEID UND ANDERE FALSCHBEKUNDUNGEN IN AMTLICHEN ANGELEGENHEITEN

### Sektion 241.0
### Begriffsbestimmungen

Sofern nicht eine abweichende Bedeutung eindeutig festgelegt ist:

(1) finden die in Sektion 240.0 gegebenen Begriffsbestimmungen auf diesen Artikel Anwendung; und

(2) bedeutet „Aussage" (*statement*) in diesem Artikel jede Aussage, schließt jedoch das Vertreten einer Meinung, eines Glaubens oder irgend einer anderen Auffassung nur dann ein, wenn die Aussage klar und deutlich auf solche Auffassung Bezug hat, sei es abgesehen von oder zusätzlich zu den Tatsachen, die den Gegenstand der Darstellung bilden.

### Sektion 241.1
### Meineid

(1) *Begriffsbestimmung der Straftat.* Des Meineids, eines Verbrechens dritten Grades, macht sich schuldig, wer in einem amtlichen Verfahren eine falsche Aussage unter Eid oder einer gleichwertigen Bekräftigung macht, oder die Wahrheit einer zuvor gemachten Aussage beschwört oder bekräftigt, sofern die Aussage sachlich erheblich ist, und der Täter nicht glaubt, daß sie wahr ist.

(2) *Sachlich erhebliche Tatsachen.* Eine Falschbekundung ist, unabhängig davon, ob sie nach den Beweisregeln zulässig ist oder nicht, sachlich erheblich, wenn sie geeignet war, den Gang oder das Ergebnis des Verfahrens zu beeinflussen.[215] Der Aussagende kann sich nicht damit verteidigen, daß er die Falschbekundung irrtümlich für sachlich unerheblich hielt. Ob die Falschbekundung unter den gegebenen Umständen sachlich erheblich ist oder nicht, ist eine Rechtsfrage.[216]

---

[215] Der Text: „*if it could have affected the course . . .*" ist gemäß Dt. 6 S. 109 identisch mit „*if it was capable of influencing*".

[216] Der Sinn dieses Satzes ist unter dem Gesichtspunkt der Trennung der Geschworenen- von der Richterbank zu verstehen: Die Geschworenen sind vom Richter darüber zu belehren, wann der Zusammenhang zwischen der Falschbekundung und den anderen unter Beweis gestellten und bewie-

(3) *Regelwidrigkeiten können nicht als Verteidigung dienen.* Der Angeklagte kann sich in einem gemäß dieser Sektion anhängigen Strafverfahren nicht damit verteidigen, daß der Eid oder die Bekräftigung einer Aussage in regelwidriger Weise abgenommen war, oder daß der Aussagende nicht qualifiziert war, die Aussage zu machen. Eine Urkunde, die unter Eid oder einer Bekräftigung aufzunehmen war, ist, wenn der Täter sie als in dieser Weise bestätigt überreicht, als ordnungsgemäß beschworen oder bekräftigt anzusehen.

(4) *Widerruf.* Einer Gesetzesverletzung im Sinne dieser Sektion macht sich nicht schuldig, wer die Falschbekundung während des Verfahrens, in dem sie abgegeben wurde, widerruft, bevor es offenkundig wurde, daß die Falschbekundung als solche erkannt wurde oder erkannt werden würde, und bevor sie das Verfahren wesentlich beeinflußte.

(5) *Unvereinbare Aussagen.* Macht ein Angeklagter unter Eid oder einer gleichwertigen Bekräftigung innerhalb der Verjährungsfrist widersprechende Aussagen, dann kann die Strafverfolgungsbehörde die sich widersprechenden Aussagen in einem Anklagepunkt zusammenfassen, als andere Möglichkeit jedoch darauf hinweisen, daß die eine oder die andere Aussage falsch war und vom Angeklagten selbst nicht geglaubt wurde. Doch braucht die Anklagebehörde in solchem Fall nicht zu beweisen, welche der Aussagen falsch war, sondern lediglich, daß die eine oder die andere Aussage falsch war und vom Angeklagten nicht als wahr angesehen wurde.

(6) *Bestätigung.* Niemand darf wegen einer Gesetzesverletzung im Sinne dieser Sektion verurteilt werden, wenn der Beweis der Falschheit allein auf die widersprechende Aussage eines einzigen Zeugen, der mit dem Angeklagten nicht identisch ist, gestützt wird.

## Sektion 241.2
## Falsch Schwören

(1) *Falsch schwören in amtlichen Angelegenheiten.* Wer eine falsche Aussage unter Eid oder einer gleichwertigen Bekräftigung macht, oder die Wahrheit einer solchen zuvor gemachten Aussage beschwört oder bekräftigt, macht sich, wenn er an die Wahrheit seiner Aussage nicht glaubt, eines Vergehens schuldig, wenn:

(a) die Falschbekundung in einem amtlichen Verfahren geschieht; oder

(b) die Falschbekundung einen Beamten bei der Ausübung seiner Amtstätigkeit mißleiten soll.[217]

---

senen Tatsachen so eng ist, daß die Falschbekundung das Ergebnis des Verfahrens beeinflußt (Dt. 6 S. 114 f.).

[217] 241.2 (1) ergänzt Sektion 241.1: Fand die Falschbekundung in einem amtlichen Verfahren statt, war sie jedoch sachlich nicht erheblich, dann

(2) *Anderes falsch schwören.* Wer eine falsche Aussage unter Eid oder einer gleichwertigen Bekräftigung macht, oder die Wahrheit einer solchen zuvor gemachten Aussage beschwört oder bekräftigt, macht sich eines leichten Vergehens schuldig, wenn er nicht glaubt, daß die Aussage wahr ist, und wenn die Aussage eine solche ist, die gesetzlich vor einem Notar oder einer anderen zur Abnahme von Eiden ermächtigten Person zu beschwören oder zu bekräftigen war.[218]

(3) *Meineidsbestimmungen anwendbar.* Unterabschnitt (3) bis (6) der Sektion 241.1 finden auf diese Sektion Anwendung.

## Sektion 241.3
**Uneidliche Falschbekundung vor Behörden**

(1) *Im allgemeinen.* Ein Vergehen begeht, wer in der Absicht, einen Beamten bei Ausübung seiner Amtstätigkeit zu mißleiten:

(a) eine falsche schriftliche Aussage macht, von der er annimmt, daß sie nicht wahr ist; oder

(b) absichtlich durch ein schriftliches Gesuch um eines geldlichen oder anderen Vorteils willen einen falschen Eindruck erweckt, indem er eine Auskunft nicht erteilt, durch die verhindert werden soll, daß die in dem Gesuch enthaltenen Behauptungen mißleitend sind; oder

(c) ein Schriftstück unterbreitet oder als glaubwürdig hinstellt, das, wie er weiß, gefälscht oder geändert ist oder in anderer Weise der Echtheit entbehrt; oder

(d) ein Muster, eine Probe, Skizze, Grenzbescheinigung oder einen anderen Gegenstand unterbreitet oder als glaubwürdig hinstellt, obwohl er weiß, daß diese Gegenstände gefälscht sind.

(2) *Aussagen „unter Strafe" (under Penalty).* Ein leichtes Vergehen begeht, wer schriftlich eine falsche Aussage macht, von der er glaubt, daß sie nicht wahr ist, und zwar entweder auf oder entsprechend einem Formular, auf dem unter Berufung auf das Recht vermerkt ist, daß in dem Formular gemachte falsche Aussagen strafbar sind.

(3) *Meineidsbestimmungen anwendbar.* Auf diese Sektion finden die Unterabschnitte (3) bis (6) der Sektion 241.1 Anwendung.

## Sektion 241.4
**Falscher Alarm, gerichtet an Dienststellen der öffentlichen Sicherheit**

Ein Vergehen begeht, wer wissentlich veranlaßt, daß falscher Feuer- oder anderer Notstandsalarm an amtliche oder freiwillige Verbände, die in Notfällen, einschließlich der Gefahr für Leben oder

---

greift (1) (a) ein; war sie sachlich erheblich, fand aber nicht in einem amtlichen Verfahren statt, dann greift (1) (b) ein (Dt. 6 S. 140).

[218] Falschbekundung nicht in einem amtlichen Verfahren, sondern in Privatangelegenheiten (Dt. 6 S. 140).

Eigentum, zur Hilfeleistung bereitstehen, übermittelt oder innerhalb derselben weitergeleitet wird.

## Sektion 241.5
### Falsche Berichte an Behörden, denen die Vollstreckung des Rechts obliegt

(1) *Falsche Anschuldigung.* Ein Vergehen begeht, wer wissentlich und in der Absicht, einen anderen in eine Untersuchung zu verwickeln, einem zur Durchsetzung des Rechts bestellten Beamten eine falsche Auskunft erteilt.

(2) *Berichte, die den Tatsachen nicht entsprechen.* Ein leichtes Vergehen begeht, wer:

(a) an die zur Durchsetzung des Rechts bestellten Behörden eine Straftat oder einen anderen Vorfall, für den sie zuständig sind, berichtet, wissend, daß die Tat nicht begangen wurde oder der Vorfall sich nicht ereignet hat; oder

(b) vorgibt, solche Behörden mit einer Auskunft bzl. einer Straftat oder eines Vorfalls zu versehen, obwohl er weiß, daß er nicht in der Lage ist, Auskunft über sie zu erteilen.

## Sektion 241.6
### Der Versuch, Zeugen oder Auskunftspersonen zu beeinflussen; Vergeltung gegen sie

(1) *Einflußnahme.* Eine Gesetzesverletzung begeht, wer, in dem Glauben, daß ein amtliches Verfahren oder eine amtliche Untersuchung schwebt oder eingeleitet werden soll, einen Zeugen oder eine Auskunftsperson zu veranlassen sucht:

(a) ein falsches Zeugnis abzulegen oder eine falsche Auskunft zu erteilen; oder

(b) mit einem Zeugnis oder einer Auskunft zurückzuhalten oder eine Urkunde oder einen anderen Gegenstand nicht zu übergeben; oder

(c) sich einem gesetzlichen Verfahren zu entziehen, in dem er vorgeladen ist, um Zeugnis abzulegen oder Beweismaterial beizubringen; oder

(d) in einem Verfahren oder einer Untersuchung nicht zu erscheinen, obgleich er in gesetzlicher Form vorgeladen ist.

Die Straftat ist ein Verbrechen dritten Grades, wenn der Täter Gewalt, Täuschung oder Drohung anwendet oder eine geldliche Vergütung anbietet; andernfalls ist sie ein Vergehen.

(2) *Vergeltung gegen Zeugen oder Auskunftspersonen.* Ein Vergehen begeht, wer einem anderen durch eine rechtswidrige Handlung einen Schaden zufügt, als Vergeltung für das, was dieser Zeuge oder Auskunftsperson rechtmäßig ausgesagt hat.

(3) *Zeugen oder Auskunftspersonen, die sich bestechen lassen.* Ein Verbrechen dritten Grades begeht, wer einen Vorteil als Gegenleistung dafür fordert, annimmt oder anzunehmen sich bereit erklärt, daß er in einer in den Paragraphen (a) bis (d) des Unterabschnitts (1) genannten Weise gehandelt hat.

## Sektion 241.7
## Beweismaterial Fälschen oder Herstellen

Ein Vergehen begeht, wer, in der Annahme, daß ein amtliches Verfahren oder eine amtliche Untersuchung schwebt oder eingeleitet werden soll:

(1) einen Bericht, eine Urkunde oder einen anderen Gegenstand in der Absicht verändert, zerstört, verheimlicht oder entfernt, die Beweiskraft oder Verfügbarkeit in solch einem Verfahren oder solch einer Untersuchung zu beeinträchtigen; oder

(2) einen Bericht, eine Urkunde oder einen anderen Gegenstand herstellt, überreicht oder in anderer Weise gebraucht, wissend, daß er gefälscht ist und zugleich in der Absicht, einen Beamten zu mißleiten, der an solch einem Verfahren oder solch einer Untersuchung beteiligt ist oder beteiligt werden könnte.

## Sektion 241.8
## Öffentliche Berichte oder Auskünfte Mißbrauchen

(1) *Begriffsbestimmung der Straftat.* Eine Gesetzesverletzung begeht, wer:

(a) wissentlich eine falsche Eintragung in einen Bericht, eine Urkunde oder einen anderen Gegenstand macht oder eine unerlaubte Änderung an ihnen vornimmt, sofern sie der Regierung gehören, ihr abzuliefern sind oder von ihr zwecks Auskunft oder Nachweises aufbewahrt werden, oder die von anderen zwecks Auskunftserteilung an die Regierung gemäß gesetzlicher Vorschrift aufzubewahren sind; oder

(b) einen Bericht, eine Urkunde oder einen anderen Gegenstand herstellt, überreicht oder in anderer Weise gebraucht, wissend, daß sie gefälscht sind, und zugleich in der Absicht, daß sie als echte Teile einer Auskunft oder eines Berichts im Sinne des Paragraph (a) angesehen werden; oder

(c) absichtlich und rechtswidrigerweise die Beweiskraft oder Verfügbarkeit solch eines Berichts oder solch einer Urkunde oder eines anderen Gegenstandes zerstört, verheimlicht, unzugänglich macht oder auf andere Weise beeinträchtigt.

(2) *Einstufung.* Eine Gesetzesverletzung im Sinne dieser Sektion ist ein Vergehen, es sei denn, die Absicht des Täters war darauf gerichtet, einen anderen zu betrügen oder zu schädigen; in solchen Fällen ist sie ein Verbrechen dritten Grades.

### Sektion 241.9
**Amtsanmaßung**

Ein Vergehen begeht, wer vorgibt, eine Stelle im öffentlichen Dienst zu bekleiden, in der Absicht, einen anderen zu veranlassen, sich einer solchen vorgetäuschten Amtsgewalt zu unterwerfen, oder auf andere Weise, veranlaßt durch solch eine Täuschung, zu seinem eigenen Nachteil zu handeln.

## Artikel 242
## BEHINDERUNG VON REGIERUNGSMASSNAHMEN; ENTWEICHEN

### Sektion 242.0
**Begriffsbestimmungen**

Soweit nicht eine abweichende Bedeutung eindeutig festgelegt ist, finden die in Sektion 240.0 gegebenen Begriffsbestimmungen auf diesen Artikel Anwendung.

### Sektion 242.1
**Behinderung der Rechtsanwendung oder anderer Regierungsfunktionen**

Eines Vergehens macht sich schuldig, wer absichtlich die Anwendung des Rechts oder eine andere Machtbefugnis der Regierung verhindert,[219] erschwert oder mißleitet, sei es durch Zwang, Gewalttätigkeiten, oder dadurch, daß er durch sein Verhalten störend einwirkt oder Hindernisse bereitet,[220] oder durch Verletzung einer amtlichen Pflicht oder durch eine andere ungesetzliche Handlung;[221] doch findet diese Sektion keine Anwendung auf den einer Straftat Beschuldigten, der flieht, oder auf den, der sich weigert, sich einer Verhaftung zu unterwerfen, oder der es versäumt, einer rechtlichen Pflicht nachzukommen, sofern es sich nicht um eine amtliche Pflicht handelt, oder auf die Anwendung anderer Mittel, darauf gerichtet, sich dem Recht nicht zu unterwerfen, sofern nicht der Handelnde dadurch auf die Machtbefugnisse der Regierung störend einwirkt.

### Sektion 242.2
**Widerstand gegen Verhaftung oder andere rechtliche Zwangsmaßnahmen**

Eines Vergehens macht sich schuldig, wer in der Absicht, einen Beamten an der Durchführung einer rechtmäßigen Verhaftung oder

---

[219] Zum Beispiel Durchführung der Rekrutierung des Heeres, der Steuereinnahmen, der Vorbereitung öffentlicher Wahlen u. a. (Dt. 8 S. 126).

[220] Zum Beispiel das Auto eines Beamten betriebsunfähig macht, um rechtzeitiges Erscheinen des Beamten zu verhindern (Dt. 8 S. 127).

[221] Zum Beispiel sich als denjenigen ausgeben, der sich bei Bewerbung um eine Amtsstelle einem Examen zu unterwerfen hat (Dt. 8 S. 128).

der Ausübung einer anderen Pflicht zu hindern, ihn oder einen anderen der Gefahr körperlicher Verletzung aussetzt oder Mittel anwendet, deren Überwindung erheblichen Kraftaufwand erfordert.

## Sektion 242.3
### Verhinderung der Festnahme oder Strafverfolgung

Einer Gesetzesverletzung macht sich schuldig, wer in der Absicht, die Festnahme, Strafverfolgung, Verurteilung oder Bestrafung eines anderen, der eine Straftat begangen hat, zu verhindern:

(1) den anderen beherbergt oder verbirgt; oder

(2) eine Waffe, ein Beförderungsmittel, eine Verkleidung oder andere Mittel, die Festnahme zu verhindern oder ein Entweichen zu ermöglichen, beschafft oder zu beschaffen hilft; oder

(3) Gegenstände, die zum Nachweis der Tat dienen können, verbirgt oder zerstört, einen Zeugen oder Gewährsmann zu beeinflussen sucht, oder eine Urkunde oder eine andere Informationsquelle fälscht, gleichviel ob sie als Beweismittel zulässig sind oder nicht; oder

(4) den anderen von der bevorstehenden Entdeckung oder Festnahme verständigt; doch findet dieser Paragraph keine Anwendung auf eine Warnung, die darauf ausgerichtet ist, daß der andere sich dem Recht unterwirft; oder

(5) einem zur Erzwingung des Rechts bestellten Beamten von sich aus falsche Auskunft erteilt.

Die Gesetzesverletzung ist ein Verbrechen dritten Grades, wenn das Verhalten dessen, dem der Täter hilft, und das, wie der Täter weiß, bereits Gegenstand einer Strafverfolgung ist oder aller Wahrscheinlichkeit nach sein wird, ein Verbrechen ersten oder zweiten Grades ist. Andernfalls ist sie ein Vergehen.

## Sektion 242.4
### Unterstützung bei der Verwertung des aus der Straftat erlangten Gewinns

Einer Gesetzesverletzung macht sich schuldig, wer bewußt einen anderen bei der Verwirklichung eines ungesetzlichen Zieles einer Straftat unterstützt, wie durch Sicherstellung des Gewinns oder durch dessen Umtausch in verkäufliche Fonds. Die Gesetzesverletzung ist ein Verbrechen dritten Grades, wenn die Haupttat ein Verbrechen ersten oder zweiten Grades war. Andernfalls ist sie ein Vergehen.

### Sektion 242.5
### Verzicht auf die Anzeige einer Straftat[222]

Eines Vergehens macht sich schuldig, wer einen geldlichen Vorteil als Gegenleistung dafür annimmt oder anzunehmen sich bereit erklärt, daß er davon absieht, die Begehung oder den Verdacht der Begehung einer Straftat oder eine Information über sie den zur Erzwingung des Rechts bestellten Behörden anzuzeigen. Behauptet der Täter, in einem gemäß dieser Sektion eingeleiteten Strafverfahren, daß der geldliche Gewinn den Betrag nicht überstieg, den er als Wiedergutmachung oder Entschädigung für den durch die Gesetzesverletzung verursachten Schaden für angemessen hielt, dann hat er dies glaubhaft zu machen.

### Sektion 242.6
### Entweichen

(1) *Entweichen.* Einer Gesetzesverletzung macht sich schuldig, wer sich unrechtmäßig aus amtlicher Gefangenhaltung entfernt oder versäumt, dorthin zurückzukehren, nachdem ihm für einen bestimmten Zweck oder für eine begrenzte Zeit Urlaub gewährt war. Unter „amtliche Gefangenhaltung" (*official detention*) fällt jede Haft wie auch Unterbringung in einer Anstalt zur Überwachung von Personen, die einer Straftat beschuldigt oder wegen einer solchen verurteilt sind, oder die einer jugendlichen Missetat beschuldigt oder überführt sind; ferner eine Festnahme zwecks Auslieferung oder Deportation, oder jede andere Verhaftung zwecks Erzwingung des Rechts. „Amtliche Gefangenhaltung" (*official detention*) schließt jedoch nicht ein: Überwachung bei Strafaussetzung zur Bewährung oder bei bedingter Entlassung oder Beschränkungen anläßlich einer Freilassung gegen Sicherheitsleistung.

(2) *Das Entweichen zulassen oder erleichtern.* Ein Beamter, der zur Überwachung von Gefangenen bestellt ist, begeht eine Gesetzesverletzung, wenn er wissentlich oder leichtfertig ein Entweichen zuläßt. Ein Gleiches gilt für jeden anderen, der wissentlich ein Entweichen ermöglicht oder erleichtert.

(3) *Wirkung rechtlicher Regelwidrigkeiten bei einer Gefangenhaltung.* Eine Regelwidrigkeit bei Herbeiführung oder Aufrechterhaltung einer Gefangenhaltung oder Mangel der Zuständigkeit der die Gefangenhaltung anordnenden oder aufrechterhaltenden Behörde kann nicht als Verteidigung in einem gemäß dieser Sektion stattfindenden Strafverfahren dienen, wenn es sich um eine Flucht aus entweder einem Staatsgefängnis oder einer anderen Gefangenenanstalt handelt, oder aus einer Gefangenhaltung in Verfolg einer

---

[222] Strafbar als eine Art passiver Hinderung der Rechtspflege (Dt. 9 S. 204).

Einweisung aufgrund eines amtlichen Verfahrens. In anderen Fällen von Gefangenhaltung[223] kann eine Regelwidrigkeit oder mangelnde Zuständigkeit nur dann als Verteidigung geltend gemacht werden, wenn:

(a) das Entweichen eine Gefahr nur für den Verhafteten selbst mit sich bringt, nicht jedoch für die Person oder das Eigentum eines anderen; oder

(b) die gefangenhaltende Behörde zwar unter Berufung auf das Recht, aber nicht in gutem Glauben handelte.[224]

(4) *Einstufung der Gesetzesverletzungen.* Eine Gesetzesverletzung gemäß dieser Sektion ist ein Verbrechen dritten Grades, wenn:

(a) der Täter aufgrund der Beschuldigung, ein Verbrechen begangen zu haben, oder nach Verurteilung wegen einer Straftat verhaftet oder gefangengesetzt ist; oder

(b) der Täter Gewalt, Drohung, eine lebensgefährdende Waffe oder ein anderes gefährliches Werkzeug anwandte, um entweichen zu können; oder

(c) ein Beamter, der zur Überwachung von Gefangenen bestellt ist, die wegen einer Straftat verurteilt sind, absichtlich ein Entweichen aus einer Gefangenenanstalt erleichert oder zuläßt. Andernfalls ist eine gemäß dieser Sektion begangene Gesetzesverletzung ein Vergehen.

## Sektion 242.7

### Zum Entweichen bestimmte Werkzeuge; andere eingeschmuggelte Gegenstände

(1) *Zum Entweichen bestimmte Werkzeuge.* Eines Vergehens macht sich schuldig, wer ungesetzlicherweise eine Waffe, ein Werkzeug oder einen anderen Gegenstand, der für ein Entweichen von Nutzen sein könnte, in eine Gefangenenanstalt einführt oder einen Insassen damit versieht. Ein Insasse macht sich eines Vergehens schuldig, wenn er ungesetzlicherweise sich selbst einen solchen zum Entweichen dienenden Gegenstand beschafft, herstellt oder in Besitz hat. „Ungesetzlicherweise" (*unlawfully*) bedeutet heimlich oder gegen das Recht, die Vorschriften oder die Hausordnung der Gefängnisverwaltung verstoßend.

(2) *Andere eingeschmuggelte Gegenstände.* Eines leichten Vergehens macht sich schuldig, wer einen Insassen mit einem Gegenstand versieht, dessen Besitz, wie er weiß, dem Insassen nicht gestattet ist.[225]

---

[223] Gedacht ist vor allem an Verhaftungen durch Vollstreckungsbeamte außerhalb eines Verfahrens (Dt. 8 S. 136).

[224] Zum Beispiel der verhaftende Beamte weiß, daß es an einer rechtlichen Grundlage für die Verhaftung fehlt (Dt. 8 S. 136).

[225] Gedacht ist an Zubehör zum Glücksspiel, Branntwein u. a. (Erltrg. zu 242.7).

Sektion 242.8

**Verfall der Sicherheitsleistung. Versäumnis, sich dem Gericht zu stellen**

Wer aufgrund gerichtlicher Verfügung mit oder ohne Sicherheitsleistung auf freien Fuß gesetzt ist, unter der Bedingung, daß er zu einer bestimmten Zeit an einem bestimmten Ort sich wieder stellt, begeht ein Vergehen, wenn er ohne rechtsgültige Entschuldigung es versäumt, zur festgesetzten Zeit am festgesetzten Ort zu erscheinen. Die Gesetzesverletzung ist ein Verbrechen dritten Grades, wenn sein Erscheinen gefordert war um sich einer Beschuldigung, ein Verbrechen begangen zu haben, oder zu irgendeinem anderen Punkt des Verfahrens zu äußern, der Täter jedoch die Flucht ergriffen hatte oder sich verborgen hielt, um der Festnahme, der Verhandlung oder Bestrafung zu entgehen. Diese Sektion findet jedoch keine Anwendung in bezug auf eine Verpflichtung, sich der Behörde nach einer Enthaftung unter Aussetzung der Strafverkündung oder aufgrund einer Strafaussetzung zur Bewährung oder einer bedingten Entlassung zu stellen.

Artikel 243

AMTSMISSBRAUCH

Sektion 243.0

**Begriffsbestimmungen**

Sofern nicht eine abweichende Bedeutung eindeutig festgelegt ist, finden die in Sektion 240.0 gegebenen Begriffsbestimmungen auf diesen Artikel Anwendung.

Sektion 243.1

**Mißbrauch der Amtsgewalt**

Wer wissend, daß sein Verhalten ungesetzlich ist, in amtlicher Eigenschaft handelt oder in solcher Eigenschaft zu handeln vorgibt oder aus solcher Eigenschaft, mag sie den Tatsachen entsprechen oder nicht, Vorteil zieht, begeht ein Vergehen, wenn er:

(1) einen anderen einer Verhaftung, Festnahme, Durchsuchung, Beschlagnahme, Mißhandlung, Enteignung, Einschätzung, einem Pfandrecht oder einer anderen Beschränkung persönlicher oder dinglicher Rechte unterwirft; oder

(2) einem anderen das Recht zur Ausübung oder zum Genuß eines Rechts, einer Befugnis, Vollmacht oder Freiheit bestreitet oder ihn an der Ausübung hindert.

Sektion 243.2

**Auf Grundlage einer amtlichen Betätigung oder Information spekulieren oder eine Wette eingehen**

Ein Beamter begeht ein Vergehen, wenn er im Hinblick auf eine amtliche Betätigung, die er selbst oder die Regierungsstelle, an der er beschäftigt ist, vornimmt, oder im Vertrauen auf eine Information, die ihm in seiner amtlichen Eigenschaft zugänglich ist und deren Inhalt noch nicht bekannt gemacht ist,

(1) an irgendwelchem Eigentum, an geschäftlichen Vorgängen oder Unternehmungen einen wirtschaftlichen Anteil erwirbt, der durch solch eine Information oder amtliche Betätigung in seinem Wert beeinflußt werden mag; oder

(2) auf Grundlage solcher Information oder amtlichen Betätigung spekuliert oder eine Wette eingeht; oder

(3) einen anderen dabei unterstützt, eine der vorgenannten Handlungen zu unternehmen.

## Straftaten gegen die öffentliche Ordnung und den Anstand

### Artikel 250
### ZUSAMMENROTTUNG, ORDNUNGSWIDRIGES VERHALTEN UND VERWANDTE GESETZESVERLETZUNGEN

#### Sektion 250.1
#### Zusammenrottung; Nicht-Folge-Leisten der Anordnung auseinanderzugehen

(1) *Zusammenrottung.* Der Zusammenrottung, eines Verbrechens dritten Grades macht sich schuldig, wer mit (zwei) oder mehreren anderen an einem ordnungswidrigen Verhalten teilnimmt:

(a) in der Absicht, ein Verbrechen oder Vergehen zu begehen oder deren Begehung zu erleichtern; oder

(b) in der Absicht, eine amtliche Handlung zu verhindern oder zu erzwingen; oder

(c) wenn der Täter oder ein anderer Beteiligter mit Kenntnis des Täters eine Feuerwaffe oder eine andere lebensgefährdende Waffe gebraucht oder zu gebrauchen vorhat.

(2) *Nicht-Folge-Leisten seitens aufsässiger Personen, auf amtlichen Befehl auseinander zu gehen.* Beteiligen sich (drei) oder mehr Personen an einem ordnungswidrigen Verhalten, das nicht unwesentlichen Schaden oder ernste Belästigung, Störung oder Unruhe zu verursachen geeignet ist, dann kann ein Polizei- oder ein anderer öffentlicher Beamter, dessen Aufgabe es ist, das Recht zu vollstrecken oder durchzusetzen, die Teilnehmer und andere in unmittelbarer Nähe befindliche Personen auffordern, auseinander zu gehen. Ein Vergehen begeht, wer sich weigert oder wissentlich es daran fehlen läßt, der Aufforderung Folge zu leisten.

## Sektion 250.2
## Ordnungswidriges Verhalten

(1) *Begriffsbestimmung der Straftat.* Ordnungswidrigen Verhaltens macht sich schuldig, wer, in der Absicht, eine Belästigung, Störung oder Beunruhigung der Öffentlichkeit zu verursachen, oder wer leichtfertig eine solche Gefahr herbeiführt, indem er:

(a) sich auf eine Schlägerei einläßt, Drohungen ausstößt oder sich gewalttätig oder lärmend aufführt; oder

(b) unmäßigen Lärm oder anstößig grobe Äußerungen oder Gebärden macht oder sich zur Schau stellt, oder sich gegen einen Anwesenden mit gemeinen Schimpfworten wendet; oder

(c) eine gespannte oder gefährliche Lage durch eine Handlung herbeiführt, die keinem rechtmäßigen Zweck des Handelnden dient.

Unter „öffentlich" (*public*) ist zu verstehen: auf Menschen tatsächlich oder möglicherweise an einem Ort einwirken, der jedermann oder einer größeren Gruppe zugänglich ist. Als solche Orte sind u. a. anzusehen: Landstraßen, Verkehrsmittel, Schulen, Gefängnisse, Mietshäuser, Geschäfts- oder Vergnügungslokale, außerdem aber auch jede Nachbarschaft.

(2) *Einstufung.* Eine Gesetzesverletzung im Sinne dieser Sektion ist ein leichtes Vergehen, wenn die Absicht des Täters darauf gerichtet ist, einen nicht unwesentlichen Schaden oder eine ernste Belästigung zu verursachen, oder wenn er trotz angemessener Warnung oder nach einer Aufforderung, von seinem ordnungswidrigen Verhalten abzulassen, dieses fortsetzt. Andernfalls ist sie eine Übertretung.

## Sektion 250.3
## Grundlose Beunruhigung der Öffentlichkeit

Eines Vergehens macht sich schuldig, wer einen Bericht oder eine Warnung vor einer bevorstehenden Explosion einer Bombe oder einer anderen Straftat oder Katastrophe verbreitet oder weitergibt, wissend, daß der Bericht oder die Warnung falsch oder unbegründet ist, und daß sie zur Evakuierung eines Gebäudes, eines Platzes, einer Versammlungshalle oder eines öffentlichen Verkehrsmittel führen oder eine andere Belästigung oder Unruhe innerhalb der Öffentlichkeit verursachen wird.

## Sektion 250.4
## Belästigung

Ein leichtes Vergehen begeht, wer, in der Absicht, einen anderen zu belästigen:

(1) einen Telephonanruf macht, ohne einen triftigen Grund dafür zu haben; oder

(2) einen anderen beschimpft, verhöhnt oder in einer Weise herausfordert, die geeignet ist, eine gewalttätige oder ordnungswidrige Gegenwirkung hervorzurufen; oder

(3) wiederholt, ohne seinen Namen zu nennen, oder zu höchst ungelegener Zeit oder indem er sich einer anstößig groben Sprache bedient, telephonische Verbindungen herstellt; oder

(4) ihn zwingt, anstößige Berührung zu dulden; oder

(5) sich, ohne dies rechtfertigen zu können, in irgend einer anderen Form beunruhigend aufführt.

## Sektion 250.5
## Trunkenheit in der Öffentlichkeit; Unfähigmachen durch Rauschgifte

Einer Gesetzesverletzung macht sich schuldig, wer in der Öffentlichkeit offenkundig[226] unter dem Einfluß von Alkohol, Betäubungsmitteln oder anderen Rauschgiften, die ihm nicht zu Heilzwecken verabfolgt sind, sich zeigt und derart unter deren Einfluß steht, daß er für sich selbst oder für andere oder für deren Eigentum eine Gefahr bildet oder Personen in seiner Nachbarschaft belästigt. Eine Gesetzesverletzung im Sinne dieser Sektion ist ein leichtes Vergehen, wenn der Täter innerhalb eines Jahres dieserhalb zweimal verurteilt worden war[227]; andernfalls ist sie eine Übertretung.

## Sektion 250.6
## Herumlungern und Umherstreifen

Eine Übertretung begeht, wer an einem Ort, zu einer Zeit oder in einer für ordentliche Bürger nicht üblichen Weise herumlungert oder umherstreift und sich hierbei so benimmt, daß die Sicherheit benachbarter Personen oder deren Eigentum gefährdet erscheint. Zu den Umständen, die diese Vermutung nahelegen, gehört die Tatsache, daß der Täter beim Erscheinen eines Polizeibeamten die Flucht ergreift, sich weigert, seinen Namen zu nennen, oder offenkundig bemüht ist, sich oder einen bestimmten Gegenstand zu verbergen. Sofern nicht die Flucht oder andere Umstände es undurchführbar machen, soll der Polizeibeamte, bevor er zu einer Verhaftung wegen einer Gesetzesverletzung im Sinne dieser Sektion schreitet, dem Täter Gelegenheit geben, die Beunruhigung, zu der Grund vorhanden zu sein schien, als hinfällig zu erweisen, indem er ihn auffordert, seinen Namen zu nennen, und seine Anwesenheit und sein Verhalten zu erklären. Niemand darf wegen einer Gesetzesverletzung im Sinne

---

[226] So daß über die Zulässigkeit des Eingreifens der Polizei kein Zweifel besteht (Dt. 13 S. 56).

[227] Als Indiz seiner Trunksucht; andernfalls ist Trunkenheit als Übertretung nur mit Geldstrafe zu bestrafen (Dt. 13 S. 56).

dieser Sektion verurteilt werden, wenn der Polizeibeamte sich nicht an die soeben genannten Vorschriften gehalten hat, oder wenn in der Verhandlung sich ergibt, daß die vom Täter abgegebene Erklärung wahr war und zur Beruhigung beigetragen haben würde, hätte der Polizeibeamte an sie geglaubt.

### Sektion 250.7
### Landstraßen und andere öffentliche Wege versperren

(1) Wer ohne rechtmäßige Befugnis absichtlich oder leichtfertig eine Landstraße oder einen anderen öffentlichen Weg, sei es allein oder zusammen mit anderen, versperrt, begeht eine Übertretung, ein leichtes Vergehen hingegen dann, wenn er trotz Warnung eines Beamten nicht davon abläßt. „Versperren" (*obstruct*) bedeutet unpassierbar machen, ohne zugleich andere in ungewöhnlicher Weise zu belästigen oder zu gefährden. Niemand darf leichtfertigen Versperrens unter Verletzung dieses Unterabschnitts allein deswegen für schuldig befunden werden, weil Personen zusammenkamen, um ihn sprechen zu hören oder in anderer Weise mit ihm in Verbindung zu treten, oder weil er selbst sich unter ihnen befand.

(2) Ein bei einer Zusammenkunft Beteiligter begeht eine Übertretung, wenn er sich weigert, einer angemessenen amtlichen Aufforderung oder einem Befehl, weiterzugehen, Folge zu leisten, und der Befehl erging:

(a) um das Versperren einer Landstraße oder eines anderen öffentlichen Weges zu verhindern; oder

(b) um die öffentliche Sicherheit aufrechtzuerhalten, indem die in gefährlicher Nähe eines Feuers oder einer anderen Gefahrenquelle sich Aufhaltenden aufgefordert wurden, sich zu entfernen.

Ein Befehl, weiterzugehen, der an eine Person gerichtet ist, deren Ansprache oder sonstiges rechtmäßiges Verhalten Hörer angelockt hat, die den Weg versperren, soll nicht als rechtsgültig angesehen werden, falls das Hindernis leicht durch polizeiliche Kontrolle des Umfanges oder der Örtlichkeit der Zusammenkunft beseitigt werden konnte.

### Sektion 250.8
### Versammlungen und Umzüge sprengen

Ein Vergehen begeht, wer in der Absicht, eine Versammlung, einen Umzug oder eine Zusammenkunft[228], die ordnungsmäßig veranstaltet werden, zu verhindern oder zu sprengen, etwas unternimmt, was geeignet ist, deren Ablauf zu hindern oder zu stören, oder wer Äußerungen oder Gebärden macht oder ein Verhalten an den Tag

[228] Hierunter fällt auch das Theater- und Konzertpublikum (Dt. 13 S. 39).

legt, das dazu bestimmt ist, das Empfinden der Teilnehmer gröblich zu verletzen.

## Sektion 250.9
## **Entweihung von Gegenständen**

Ein Vergehen begeht, wer absichtlich ein öffentliches Denkmal oder Gebäude, oder einen Ort der Andacht oder einen Friedhof entweiht, oder wer absichtlich die Nationalflagge oder einen anderen Gegenstand entweiht, dem von der Öffentlichkeit oder einem wesentlichen Teil derselben an einem jedermann zugänglichen Platz Ehre erwiesen wird. „Entweihen" (*desecrate*) umfaßt verunstalten, beschädigen, beschmutzen, oder sonstwie in einer Weise entstellen, die, wie der Täter weiß, das Empfinden von Personen verletzen muß, die sein Tun möglicherweise beobachten oder entdecken.

## Sektion 250.10
## **Mißbrauch eines Leichnams**

Ein Vergehen begeht, wer, sofern er nicht rechtlich dazu befugt ist, sich an einem Leichnam in einer Weise zu schaffen macht, die, wie er weiß, das Familienempfinden gröblich verletzen muß.

## Sektion 250.11
## **Grausame Behandlung von Tieren**

Ein Vergehen begeht, wer absichtlich oder leichtfertig:

(1) ein Tier grausam mißhandelt; oder

(2) ein in seiner Obhut befindliches Tier in grausamer Weise vernachlässigt; oder

(3) ein einem anderen gehörendes Tier, ohne hierzu rechtlich befugt zu sein oder ohne Zustimmung des Eigentümers, tötet oder verletzt.

Die Unterabschnitte (1) und (2) finden keine Anwendung auf allgemein anerkannte tierärztliche Behandlung von Tieren sowie auf Verwendung von Tieren zugunsten wissenschaftlicher Forschung.

## Sektion 250.12
## **Verletzung des Privatlebens**

(1) *Unzulässiges Belauschen und Überwachen.* Ein Vergehen begeht, wer, sofern er nicht rechtlich dazu ermächtigt ist:

(a) fremdes Eigentum in der Absicht betritt, einen anderen in dessen Räumen zu belauschen oder zu überwachen; oder

(b) in Privaträumen ohne Zustimmung desjenigen oder derjenigen, die einen Anspruch darauf haben, ihr Privatleben dort ungestört zu führen, ein Gerät zur Beobachtung, zum Photographieren, zur Schallaufnahme, zum Verstärken oder Verbreiten von Tönen oder Ereignissen, die dort vor sich gehen, anbringt oder von einer in dieser Weise unerlaubt angebrachten Einrichtung Gebrauch macht; oder

(c) außerhalb von Privaträumen ohne Zustimmung desjenigen oder derjenigen, die einen Anspruch darauf haben, ihr Privatleben dort ungestört zu führen, ein Gerät anbringt zum Horchen, zur Schallaufnahme oder zum Verstärken oder Verbreiten von Tönen, die aus den Räumen kommen und in der Regel draußen nicht zu vernehmen oder zu verstehen sind.

„Privatraum" (*private place*) ist ein Ort, an dem man erwarten darf, vor zufälligen oder feindseligen Zudringlichkeiten sicher zu sein; doch umfaßt der Begriff nicht einen Ort, zu dem die Öffentlichkeit oder ein nicht unwesentlicher Teil derselben Zutritt hat.

(2) *Anderer Mißbrauch privater Nachrichten.* Ein Vergehen begeht, wer, sofern er nicht rechtlich dazu ermächtigt ist:

(a) ohne Zustimmung des Absenders oder Empfängers eine durch Fernsprecher oder Fernschreiber, oder durch einen Brief oder auf anderem Wege privater Verbindung übermittelte Nachricht auffängt; doch unterfällt diesem Paragraphen nicht (i) das Überhören von Nachrichten mittels eines regelmäßig an einer Fernsprechernebenlinie oder einem Nebenanschluß angebrachten Instruments, oder (ii) das Auffangen durch eine Telephongesellschaft oder einen Teilnehmer[229] zwecks Erzwingung von Vorschriften, die den Gebrauch der Einrichtungen beschränken, oder zwecks Instandhaltung und Verwendung; oder

(b) ohne Zustimmung des Absenders oder Empfängers das Bestehen oder den Inhalt solch einer Nachricht verbreitet, sofern der Täter weiß, daß die Nachricht unerlaubterweise aufgefangen war, oder wenn er von der Nachricht anläßlich seiner Anstellung bei der Gesellschaft, die die Übermittlung von Nachrichten übernommen hat, Kenntnis erhielt.

## Artikel 251
## UNANSTÄNDIGES BENEHMEN IN DER ÖFFENTLICHKEIT

### Sektion 251.1
### Öffentliches unzüchtiges Verhalten

Ein leichtes Vergehen begeht, wer sich unzüchtig benimmt, obwohl er weiß, daß er dabei von anderen beobachtet werden könnte, die sich verletzt oder beunruhigt fühlen würden.

---

[229] Gedacht ist an Geschäftsinhaber, die Privatgespräche ihrer Angestellten während der Geschäftszeit beschränken wollen (Erltrg. zu 250.12).

## Sektion 251.2
**Prostitution und verwandte Gesetzesverletzungen**

(1) *Prostitution.* Der Prostitution, eines leichten Vergehens, macht sich schuldig, wenn der oder die Handelnde:

(a) als Insasse eines Bordells oder in anderer Weise geschlechtliche Betätigungen als Gewerbe betreibt; oder

(b) an einem öffentlichen Ort, oder von einem solchen aus erkennbar, herumlungert, um für geschlechtliche Betätigungen gegen Entgelt geworben zu werden.

„Geschlechtliche Betätigung" (*sexual activity*) umfaßt auch homosexuelle sowie alle anderen anormalen geschlechtlichen Beziehungen. Ein „Bordell" (*house of prostitution*) ist jeder Ort, an dem Prostitution oder deren Förderung regelmäßig durch jemanden betrieben wird, der unter der Kontrolle, Leitung oder Überwachung eines anderen steht. Ein „Insasse" (*inmate*) ist jemand, der in einem Bordell oder durch Vermittlung desselben Prostitution als Gewerbe betreibt. Ein „öffentlicher Ort" (*public place*) ist jeder Ort, zu dem die Öffentlichkeit oder ein nicht unwesentlicher Teil derselben Zugang hat.

(2) *Förderung der Prostitution.* Wer wissentlich die Prostitution eines anderen fördert, begeht ein Vergehen oder gemäß Unterabschnitt (3) ein Verbrechen. Die folgenden Handlungen stellen, ohne daß dadurch das Vorausgehende eingeschränkt wird, eine Förderung der Prostitution dar:

(a) ein Bordell oder ein damit verbundenes Gewerbe besitzen, kontrollieren, leiten, überwachen oder in anderer Weise in Gang halten, sei es allein oder zusammen mit anderen; oder

(b) einen Insassen für ein Bordell beschaffen oder für jemanden einen Platz in einem Bordell vermitteln, wodurch er zu einem Insassen wird; oder

(c) jemanden dazu ermutigen, verführen oder auf andere Weise absichtlich dazu veranlassen, eine Prostitutierte[230] zu werden oder zu bleiben; oder

(d) jemanden auffordern, eine Prostituierte geldlich zu unterhalten; oder

(e) für jemanden eine Prostituierte beschaffen; oder

(f) jemanden in diesen Staat oder innerhalb desselben von einem Ort zum anderen verbringen, zu dem Zwecke, dessen Prostitution zu fördern, oder die Beförderung für diesen Zweck beschaffen oder bezahlen; oder

(g) jemandem einen Ort, der der Kontrolle des Handelnden allein oder zusammen mit anderen untersteht, vermieten oder in anderer Weise zum regelmäßigen Gebrauch zum Zwecke der

---

[230] Gemäß (1) gilt dies und das Folgende auch für männliche Prostituierte.

Prostitution oder deren Förderung überlassen; oder das Nichtergreifen der erforderlichen Maßnahmen, solche Verwendung dadurch zu verhindern, daß man den Mieter entfernt oder die das Recht durchsetzenden Behörden benachrichtigt oder andere zur Verfügung stehende Rechtsmittel ergreift; oder

(h) einen Vorteil dafür fordert, annimmt oder anzunehmen sich bereit erklärt, daß man etwas durch diese Sektion Verbotenes tut oder zu tun sich bereit erklärt.

(3) *Einstufung der Gesetzesverletzungen im Sinne des Unterabschnitts (2).* Eine Gesetzesverletzung im Sinne des Unterabschnitts (2) ist ein Verbrechen dritten Grades, wenn:

(a) die Tat unter die Paragraphen (a), (b) oder (c) des Unterabschnitts (2) fällt; oder

(b) der Täter einen anderen zwingt, sich der Prostitution hinzugeben oder sie zu fördern; oder

(c) der Täter die Prostitution eines Kindes unter 16 Jahren fördert, gleichviel ob er sich des Alters des Kindes bewußt ist oder nicht; oder

(d) der Täter die Prostitution seiner Ehefrau, seines Kindes, Mündels oder einer anderen Person fördert, für deren Fürsorge, Schutz, oder Unterhalt er verantwortlich ist.

Andernfalls ist die Gesetzesverletzung ein Vergehen.

(4) *Vermutung, abgeleitet daraus, daß jemand seinen Lebensunterhalt von einer Prostituierten bezieht.* Von demjenigen, der ganz oder zum wesentlichen Teil von Einkünften aus der Prostitution lebt, wird, sofern es sich nicht um die Prostituierte selbst oder deren minderjähriges Kind oder einen anderen gesetzlich Abhängigen handelt, der sich nicht selbst ernähren kann, vermutet, daß er wissentlich die Prostitution unter Verletzung der Vorschriften des Unterabschnitts (2) fördert.

(5) *Prostituierte wirtschaftlich unterstützen.* Eine Übertretung begeht, wer eine Prostituierte gegen Entgelt verpflichtet, ihm geschlechtlich zur Verfügung zu stehen, oder wer zwecks geschlechtlicher Betätigungen ein Bordell betritt oder sich darin aufhält.

(6) *Beweisthemen.* In bezug auf die Frage, ob es sich um ein Bordell handelt, sind folgende Tatsachen als zulässige Beweisthemen anzusehen: der Ruf, in dem das Haus im allgemeinen steht; das Ansehen der Personen, die in ihm wohnen oder es häufig aufsuchen; die Häufigkeit, Zeit und Dauer von Besuchen seitens Personen, die nicht in ihm wohnen. Das Zeugnis einer Person gegen seinen Ehegatten[231] ist zulässig, um Gesetzesverletzungen im Sinne dieser Sektion zu beweisen.

---

[231] Bezieht sich vor allem auf Männer, die mit einer Prostituierten verheiratet sind (Dt. 9 S. 181).

## Sektion 251.3
### Herumlungern, um zu anormalen geschlechtlichen Beziehungen aufzufordern

Eines leichten Vergehens macht sich schuldig, wer an einem öffentlichen Ort oder in seiner Nähe herumlungert, um zu anormalen geschlechtlichen Beziehungen aufzufordern oder aufgefordert zu werden.

## Sektion 251.4
### Unzüchtigkeiten

(1) *Begriffsbestimmung des Unzüchtigen.* Unzüchtig ist ein Material, wenn es, als ganzes betrachtet, überwiegend lüsternes Empfinden anregt, d. h. das Interesse am Unanständigen und Krankhaften, an Nacktheit, Geschlecht oder Ausscheidungen, und wenn dies außerdem wesentlich über die allgemein anerkannten Grenzen des Anstandes beim Beschreiben oder Darstellen solcher Dinge hinausgeht. Ob ein überwiegendes Anreizen dieser Art vorliegt, ist im Hinblick auf das gesunde Empfinden Erwachsener zu beurteilen, sofern es sich nicht aus der Art des Materials oder aus den Umständen seiner Verbreitung ergibt, daß es für Kinder oder ein anderes besonders empfängliches Publikum bestimmt ist. Unentwickelte Photographien, Formen, Druckplatten und ähnliches, ist als unzüchtig anzusehen, gleichviel ob weitere Arbeit daran erforderlich ist, um das Unzüchtige offenkundig oder zur Verbreitung geeignet zu machen.

(2) *Gesetzesverletzungen.* Vorbehaltlich der gemäß Unterabschnitt (3) zulässigen Verteidigung begeht ein Vergehen, wer wissentlich oder leichtfertig:

(a) eine unzüchtige Schrift, ein solches Bild oder Schallplatte, oder eine andere Darstellung oder Verkörperung des Unzüchtigen verkauft, liefert oder beschafft oder sich zu einer dieser Handlungen bereit erklärt; oder

(b) ein unzüchtiges Schauspiel, einen solchen Tanz oder eine solche Aufführung darbietet oder leitet oder an dem Teil davon mitwirkt, der unzüchtig ist; oder

(c) unzüchtiges Material veröffentlicht, ausstellt oder auf andere Weise verfügbar macht; oder

(d) unzüchtiges Material zum Verkauf oder zu anderweitiger gewerblichen Verbreitung besitzt; oder

(e) unzüchtiges oder auch nicht unzüchtiges Material verkauft, anpreist oder auf andere Weise gewerblich verbreitet unter der Behauptung oder Andeutung, daß es sich um unzüchtiges Material handelt.

Von dem, der unzüchtiges Material in seinem Geschäftsbetrieb verbreitet oder besitzt, wird vermutet, daß er wissentlich oder leichtfertig handelt.

(3) *Rechtlich zulässige, nicht gewerbliche Verbreitung an bestimmte Empfänger.* Behauptet der Angeklagte in einem gemäß dieser Sektion anhängigen Strafverfahren, daß die Verbreitung beschränkt war auf:

(a) Institute oder Personen, die den Besitz unzüchtigen Materials mit dem Hinweis auf wissenschaftliche, erzieherische, verwaltungstechnische oder ähnliche Belange rechtfertigen können; oder

(b) nicht gewerbliche Verbreitung an persönliche Mitarbeiter, dann hat er dies glaubhaft zu machen.

(4) *Beweis und richterliche Feststellung der Unzüchtigkeit.* In einem gemäß dieser Sektion anhängigen Strafverfahren sind als Beweisthemen zulässig:

(a) die Art des Publikums, für das das Material bestimmt und dem es zugeleitet war;

(b) welches der überwiegende Anreiz des Materials für gesunde Erwachsene oder ein besonderes Publikum, an das es geleitet war, sein würde, und welche Wirkung es möglicherweise auf das Verhalten solch eines Publikums haben würde;

(c) der künstlerische, literarische, wissenschaftliche, erzieherische oder jeder andere Wert des Materials;

(d) der Umfang der Aufnahme des Materials durch die Öffentlichkeit in den Vereinigten Staaten;

(e) der Anreiz auf lüsternes Empfinden oder das Fehlen solchen Anreizes bei Anpreisung oder einer anderen Förderung der Verbreitung des Materials; und

(f) der gute Ruf des Schriftstellers, Künstlers, Verlegers oder einer anderen Person, von der das Material stammt.

Ein sachverständiges Gutachten und ein Zeugnis des Schriftstellers, Künstlers, Verlegers oder eines anderen, von dem das Material stammt, ist als zulässig anzusehen, wenn es auf die Tatsachen Bezug hat, die für die Entscheidung über die Frage der Unzüchtigkeit mitbestimmend sind. Das Gericht hat ein Verfahren wegen Unzüchtigkeit einzustellen, wenn es überzeugt ist, daß das Material nicht unzüchtig ist.

## Zusätzliche Artikel

Einem Staat, der ein neues Strafgesetz erläßt, steht es frei, an dieser Stelle zusätzliche Artikel einzufügen, die besondere Verbote enthalten betreffend z. B. Rauschmittel, alkoholische Getränke, Glücksspiel und Verletzungen von Steuer- und Handelsgesetzen. Solche Gesetzesverletzungen wurden nicht in den Plan des Musterstrafgesetzbuches einbezogen, weil die begrenzte Zeit und die zur Verfügung stehenden Mittel den Zweigen des Strafrechts zugute kommen sollten, die bislang eine sorgfältige Beachtung seitens der Gesetzgebung nicht erfahren haben. Außerdem sind beim Erfassen von Rauschmitteln, geistigen Getränken, Steuerhinterziehung usw. seitens des Gesetzgebers strafrechtliche Vorschriften so eng mit Verwaltungs- und Prozeßvorschriften verflochten, daß der Versuch, die einzelnen Gruppen von einander zu sondern, für eine ein Mustergesetzbuch ausarbeitende Kommission besondere Schwierigkeiten in sich birgt.

## Teil III
# BEHANDLUNGSMETHODEN UND BESSERUNGSMASSNAHMEN

## Artikel 301
## AUSSETZUNG DES STRAFURTEILS; STRAFAUSSETZUNG ZUR BEWÄHRUNG

### Sektion 301.1
### **Auflagen bei Aussetzung des Strafurteils oder bei Strafaussetzung zur Bewährung**

(1) Setzt das Gericht die Verkündung einer Strafe bei jemandem aus, der wegen einer Straftat verurteilt worden ist, oder setzt es die Strafe zur Bewährung aus, dann soll dies unter den in dieser Sektion vorgesehenen Auflagen geschehen, die das Gericht für notwendig erachtet, um sicherzustellen, daß der Täter ein gesetzmäßiges und geordnetes Leben führen wird, oder die es für geeignet hält, ihn hierin zu unterstützen.

(2) Als solch eine Auflage kann das Gericht dem Täter auferlegen:

(a) den Verpflichtungen gegenüber seiner Familie nachzukommen[232];

(b) sich einer bestimmten Beschäftigung oder einem bestimmten Beruf zu widmen;

(c) sich einer ärztlichen oder psychiatrischen Heilbehandlung[233] zu unterziehen und sich in eine bestimmte Anstalt zu begeben und in ihr zu verbleiben, sofern dies für die Behandlung erforderlich erscheint;

(d) sich einem vorgeschriebenen Lehrgang oder einer beruflichen Ausbildung zu unterziehen;

(e) sich in eine Anstalt zu begeben, die für Unterweisung, seelische Stärkung oder einen Aufenthalt von Personen bestimmt ist, deren Bestrafung zur Bewährung ausgesetzt ist;

(f) Plätze, die in schlechtem Ruf stehen, zu meiden oder mit Personen von schlechtem Ruf keinen Umgang zu haben;

---

[232] Nicht nur den Unterhaltspflichten (Dt. 2 S. 142).

[233] Gilt besonders für die wegen Prostitution verurteilten Geschlechtskranken und für Rauschgiftsüchtige (Dt. 2 S. 143).

(g) Feuerwaffen oder andere gefährliche Waffen ohne schriftliche Erlaubnis nicht zu besitzen;

(h) die durch die Straftat erlangten Sachen zurückzuerstatten oder für den von ihm verursachten Schaden durch einen Betrag, den er aufbringen kann, Ersatz zu leisten;

(i) innerhalb des Jurisdiktionsbezirks des Gerichts zu bleiben und das Gericht oder den Bewährungshelfer von jeder Änderung seines Wohnsitzes oder seiner Beschäftigung zu benachrichtigen;

(j) dem Gericht oder dem Bewährungshelfer entsprechend den Weisungen des Gerichts Bericht zu erstatten und dem Bewährungshelfer den Zutritt zu seiner Wohnung zu gestatten;

(k) einen Schuldschein, mit oder ohne Sicherheitsleistung, zu hinterlegen, um die Durchführung jeglicher vorgenannten Auflagen zu sichern;

(l) irgendwelche anderen Auflagen zu erfüllen, die seiner Rehabilitierung dienen, seine Freiheit jedoch nicht ungebührlich beschränken oder mit seiner Gewissensfreiheit nicht unvereinbar sein dürfen.

[(3) Erkennt das Gericht auf Strafaussetzung zur Bewährung im Falle einer Verurteilung wegen eines Verbrechens oder Vergehens, dann kann es anordnen, daß der Täter als zusätzliche Auflage eine Freiheitsstrafe von höchstens 30 Tagen zu verbüßen hat. Diese Freiheitsentziehung ist als Teil der Bewährungszeit anzusehen. Wird im Falle des Widerrufs der Strafaussetzung zur Bewährung eine Freiheitsstrafe festgesetzt, dann darf die verbüßte Freiheitsentziehung nicht auf die Verbüßung der danach erkannten Freiheitsstrafe angerechnet werden.]

(4) Dem Täter ist eine Abschrift dieses Artikels auszuhändigen zusammen mit einer schriftlichen Bekanntgabe der gemäß dieser Sektion gemachten Auflagen; diese sind im einzelnen hinreichend klarzustellen, so daß der Täter sich nach ihnen richten kann.

## Sektion 301.2

## Zeitdauer der Aussetzung des Strafurteils oder der Strafaussetzung zur Bewährung; Änderung der Auflagen; Entlassung des Täters

(1) Hat das Gericht das Strafurteil ausgesetzt oder hat es auf Strafaussetzung zur Bewährung erkannt, dann soll die Aussetzung des Strafurteils oder die Strafaussetzung zur Bewährung bei einer Verurteilung wegen eines Verbrechens sich über fünf Jahre und bei einer Verurteilung wegen eines Vergehens oder eines leichten Vergehens über zwei Jahre erstrecken, es sei denn, der Täter wurde auf Anordnung des Gerichts bereits zuvor entlassen. Das Gericht kann den Täter auf Antrag des Bewährungshelfers oder auf Antrag des Täters oder aufgrund eigenen Entschlusses jederzeit entlassen. Bei einer Ver-

urteilung wegen einer Übertretung hat eine Aussetzung des Strafurteils zugleich die unbedingte Entlassung zur Folge.

(2) Während der Zeitdauer einer Aussetzung des Strafurteils oder einer Strafaussetzung zur Bewährung kann das Gericht auf Antrag des Bewährungshelfers oder des Täters oder aufgrund eigenen Entschlusses die Auflagen ändern oder weitere, gemäß Sektion 301.1 zulässige Auflagen anordnen. Das Gericht soll jedoch jede Auflage vermeiden, die eine unangemessene Belastung des Täters darstellen würde.

(3) Ist die Zeit der Aussetzung des Strafurteils oder der Strafaussetzung zur Bewährung abgelaufen oder der Verurteilte zuvor entlassen worden, dann ist er von jeder Verpflichtung zu befreien, die das Gericht ihm auferlegt hatte; der Bestrafung wegen seiner Tat hat er genüge getan.

## Sektion 301.3

### Vorladung oder Verhaftung eines Täters, dessen Strafurteil oder dessen Strafe zur Bewährung ausgesetzt ist; Einweisung ohne Sicherheitsleistung; Widerruf und neue Straffestsetzung

(1) Jederzeit vor der Entlassung des Verurteilten oder vor Ablauf der Aussetzung des Strafurteils oder der Strafaussetzung zur Bewährung:

(a) kann das Gericht den Täter vorladen oder einen Haftbefehl gegen ihn erlassen:

(b) kann der Bewährungshelfer oder ein Polizeibeamter den Täter ohne Haftbefehl verhaften, wenn er Grund zu der Annahme hat, daß der Täter es daran fehlen ließ, den Auflagen zu genügen, oder daß er eine weitere Straftat begangen hat;

(c) kann das Gericht den Täter bis zu einer Entscheidung über eine Beschuldigung, für die es zuständig ist, ohne Sicherheitsleistung einweisen, wenn es Grund zu der Annahme hat, daß er eine weitere Straftat begangen hat, oder wenn er zur Erklärung über die Beschuldigung festgenommen worden ist;

(d) kann das Gericht die Aussetzung des Strafurteils oder die Strafaussetzung zur Bewährung widerrufen, wenn es davon überzeugt ist, daß der Täter unentschuldbarerweise einer wesentlichen Auflage nicht genügt hat, oder wenn er wegen einer weiteren Straftat verurteilt worden ist; auch kann es die Strafe verkünden oder eine neue Strafe gemäß den Bestimmungen dieser Sektion festsetzen.

(2) Hat das Gericht die Aussetzung des Strafurteils oder die Strafaussetzung zur Bewährung widerrufen, dann kann es die Strafe verkünden, die ursprünglich gegen den Verurteilten hätte verhängt werden können; doch soll er zu einer Freiheitsstrafe nur dann verurteilt werden, wenn:

(a) er wegen einer weiteren Straftat verurteilt worden ist; oder

(b) sein Verhalten darauf schließen läßt, daß sein Freibleiben die Gefahr mit sich bringt, daß er eine andere Straftat begehen werde; oder

(c) die Freiheitsentziehung erforderlich ist, um der Autorität des Gerichts genüge zu tun.

## Sektion 301.4
**Benachrichtigung und Verhandlung über den Widerruf oder Änderung der Auflagen bei Aussetzung des Strafurteils oder bei Strafaussetzung zur Bewährung**

Das Gericht soll die Aussetzung des Strafurteils oder Strafaussetzung zur Bewährung nur widerrufen, oder die dem Täter gemachten Auflagen nur vermehren, nachdem eine Verhandlung aufgrund einer schriftlichen Benachrichtigung an den Täter über die Gründe für solch ein Verfahren stattgefunden hat. Dem Täter steht das Recht zu, die gegen ihn vorgebrachten Beweise zu erfahren und sie zu widerlegen, Gegenbeweise anzutreten und sich durch einen Rechtsberater vertreten zu lassen.

## [Sektion 301.5
**Aufhebung einer in einem Urteil ausgesprochenen Untauglichkeit oder Unfähigkeit**

(1) Hat das Gericht auf Aussetzung des Strafurteils oder auf Strafaussetzung zur Bewährung erkannt, und hat der Täter die ihm gemachten Auflagen völlig erfüllt, und demnach der Anordnung des Gerichts genüge getan, dann kann das Gericht anordnen, daß, solange er nicht wegen einer weiteren Straftat verurteilt ist, das Urteil eine Untauglichkeit oder Unfähigkeit nicht zur Folge hat, die gesetzlich bei Verurteilung wegen solch einer Straftat vorgeschrieben ist.

(2) Der Nachweis einer Verurteilung, erbracht als eine in einer Verhandlung oder für eine Entscheidung über einen Streitpunkt ins Gewicht fallende Tatsache, oder um den Verurteilten als Zeugen zu disqualifizieren, ist nicht als Untauglichkeits- oder Unfähigkeitsgrund im Sinne dieser Sektion anzusehen.[234]]

## Sektion 301.6
**Aussetzung des Strafurteils oder Strafaussetzung zur Bewährung stehen einem endgültigen Urteil in bezug auf andere rechtliche Gesichtspunkte gleich**

Eine Aussetzung des Strafurteils oder eine Strafaussetzung zur Bewährung ist im Rahmen dieses Artikels als vorläufige Entschei-

---

[234] M. a. W. das Gericht ist in solchem Falle nicht befugt, von der Tatsache der Verurteilung abzusehen (Dt. 2 S. 154).

dung anzusehen; in bezug auf alle anderen rechtlichen Gesichtspunkte stehen sie einem endgültigen Urteil gleich.[235]

## Artikel 302
## GELDSTRAFEN

### Sektion 302.1
### Zeit und Art der Zahlung; Verwendung der Geldmittel

(1) Ist ein Angeklagter zu einer Geldstrafe verurteilt, dann kann das Gericht ihm die Erlaubnis erteilen, die Zahlung innerhalb einer bestimmten Frist oder in bestimmten Raten zu leisten. Ist eine solche Erlaubnis nicht in das Urteil aufgenommen, dann ist die Geldstrafe unverzüglich zu zahlen.

(2) Ist gegen den Angeklagten außer auf Geldstrafe auch auf Strafaussetzung zur Bewährung erkannt, dann kann das Gericht die Strafaussetzung davon abhängig machen, daß die Geldstrafe gezahlt ist.

(3) Der Verurteilte hat die Geldstrafe oder eine Teilzahlung bei (der ...... staatlichen oder örtlichen Dienststelle) einzuzahlen. Im Falle des Ausbleibens einer Zahlung hat solch eine Dienststelle die geeigneten Maßnahmen zur Einziehung zu treffen.

(4) Sofern das Gesetz nichts anderes vorschreibt, sind alle gezahlten Geldstrafen an die (Steuer- und Finanzabteilung des Staates) weiterzuleiten und sollen als Teil der allgemeinen Staatsgelder zur allgemeinen Verwendung zur Verfügung stehen.

### Sektion 302.2
### Folgen des Unterlassens der Zahlung; Freiheitsstrafe für absichtliches Unterlassen; Summarische Einziehung

(1) Kommt ein zur Zahlung einer Geldstrafe Verurteilter mit der Zahlung derselben oder einer Teilzahlung in Verzug, dann kann das Gericht auf Antrag (der ...... staatlichen oder örtlichen Dienststelle) oder auf eigenen Entschluß hin ihm auferlegen, zu erweisen, weshalb seine Unterlassung nicht als absichtlich begangen anzusehen sei, und kann entweder ihn vorladen oder durch einen Haftbefehl seine Vorführung erwirken. Sofern der Verurteilte nicht dartut, daß seine Säumnis nicht einer bewußten Nichtachtung der gerichtlichen Verfügung zuzuschreiben ist oder dem Mißlingen seines ehrlichen Bemühens, das zur Zahlung erforderliche Geld aufzubringen, hat das Gericht seine Säumnis als eine absichtliche anzusehen und kann seine Einweisung in ein Gefängnis für solange anordnen, bis die Geldstrafe oder ein bestimmter Teil davon gezahlt ist. Die Zeitdauer der Frei-

---

[235] Insbesondere auch als Feststellung der Begehung einer Straftat, so daß bei nachfolgender Begehung einer Straftat die Sektionen 7.03 und 7.04 (verlängerte Freiheitsentziehung) Anwendung finden können (Dt. 2 S. 155).

heitsentziehung wegen solch einer absichtlichen Nichtzahlung der Geldstrafe ist in dem Einweisungsbefehl festzusetzen. Sie soll einen Tag für je (fünf) Dollar der Geldstrafe, 30 Tage, wenn die Geldstrafe wegen einer Übertretung oder eines leichten Vergehens verhängt war, und in jedem anderen Falle ein Jahr nicht übersteigen; die kürzere Strafdauer, je nachdem sie nach Tagen oder summarisch berechnet wird, ist bei der Abgeltung der Strafe zugrunde zu legen. War die Geldstrafe einer Körperschaft oder einem nicht eingetragenen Verein auferlegt, dann liegt es demjenigen oder denjenigen, die ermächtigt sind, Zahlungen von den Vermögensbeständen der Körperschaft oder des Vereins zu leisten, ob, die Geldstrafe aus solchen Beständen zu zahlen. Ihre Säumnis, dies zu tun, kann als absichtliche Unterlassung im Sinne dieses Unterabschnitts angesehen werden. Demjenigen, der wegen Nichtzahlung einer Geldstrafe eingewiesen ist, ist jeder Tag der Freiheitsentziehung auf die Zahlung der Geldstrafe anzurechnen, und zwar entsprechend der in dem Einweisungsbefehl festgesetzten Rate.

(2) Sprechen Gründe dafür, daß der Verurteilte die Zahlung der Geldstrafe nicht absichtlich unterließ, dann kann das Gericht ihm eine weitere Frist zur Zahlung einräumen oder die Gesamtsumme oder den Betrag der einzelnen Teilzahlung herabsetzen oder die Geldstrafe oder den noch nicht gezahlten Teil davon ganz oder zum Teil erlassen.

(3) Bei Nichtzahlung einer Geldstrafe oder eines Teilbetrages kann Vollstreckung vollzogen und können solch andere Maßnahmen zur Einziehung der Geldstrafe oder des noch nicht gezahlten Teiles getroffen werden wie sie zur Einziehung einer in einem zivilrechtlichen Urteil festgesetzten, nicht gezahlten Schuld zulässig sind. Die Vollziehung der Vollstreckung soll den Täter, der wegen Nichtzahlung einer Geldstrafe zur Freiheitsentziehung eingewiesen ist, nicht entlasten, bevor nicht der noch ausstehende Betrag der Geldstrafe eingezogen ist.

## Sektion 302.3
## Erlaß der Geldstrafe

Ein zur Zahlung einer Geldstrafe Verurteilter, der nicht absichtlich im Verzug der Zahlung ist, kann das Gericht, das ihn verurteilt hat, jederzeit bitten, die Geldstrafe oder einen noch nicht gezahlten Teil davon zu erlassen. Ist das Gericht davon überzeugt, daß die Umstände, die die Auferlegung der Geldstrafe rechtfertigten, nicht mehr die gleichen sind, oder daß es aus anderen Gründen unbillig wäre, Zahlung zu verlangen, kann das Gericht die Geldstrafe oder den noch nicht gezahlten Teil ganz oder zum Teil erlassen.

## Artikel 303
## KURZFRISTIGE FREIHEITSENTZIEHUNG

### Sektion 303.1
### Staats- und Munizipalanstalten für kurzfristige Freiheitsstrafen; Überprüfung der Angemessenheit; Gemeinsame Benutzung von Anstalten; Billigung des Planes neuer Anstalten

(1) Innerhalb der hierfür zugeteilten Beträge können die einzelnen Landbezirke, Städte und (andere kommunale Unterabteilungen des Staates) wie auch die Zentralverwaltung der Besserungsanstalten geeignete Gebäude, Räume und Einrichtungen für den Betrieb und die notwendige Erweiterung und Veränderung der örtlichen Anstalten für kurzfristige Freiheitsstrafen errichten, einrichten und unterhalten, einschließlich Haftzellen, Kerker, Arbeitshäuser, landwirtschaftliche Arbeitsstätten und solch andere Einrichtungen, die für die folgenden Zwecke erforderlich sind:

(a) Überwachung, Leitung, Behandlung zwecks Besserung und Rehabilitierung von Personen, die zur Verbüßung einer festgesetzten Freiheitsstrafe von einem Jahr oder weniger verurteilt oder eingewiesen sind;

(b) Überwachung, Leitung und zeitweise Gefangenhaltung von Personen, die der Zentralverwaltung der Besserungsanstalten überwiesen sind, bis sie der Einweisungshauptstelle oder einem anderen Zweig der Zentralverwaltung zugeführt werden;

(c) der Gefangenhaltung von Personen, die einer Straftat beschuldigt und zwecks Vernehmung oder zur Verhandlung eingewiesen sind;

(d) der Gefangenhaltung von Personen, die zwecks Sicherung ihres Erscheinens als Zeugen eingewiesen sind, sowie für andere Gefangenhaltungen, zu denen das Gesetz die Behörden ermächtigt.

(2) Der Direktor der Besserungsanstalten soll jährlich aufgrund von Besuchen, Besichtigungen und Berichten entsprechend der Sektion 401.11 über die Zweckmäßigkeit der Anstalten für kurzfristige Freiheitsstrafen in den verschiedenen Landbezirken, Städten und (anderen kommunalen Unterabteilungen des Staates) Bericht erstatten, und zwar im Hinblick auf die Anzahl der eingewiesenen Personen, wie auch die sachlichen Einrichtungen und die Durchführung der Programme. Nicht später als bis zum nächsten jährlichen Bericht soll der Direktor über irgendwelche Unzulänglichkeiten solcher Einrichtungen berichten und zugleich Änderungen oder Erweiterung der bestehenden Anstalten empfehlen, wie auch die Errichtung neuer Anstalten, oder die Verbindung zweier oder mehrerer örtlichen Anstalten derselben oder verschiedener kommunaler Unterabteilungen des Staates, oder solch andere Maßregeln, die entsprechend der Sachlage als zweckmäßig erscheinen. Bei seinen Empfehlungen soll der Direk-

tor sich dazu äußern, ob nach seiner Meinung die Änderung, die Erweiterung oder ein Neubau von den kommunalen, in Betracht kommenden Unterabteilungen unternommen werden sollte oder von der Zentralverwaltung der Besserungsanstalten.

(3) In seinem Bericht über die Angemessenheit der Anstalten für kurzfristige Freiheitsstrafen soll der Direktor der Besserungsanstalten in Betracht ziehen, ob die zur Verfügung stehenden Einrichtungen in den verschiedenen kommunalen Unterabteilungen des Staates hinreichende Vorkehrungen für die Trennung und Einstufung der Gefangenen gewähren, wie auch für die Isolierung und Behandlung kranker Gefangener, ferner für die Behandlung von Alkoholikern und Rauschgiftsüchtigen, für die verschieden zu gestaltende Sicherung und Überwachung und die berufliche Ausbildung und Rehabilitierung.

(4) Auf Empfehlung oder mit Zustimmung des Direktors der Besserungsanstalten können die Landbezirke, Städte und (andere kommunale Unterabteilungen des Staates), welche Anstalten für kurzfristige Freiheitsstrafen besitzen, gemeinsame Anstalten errichten oder zwei oder mehrere bestehende Einrichtungen für kurzfristige Freiheitsstrafen zusammenlegen und Übereinkommen für die Beiträge zu den Kosten der Errichtung und Unterhaltung treffen, soweit sie gesetzlich hierzu ermächtigt sind.

(5) Kein Landbezirk, keine Stadt oder (eine andere kommunale Unterabteilung des Staates) soll eine Anstalt für kurzfristige Freiheitsstrafen errichten, sofern die Pläne für die Errichtung und den Bau solch einer Anstalt vom Direktor der Besserungsanstalten noch nicht genehmigt sind.

## Sektion 303.2

### Berichte über Gefangene; ihre Einstufung und Überführung

(1) Der Anstaltsdirektor oder ein anderer Verwaltungsleiter einer Anstalt für kurzfristige Freiheitsstrafen soll in Übereinstimmung mit den Bestimmungen der Verwaltung der Besserungsanstalten Zentralakten der Anstalt anlegen, die Sonderakten für jeden Gefangenen enthalten. Die Sonderakten eines jeden Gefangenen sollen, soweit möglich, enthalten:

(a) einen kurzen Bericht über seine Aufnahme in die Anstalt; (b) den der Verurteilung vorausgehenden Untersuchungsbericht, soweit ein solcher vorhanden ist; (c) die amtlichen Protokolle über seine Verurteilung und seine Einweisung, wie auch Auszüge aus dem Strafregister, soweit er vorbestraft ist; (d) Berichte über seine Fortschritte seitens der die Behandlung und Überwachung ausführenden Personen; (e) Berichte über seine Verstöße gegen die Hausordnung und deren Bestrafung; und (f) andere Angaben betreffend seine Bildung, sein Verhalten im allgemeinen, seinen Umgang und seine

Familienverhältnisse. Der Inhalt der Akten der Gefangenen ist vertraulich zu behandeln; ihre Einsicht ist dem Publikum nicht zu gestatten, es sei denn auf richterliche, auf guten Gründen beruhende Anordnung; auch den Gefangenen sind die Akten nicht zugänglich.

(2) Die (Verwaltung eines jeden) Landbezirks, einer Stadt (oder einer anderen kommunalen Unterabteilung des Staates) soll, sofern sie über eine oder mehrere Anstalten für kurzfristige Freiheitsstrafen verfügt, einen Ausschuß für die Einstufung der Gefangenen bilden, bestehend aus ( ) Mitgliedern der Anstaltsbeamten und aus geeigneten Bürgern des Landbezirks, der Stadt oder (einer anderen kommunalen Unterabteilung). Ist ein Anstaltsarzt ernannt, dann ist er von Amts wegen Mitglied des Ausschusses. Alle Ausschußmitglieder dienen unentgeltlich, doch werden ihnen die notwendigen Ausgaben erstattet.

(3) Ist ein zu einer bestimmten Freiheitsstrafe von 30 Tagen oder von längerer Dauer verurteilter Gefangener in die Anstalt aufgenommen, dann soll der Einstufungsausschuß sobald als möglich, jedenfalls nicht später als nach Ablauf des ersten Drittels seiner Strafzeit seine Akten durchsehen, ihn anhören und danach das Programm für seine Behandlung, Schulung, Beschäftigung, Fürsorge und Überwachung festgesetzten (den Anstaltsdirektor oder einen anderen Verwaltungsleiter der Anstalt bei der Festsetzung unterstützen). Der Einstufungsausschuß kann auch die Überführung des Gefangenen in eine andere Anstalt empfehlen, die nach Ansicht des Ausschusses für den Gefangenen geeigneter ist.

(4) Der Anstaltsdirektor oder ein anderer Verwaltungsleiter der Anstalt kann beim Gericht entweder aus eigenem Entschluß oder auf Empfehlung des Einstufungsausschusses die Überführung eines Gefangenen in eine andere Anstalt für kurzfristige Freiheitsstrafen innerhalb oder außerhalb des Landbezirks, der Stadt (oder einer anderen kommunalen Unterabteilung des Staates) beantragen.

## Sektion 303.3

### Absonderung der Gefangenen; Absonderung und Überführung von Gefangenen, die an körperlichen oder geistigen Krankheiten oder Störungen leiden

(1) In Anstalten für kurzfristige Freiheitsstrafen sind folgende Gruppen von einander gesondert zu halten:

(a) weibliche von männlichen Gefangenen; und

(b) Gefangene unter 22 Jahren von älteren Gefangenen; und

(c) Personen, die zwecks Vernehmung oder zur Verhandlung in Haft gehalten werden von Gefangenen, die zu einer Freiheitsstrafe verurteilt sind, oder die wegen absichtlichen Unterlassens der Zahlung einer Geldstrafe eingewiesen sind; und

(d) Personen, die zwecks Vernehmung oder zur Verhandlung

oder aufgrund eines Strafurteils in Haft gehalten sind, von unentbehrlichen Zeugen und anderen Personen, die gemäß zivilrechtlicher Maßnahmen in Haft genommen sind.

(2) Stellt der Anstaltsarzt fest, daß ein Gefangener an einer körperlichen Krankheit oder Störung leidet, oder stellt ein Anstaltsarzt oder -psychologe fest, daß ein Gefangener an einer Geisteskrankheit oder -störung leidet, dann kann der Anstaltsdirektor oder ein anderer Verwaltungsleiter anordnen, daß solch ein Gefangener von anderen Gefangenen abgesondert wird. Ist der Arzt bzw. der Psychologe der Ansicht, daß dem Kranken geeignete Behandlung in der Anstalt nicht zuteil werden kann, dann kann der Anstaltsdirektor oder ein anderer Verwaltungsleiter ihn in eine andere Anstalt in dem Landbezirk, der Stadt oder (einer anderen kommunalen Unterabteilung des Staates) überführen, wo geeignete Behandlung stattfinden kann, oder in ein Krankenhaus, das von dem Landbezirk, der Stadt oder (einer anderen kommunalen Unterabteilung des Staates) unterhalten wird, sofern es die zur Behandlung erforderlichen Einrichtungen besitzt, einschließlich der zur Gefangenhaltung notwendigen. Stehen geeignete Behandlungsmethoden oder Einrichtungen in einer Anstalt oder einem Krankenhaus, die von dem Landbezirk, der Stadt oder (einer anderen kommunalen Unterabteilung des Staates) unterhalten werden, nicht zur Verfügung, dann kann der Anstaltsdirektor oder ein anderer Verwaltungsleiter den Gefangenen in eine Anstalt oder ein Krankenhaus überführen, das von einem anderen Landbezirk, einer Stadt oder (einer anderen kommunalen Unterabteilung des Staates) unterhalten wird, wo solche Behandlung oder Einrichtungen zur Verfügung stehen, falls solch ein Krankenhaus oder solch eine Anstalt bereit ist, den Gefangenen unter denjenigen Abmachungen über die Erstattung der Kosten aufzunehmen, die gesetzlich zulässig sind. Der Anstaltsdirektor oder ein anderer Verwaltungsleiter kann den Direktor der Besserungsanstalten ersuchen, die Genehmigung dafür zu erteilen, daß solch ein Gefangener zur Untersuchung, Beobachtung und Behandlung einer ärztlich überwachten Stelle für Besserung von Gefangenen zugeführt wird, falls eine solche vorhanden ist, oder einer anderen Anstalt der Verwaltung wo eine geeignete Behandlung stattfinden kann. Der Direktor der Besserungsanstalten soll solch eine Überführung genehmigen, wann immer in solchen Anstalten der Verwaltung ein Platz zur Aufnahme des Gefangenen frei wird.

(3) Stellt ein Anstaltsarzt bei Untersuchung des Gefangenen fest, daß er an einer körperlichen Krankheit oder Störung leidet, die seiner Ansicht nach in einer Anstalt oder einem Krankenhaus des Landbezirks, der Stadt oder (einer anderen kommunalen Unterabteilung des Staates) oder eines anderen Landbezirks, einer anderen Stadt oder (einer anderen kommunalen Unterabteilung des Staates) oder in der Verwaltung der Besserungsanstalten nicht hinreichend behandelt werden kann, dann kann solch ein Gefangener gemäß der

Anweisung des Anstaltsdirektors oder eines anderen Verwaltungsleiters (und mit Zustimmung des Direktors der Besserungsanstalten) in jedem anderen verfügbaren Krankenhaus behandelt oder zwecks Behandlung dorthin überführt werden. Der Anstaltsdirektor oder ein anderer Verwaltungsleiter hat in Übereinstimmung mit den Bestimmungen der Verwaltung der Besserungsanstalten die geeigneten Abmachungen mit öffentlichen oder privaten Unternehmungen für die Beförderung zu dem Krankenhaus und für die Fürsorge, Überwachung und Sicherung des Gefangenen in dem Krankenhaus zu treffen. Während der Gefangene in solch einem Krankenhaus behandelt wird, bleibt er der Disziplinargewalt und der Überwachung der Anstalt unterworfen, in die er eingewiesen wurde. Er ist dorthin zurückzuschaffen, wenn vor Ablauf seiner Strafzeit solche Behandlung nicht länger notwendig ist.

(4) Stellen zwei von der Abteilung für Geistige Gesundheitspflege (oder einer anderen zuständigen Abteilung) anerkannte Psychiater aufgrund der Untersuchung des Gefangenen fest, daß er an einer Geisteskrankheit oder -störung leidet, die nach ihrer Ansicht in einer Anstalt der Verwaltung der Besserungsanstalten nicht sachgemäß behandelt werden kann, dann soll solch ein Gefangener gemäß der Anweisung des Anstaltsdirektors oder eines anderen Verwaltungsleiters (und mit Genehmigung des Direktors der Besserungsanstalten) zur Behandlung mit Zustimmung der Abteilung für Geistige Gesundheitspflege (oder einer anderen zuständigen Abteilung) einer Dienststelle für Psychiatrie in solch einer Abteilung zugeführt werden. Der Anstaltsdirektor oder ein anderer Verwaltungsleiter hat in Übereinstimmung mit den Bestimmungen der Verwaltung der Besserungsanstalten geeignete Übereinkommen mit der Abteilung für Geistige Gesundheitspflege (oder einer anderen zuständigen Abteilung) für die Beförderung zu einer solchen Dienststelle für Psychiatrie und für die dortige Überwachung und Sicherung des Gefangenen zu treffen. Ein Gefangener, der in einer solchen Dienststelle für Psychiatrie behandelt wird, bleibt der Disziplinargewalt und Überwachung der Anstalt unterworfen, in die er eingewiesen war, und ist dorthin zurückzubefördern, wenn die Behandlung in solch einer Dienststelle vor Ablauf seiner Strafzeit nicht länger notwendig ist. Mit einem Gefangenen, der in einer Dienststelle für Psychiatrie der Abteilung für Geistige Gesundheitspflege (oder in einer anderen zuständigen Abteilung) behandelt wird und der weiteren Behandlung zur Zeit seiner bedingten oder endgültigen Entlassung bedarf, ist gemäß Unterabschnitt (5) dieser Sektion zu verfahren.

(5) Stellen zwei von der Abteilung für Geistige Gesundheitspflege (oder einer anderen zuständigen Abteilung) anerkannte Psychiater aufgrund der Untersuchung des Gefangenen fest, daß er zur Zeit seiner Entlassung aus einer Anstalt an einer Geisteskrankheit oder -störung leidet, aufgrund deren er nach seiner Entlassung zu einer

Gefahr für die öffentliche Sicherheit wird oder sich selbst gefährden könnte, dann soll der Anstaltsdirektor oder ein anderer Verwaltungsleiter mit Zustimmung des Direktors der Besserungsanstalten ihn der Abteilung für Geistige Gesundheitspflege (oder einer anderen zuständigen Abteilung) zuführen oder, falls er bereits dorthin überführt war, genehmigen, daß er dort verbleibt, so daß er gemäß den Bestimmungen behandelt werden kann, die bei einer im Verwaltungswege erfolgenden Einweisung und Internierung von Personen anwendbar sind, welche an solcher Krankheit oder Störung leiden.

Sektion 303.4

**Ärztliche Fürsorge, Ernährung und Bekleidung**

(1) Nach Einweisung in eine Anstalt für kurzfristige Freiheitsstrafen ist (soweit durchführbar) jeder Gefangene körperlich zu untersuchen. Besteht der Verdacht, daß er eine ansteckende Krankheit hat, dann ist er unter Quarantäne zu stellen, bis er von dieser Krankheit geheilt ist. Jedem Gefangenen soll die ärztliche und zahnärztliche Fürsorge zuteil werden, deren er während der Zeit seiner Einweisung bedarf. [Doch ist ihm auf sein Ersuchen hin zu gestatten, solche Fürsorge für sich selbst auf eigene Kosten zu treffen.]

(2) Jeder Gefangene ist gemäß den Bestimmungen der Verwaltung der Besserungsanstalten in angemessener Weise zu ernähren und zu bekleiden. Ein Gefangener darf nicht dazu gezwungen werden, gestreifte oder andere erniedrigende Kleidungsstücke zu tragen.

Sektion 303.5

**Rehabilitierungsprogramm**

Der Anstaltsdirektor oder ein anderer Verwaltungsleiter einer Anstalt für kurzfristige Freiheitsstrafen soll, vorbehaltlich der Bestimmungen der Verwaltung der Besserungsanstalten, einen geeigneten Plan für seine Anstalt ausarbeiten zu dem Zweck, jeden Gefangenen soweit wie möglich darauf vorzubereiten und darin zu unterstützen, seine Verpflichtungen wiederaufzunehmen und ein gesetzliches und geordnetes Leben zu führen. Beim Aufstellen solch eines Planes soll der Anstaltsdirektor oder ein anderer Verwaltungsleiter bemüht sein, für jeden befähigten Gefangenen geistige oder berufliche Schulung verfügbar zu machen, wie auch Teilnahme an schöpferischer Arbeit, an religiösen und erholsamen Betätigungen und solchen gesundheitsfördernden Maßnahmen, welche durchführbar sind. Indes, kein Gefangener darf dazu angehalten oder gezwungen werden, an religiösen Veranstaltungen teilzunehmen.

Sektion 303.6

**Hausordnung und Aufsicht**

(1) Der Direktor oder ein anderer Verwaltungsleiter einer Besserungsanstalt ist für die Disziplin, die Aufsicht und die zuverlässige

Überwachung seiner Gefangenen verantwortlich. Ein Gefangener darf nur auf Anordnung des Direktors oder eines anderen Verwaltungsleiters der Anstalt oder eines für diesen Zweck besonders bestellten Vertreters bestraft werden. Auch darf ihm keine andere Strafe auferlegt werden, als eine solche, die nach den Bestimmungen dieser Sektion zulässig ist. Das Recht zu strafen oder eine Strafe zu verhängen darf nicht auf einen Gefangenen oder eine Gruppe von Gefangenen übertragen werden, noch darf der Direktor oder ein anderer Verwaltungsleiter irgendeinem Gefangenen oder einer Gruppe von Gefangenen gestatten, sich Befehlsgewalt über einen anderen Gefangenen oder über eine Gruppe von ihnen anzumaßen.

(2) Von offenkundigen oder ernsten Fällen abgesehen, soll Bestrafung für einen Bruch der Hausordnung nur im Verlust von Vergünstigungen bestehen. Im Falle eines Angriffs, eines Entweichens oder eines Versuchs zu entweichen oder eines offenkundigen oder ernsten Bruchs der Disziplin kann der Direktor oder ein anderer Verwaltungsleiter anordnen, daß eine für gutes Verhalten gemäß der Sektion 303.8 bewilligte Kürzung der Strafzeit eines Gefangenen verwirkt ist. Für einen ernsten oder offenkundigen Bruch der Hausordnung kann der Direktor oder ein anderer Verwaltungsleiter den Gefangenen gemäß den Bestimmungen der Verwaltung der Besserungsanstalten in eine für Ordnungsstrafen vorbehaltene Zelle für nicht länger als (10) Tage einsperren; auch kann er anordnen, daß der Gefangene während der ganzen oder während eines Teiles der Zeit in Einzelhaft gehalten wird, und auf einförmige, jedoch ausreichende und gesunde Kost gesetzt wird. Ein Gefangener in Einzelhaft soll mindestens einmal innerhalb von 24 Stunden von einem Arzt aufgesucht werden.

(3) Kein Gefangener darf einer grausamen, unmenschlichen oder körperlichen Bestrafung unterworfen werden. Auch ist Gewaltanwendung bei keinem Gefangenen zulässig, abgesehen von den Vorschriften des Artikel 3 des Code und von den ihn ergänzenden Bestimmungen der Verwaltung der Besserungsanstalten.

(4) Der Direktor oder ein anderer Verwaltungsleiter der Anstalt soll eine Liste der Verstöße gegen die Vorschriften führen, wie auch der in jedem Falle getroffenen Anordnungen und der Bestrafung jeden solchen Verstoßes, falls Bestrafung erfolgte. Jeder Verstoß gegen die Vorschriften seitens eines Gefangenen ist in seine Akten einzutragen, zusammen mit der getroffenen Anordnung oder Bestrafung, der er unterworfen wurde.

## Sektion 303.7
## Beschäftigung und Arbeit der Gefangenen

(1) Um die Liebe zur Arbeit und das Verantwortungsbewußtsein der Gefangenen für ihre berufliche Schulung zu fördern und zugleich die Kosten des Anstaltsbetriebes zu vermindern, sollen die Gefangenen soweit wie möglich in schöpferischen und verschiedenartigen

Betätigungen bei der Herstellung von Waren und Nahrungsmitteln und in Dienstleistungen zur Versorgung der Anstalt und seiner Insassen, wie auch für Verwendung im Landbezirk, der Stadt oder (in einer anderen kommunalen Unterabteilung des Staates) des Staates selbst (oder für andere ausdrücklich vom Gesetz für zulässig erklärte Zwecke) beschäftigt werden. Um diese Ziele zu erreichen, soll der Anstaltsdirektor oder ein anderer Verwaltungsleiter mit Zustimmung des Direktors der Besserungsanstalten Arbeitspläne ausarbeiten und durchführen einschließlich, soweit durchführbar, der Herstellung von Gebrauchsgegenständen und der Bewirtschaftung von Ländereien in seiner Anstalt. Auch kann er mit den Verwaltungsabteilungen des Staates, des Landbezirks, der Stadt oder (einer anderen kommunalen Unterabteilung des Staates) Vereinbarungen über die Beschäftigung von Gefangenen bei der Verbesserung öffentlicher Werke und Wege treffen, wie auch bei der besseren Ausnutzung und Instandhaltung der natürlichen Hilfsquellen, die dem Staat gehören.

(2) Von keinem Gefangenen darf übermäßige Arbeitsleistung verlangt werden, noch auch eine Arbeit, für die er nach dem Urteil des Anstaltsarztes nicht geeignet ist.

(3) Der Direktor der Besserungsanstalten soll Bestimmungen über die Arbeitsstunden und -bedingungen der Gefangenen in Besserungsanstalten der Landbezirke, Städte oder (anderen kommunalen Unterabteilungen des Staates) wie auch über die Raten ausarbeiten, mit denen die Gefangenen für ihre Arbeit bezahlt werden. In letzterer Hinsicht sollen die Bestimmungen die Menge und Güte der Arbeit des Gefangenen in Betracht ziehen, wie auch ob die Arbeit während der regelmäßigen Arbeitsstunden geleistet wurde oder nicht, welche Fertigkeit für die Arbeitsleistung erforderlich war, und welchen wirtschaftlichen Wert eine entsprechende Arbeit außerhalb der Besserungsanstalten hat. Lohnzahlungen der Gefangenen sind von dem Anstaltsdirektor oder einem anderen Verwaltungsleiter als gesonderte Geldsumme beiseitezusetzen. In den Bestimmungen können Abzüge vom Arbeitslohn der Gefangenen vorgesehen werden zur Deckung eines Teiles oder aller Unterhaltskosten des Gefangenen; doch soll nach solch einem Abzug ein hinreichender Betrag verbleiben, um den Gefangenen in den Stand zu setzen, zum Unterhalt der von ihm abhängigen Familienmitglieder beizutragen, um die nötigen Einkäufe in der Kantine zu machen, und um Geld für ihn bereitzuhalten, wenn er aus der Anstalt entlassen wird.

(4) Die Arbeitskraft und Arbeitszeit des Gefangenen soll nicht an andere verkauft oder vermietet werden, doch dürfen Gefangene für andere Abteilungen des Staates oder des Landbezirks, der Stadt oder (einer anderen kommunalen Unterabteilung des Staates) in Übereinstimmung mit Vereinbarungen arbeiten, die gemäß Unterabschnitt (1) dieser Sektion getroffen werden.

(5) Alle Abteilungen und Dienststellen des Landbezirks, der Stadt oder (einer anderen kommunalen Unterabteilung des Staates), sowie Anstalten und Dienststellen, welche ganz oder zum Teil von solch einer kommunalen Unterabteilung unterhalten werden, sollen alle Gegenstände und Erzeugnisse, die sie brauchen, und die in solchen Besserungsanstalten durch Gefangenenarbeit hergestellt oder verarbeitet werden, von der Besserungsanstalt beziehen, sofern sie nicht hiervon auf Anweisung der (zuständigen Behörde) des Landbezirks, der Stadt oder (einer anderen kommunalen Unterabteilung des Staates) in Übereinstimmung mit den Bestimmungen solch einer (zuständigen Behörde) ausgenommen sind, um den Zwecken dieses Unterabschnitts zu genügen. Über alle überschüssigen Gegenstände und Erzeugnisse, die nicht nach außen verkauft werden, sollen die Abteilungen und Dienststellen des Staates und anderer Landbezirke, Städte oder (anderer kommunaler Unterabteilungen des Staates) verfügen. Der Regierungschef (oder eine andere zuständige Behörde) kann durch entsprechende Vorschriften bestimmen, welche Normalmaße und Eigenschaften solche Gegenstände und Erzeugnisse haben sollen, ferner auch in welcher Weise die Bedürfnisse der Verwaltungsabteilungen, Dienststellen und Anstalten des Staates und seiner kommunalen Unterabteilungen im voraus schätzungsweise zu bestimmen sind, schließlich auch wie der Preis für solche Gegenstände und Erzeugnisse festgesetzt werden soll und in welcher Weise Ankäufe getätigt und Zahlungen gutgeschrieben werden sollen.

(6) Der Anstaltsdirektor oder ein anderer Verwaltungsleiter soll aus einem hierfür bereitgestellten Budget angemessene Zahlungen als Entschädigung an Gefangene leisten, die durch Verletzungen bei ihrer Arbeit zu Schaden gekommen sind.

## Sektion 303.8
**Herabsetzung der Strafzeit für gutes Verhalten**

Für gutes Verhalten und gewissenhafte Pflichterfüllung soll die Zeit der Freiheitsentziehung eines Gefangenen, der für eine Dauer von mehr als 30 Tagen verurteilt oder eingewiesen ist, um (fünf) Tage in jedem Monat vermindert werden. Solche Herabsetzung der Strafzeit kann jedoch durch den Anstaltsdirektor oder einen anderen Verwaltungsleiter unter Berücksichtigung der Vorschriften der Verwaltung der Besserungsanstalten verwirkt, vorenthalten oder wiedereingeräumt werden.

## Sektion 303.9
**Erlaubnis, die Anstalt zwecks Außenarbeit oder zu anderen Zwecken zu verlassen; Bedingungen; Verwendung des Verdienstes**

(1) Ist ein Angeklagter zu einer bestimmten Freiheitsstrafe von einem Jahr oder unter einem Jahr verurteilt oder eingewiesen, dann

kann das Gericht ihm die Erlaubnis erteilen, die Anstalt für bestimmte Stunden für einen der folgenden Zwecke zu verlassen:

(a) dort, wo er angestellt ist, zu arbeiten;

(b) sich um eine Anstellung zu bemühen;

(c) seinem eigenen Beruf nachzugehen oder sich in anderer Weise selbst zu beschäftigen; sofern es sich um eine Frau handelt, auch das Haus zu versorgen und die Bedürfnisse ihrer Familie zu befriedigen;

(d) eine Schule zu besuchen;

(e) sich ärztlich behandeln zu lassen;

(f) irgendeiner anderen vom Gericht gebilligten Tätigkeit nachzugehen.

(2) Wann immer ein Gefangener, dem die Erlaubnis erteilt war, die Anstalt gemäß den Vorschriften dieser Sektion zu verlassen, nicht der Beschäftigung nachgeht, für die ihm der Urlaub erteilt war, ist er in der Anstalt gefangen zu halten.

(3) Ein Gefangener, der zu einer Freiheitsstrafe innerhalb des gewöhnlichen Strafrahmens verurteilt ist, kann das Gericht jederzeit nach der Straffestsetzung um die Erlaubnis bitten, die Anstalt gemäß den Vorschriften dieser Sektion zu verlassen. Diese Bitte kann er nach dem Ermessen des Gerichts wiederholen. Das Gericht kann die Erlaubnis jederzeit nach oder auch ohne vorherige Benachrichtigung widerrufen.

(4) Ist einem Gefangenen die Erlaubnis erteilt worden, die Anstalt zu verlassen, um sich nach einer Beschäftigung umzusehen oder eine solche zu übernehmen, dann soll die Bewährungsstelle des Gerichts ihn beim Suchen nach einer geeigneten Anstellung unterstützen. Die Anstellung soll nicht als eine geeignete angesehen werden, wenn der Lohn oder die Arbeitsbedingungen oder andere Umstände die Gefahr einer Ausnutzung oder einer Einmischung in Arbeiterstreitigkeiten in dem Unternehmen nahelegen, in dem der Gefangene beschäftigt sein würde.

(5) Ist ein Gefangener gegen Lohn oder Gehalt angestellt, dann soll der (Bewährungsdienst) (Anstaltsdirektor oder ein anderer Verwaltungsleiter) das Geld in Empfang nehmen oder soll vom Gefangenen verlangen, daß er es nach Empfang voll aushändigt, und soll es auf ein Treuhandkonto anlegen. Auch hat er ein Hauptbuch zu führen, das den Stand des Kontos eines jeden Gefangenen ausweist. Zahlungen, beschlagnahmt aufgrund eines Pfändungs- oder Vollstreckungsbeschlusses oder auf anderem gesetzlichen Wege, sind nicht in dieser Weise für den Gefangenen anzulegen. Hat jedoch (die Bewährungsstelle) (der Anstaltsdirektor oder ein anderer Verwaltungsleiter) die Aushändigung des Geldes vor dessen Beschlagnahme ge-

fordert, dann hat dieses Verlangen den Vorrang. Händigt ein Arbeitgeber solchen Verdienst (der Bewährungsstelle) (dem Anstaltsdirektor oder einem anderen Verwaltungsleiter) gemäß den Vorschriften dieses Unterabschnittes aus, dann trifft ihn keine Haftpflicht gegenüber dem Gefangenen. Aus solchem Verdienst soll die Bewährungsstelle die Verpflegung und persönlichen Ausgaben, die der Gefangene innerhalb oder außerhalb der Anstalt macht, bezahlen. Sie soll ferner die Verwaltungskosten abziehen, die auf den Gefangenen gemäß dieser Sektion entfallen, wie auch Teilzahlungen auf Geldstrafen. Abzuziehen sind auch die Unterhaltskosten der Angehörigen des Gefangenen in der vom Gericht festgesetzten Höhe. Sind nach diesen Zahlungen noch genügend Gelder vorhanden, dann kann (die Bewährungsstelle) (der Anstaltsdirektor oder ein anderer Verwaltungsleiter) mit Zustimmung des Gefangenen dessen unbezahlte Schulden ganz oder zum Teil bezahlen. Der Rest ist zurückzubehalten und dem Gefangenen bei seiner Entlassung auszuhändigen.

(6) Ein Gefangener, der gemäß dieser Sektion seine Strafe verbüßt, kommt für eine Herabsetzung seiner Strafzeit für gutes Verhalten und gewissenhafte Pflichterfüllung gemäß Sektion 303.8 ebenso in Betracht, wie ein Gefangener, der seine Strafzeit in regelmäßiger Gefangenhaltung verbüßt hat.

(7) Bei einem Verstoß gegen die Hausordnung oder einer anderen Verletzung von Vorschriften kann der Anstaltsdirektor oder ein anderer Verwaltungsleiter dem Gefangenen für einen Zeitraum von höchstens fünf Tagen verbieten, von der ihm erteilten Erlaubnis, die Anstalt zu verlassen, Gebrauch zu machen.

(8) Das Gericht soll die Erlaubnis, die Anstalt gemäß dieser Sektion zu verlassen, nicht gewähren, sofern es nicht davon überzeugt ist (der Anstaltsdirektor oder ein anderer Verwaltungsleiter bescheinigt hat), daß in der Anstalt, in die der Gefangene eingewiesen wird, die erforderlichen Einrichtungen für die Erteilung und Durchführung solch einer Erlaubnis vorhanden sind.

## Sektion 303.10
## Entlassung aus der Anstalt

Wird ein zu einer bestimmten Freiheitsstrafe von einem Jahr oder darunter verurteilter Gefangener aus der Anstalt entlassen, dann ist ihm seine persönliche Habe, die ihm bei seiner Einweisung abgenommen war, wieder auszuhändigen. Der Anstaltsdirektor oder ein anderer Verwaltungsleiter soll ihn mit einer Fahrkarte oder mit dem Geld für die Beförderung zu dem Ort versehen, an dem er verurteilt wurde, oder zu einem anderen, jedoch nicht weiter entfernt liegenden Ort.

# Artikel 304
# LANGFRISTIGE FREIHEITSENTZIEHUNG

## Sektion 304.1
### Aufnahmezentrale; Aufnahme- und Einstufungsausschüsse; Aufnahme, Einstufung und Neueinstufung; Überführung von Gefangenen

(1) Der Direktor der Besserungsanstalten soll, soweit möglich, eine oder mehrere Zentralen zur Aufnahme und Einstufung von Jungtätern im Sinne der Sektion 6.05 errichten, ausstatten und unterhalten, wie auch eine oder mehrere Zentralen für andere der Verwaltung der Besserungsanstalten Zugewiesene. Soweit möglich, soll die Aufnahmezentrale eine gesonderte Anstalt sein, jedoch kann sie, solange sie nicht als solche errichtet ist, in oder benachbart einer anderen Anstalt untergebracht werden und an deren Einrichtungen teilhaben. Ist letzteres der Fall, dann soll jedoch die Verwaltung und das Personal der Zentrale von der anderen Anstalt unabhängig sein, und die Gefangenen in solch einer Zentrale sollen von den Gefangenen der Anstalt, an deren Einrichtungen die Zentrale teil hat, getrennt gehalten werden.

(2) Der Direktor der Besserungsanstalten soll für jede Aufnahmezentrale einen Aufnahme- und Einstufungsausschuß ernennen. Dieser Ausschuß soll bestehen aus einem Vertreter des Direktors der Besserungsanstalten, einem Arzt, einem Pychiater oder einem klinischen Psychologen, einem Vertreter der zur Behandlung und einem Vertreter der zur Überwachung Angestellten, wie auch aus solch anderen Personen, die der Direktor hierfür bestimmt. Mitglieder des Aufnahme- und Einstufungsausschusses sollen dem Ausschuß solange angehören, wie der Direktor der Besserungsanstalten dies für angebracht hält.

(3) Aufnahme- und Einstufungsausschüsse sollen alle der Verwaltung der Besserungsanstalten zugewiesenen Personen untersuchen und beobachten. Sie dürfen einen Gefangenen in einer Aufnahmezentrale jedoch nur solange zurückhalten, wie es für eine vollständige Untersuchung und Beobachtung und für die Entscheidung über die Überführung in eine andere Anstalt erforderlich ist. Der Ausschuß soll den körperlichen und psychischen Zustand, wie auch den sozialen, den Bildungs- und Berufsstand und das Vorleben eines jeden Gefangenen, schließlich auch die Beweggründe für seine Tat erforschen.

Nach Abschluß der Beobachtung eines Gefangenen soll der Aufnahme- und Einstufungsausschuß seinen Bericht, einschließlich der Empfehlungen und der für diese maßgebenden Gründe, dem Direktor der Besserungsanstalten unterbreiten. Die Empfehlungen des Ausschusses sollen umfassen (die Einstufung des Gefangenen gemäß dem Gefangeneneinstufungssystem, falls der Direktor der Besserungsanstalten ein solches im Verordnungswege aufgestellt hat), die Anstalt oder Einheit, in die die Überführung des Gefangenen empfohlen wird, Umfang und Art der Überwachung unter Berücksichtigung des Schutzes der Öffentlichkeit, wie auch das Programm der Behandlung des Gefangenen zwecks Rehabilitierung, einschließlich Empfehlungen für seine ärztliche und psychologische Behandlung und allgemeine und berufliche Schulung, soweit solche angebracht erscheint. Der Bericht des Ausschusses kann außerdem abweichende Meinungen seiner Mitglieder enthalten, sofern solche geäußert wurden.

(4) Nach Empfang des Berichts des Aufnahme- und Einstufungsausschusses soll der Direktor der Besserungsanstalten die Anstalt oder Einheit bestimmen, in die der Gefangene überführt werden soll.

(5) Die Aufnahmezentrale soll Durchschläge des Berichts des Aufnahme- und Einstufungsausschusses der Anstalt übersenden, in die der Gefangene überführt werden soll, (und) der Abteilung für bedingte Entlassung, (sowie dem Schreiber des Gerichts, das den Gefangenen verurteilt hat), so daß es zu den Akten des Gefangenen genommen werden kann.

(6) Der Direktor der Besserungsanstalten kann jederzeit anordnen, daß der Gefangene der Aufnahmezentrale zwecks weiterer Untersuchung und Beobachtung zugeführt wird, wie auch für neue Empfehlungen betreffend seine Einstufung, seine Überwachung und seine Behandlung zwecks Rehabilitierung; er kann jedoch auch anordnen, daß solch ein Gefangener ohne weitere Untersuchung und Beobachtung unmittelbar in eine andere Anstalt überführt wird.

### Sektion 304.2
### Anstalten; Prüfung der Angemessenheit; Inanspruchnahme von Anstalten eines anderen Jurisdiktionsbezirks

(1) Im Rahmen der hierfür zugeteilten Geldsumme soll der Direktor der Besserungsanstalten geeignete Gebäude, Bauten und Einrichtungen für den Betrieb und die nötigen Erweiterungen und Veränderungen des staatlichen Besserungssystems errichten, ausstatten und unterhalten, einschließlich der Gefängnisse, Besserungsanstalten, Aufnahmezentralen, Herbergen für bedingt und mit Strafaussetzung zur Bewährung Verurteilte, (staatlicher Anstalten für nur wegen Vergehen Verurteilte) und anderer Anstalten, die zur Überwachung, Aufsicht, Besserungsbehandlung und Rehabilitierung von Personen erforderlich sind, die der Verwaltung der Besserungsanstalten zugewiesen sind.

(2) Der Direktor der Besserungsanstalten soll jährlich die Zulänglichkeit des staatlichen Besserungssystems unter Berücksichtigung der Zahl der eingewiesenen Personen wie auch des Bedürfnisses für die verschiedenartigen Einrichtungen einer Prüfung unterziehen. Spätestens im nächsten Jahresbericht soll er über die Unzulänglichkeiten des Systems berichten und hierbei Empfehlungen für Ände-

rungen oder Erweiterungen der bestehenden Anstalten machen, sowie für die Errichtung neuer Anstalten oder andere Maßnahmen, die nach der Sachlage erforderlich erscheinen, insbesondere, wenn durchführbar, für folgende Anstalten, sofern das System für sie keine Vorsorge getroffen hat:

(a) eine oder mehrere Anstalten, die größtmögliche Sicherheit gewähren, und von denen jede Anstalt oder gesonderte Einheiten derselben nicht mehr als (  ) Gefangene aufnehmen sollen;

(b) eine oder mehrere Anstalten, die durchschnittliche Sicherheit gewähren, und von denen jede Anstalt oder gesonderte Einheiten derselben nicht mehr als (  ) Gefangene aufnehmen sollen;

(c) eine oder mehrere Anstalten, die die geringste Sicherheit gewähren, und von denen jede Anstalt oder gesonderte Einheiten derselben nicht mehr als (  ) Gefangene aufnehmen sollen. Diese Anstalten können uneingezäunte Gutswirtschaften, Lager, Siedlungen, Unterkünfte für Außenarbeit und ähnliche Einrichtungen umfassen und, abgesehen von ihrer regelmäßigen Verwendung, auch für Gefangene verwendet werden, die auf ihre bedingte Entlassung vorbereitet werden sollen, und für die Gefangenhaltung von Gefangenen, deren bedingte Entlassung zeitweise ausgesetzt ist, sowie schließlich für ähnliche Zwecke;

(d) besondere Einrichtungen innerhalb der Anstalten für berufliche Schulung und Rehabilitierung von Jungtätern im Sinne der Sektion 6.05, wobei notfalls für getrennte Einheiten, verschiedenartige Sicherung und Überwachung Vorsorge zu treffen ist;

(e) eine Einrichtung für ärztliche Behandlung von Gefangenen mit schwierigen oder chronischen körperlichen oder psychiatrischen Störungen. Solch eine Einrichtung ist als gesonderte Anstalt zu errichten, falls die der Verwaltung zugewiesenen Personen die Zahl (  ) erreicht;

(f) eine oder mehrere Anstalten für weibliche, der Verwaltung zugewiesene Gefangene, wobei notfalls für gesonderte Einheiten, verschiedenartige Sicherung und Überwachung Vorsorge zu treffen ist;

[(g) eine oder mehrere staatliche Anstalten für Personen, die wegen Vergehen bestraft und der Verwaltung (für eine verlängerte Strafzeit) überwiesen sind, wobei notfalls für gesonderte Einheiten, verschiedenartige Sicherung und Überwachung Vorsorge zu treffen ist.]

(3) Ist der Direktor der Besserungsanstalten der Ansicht, daß gewisse Gruppen oder Arten von Personen, die der Verwaltung überwiesen sind, besonderer Behandlung bedürfen oder einer Behandlung, für die innerhalb des staatlichen Besserungssystems Vorsorge nicht getroffen werden kann, dann soll er solche Gefangene in Anstalten eines anderen Jurisdiktionsbezirks, in denen für solche Behandlung Vorsorge getroffen ist, unterzubringen suchen. Zugleich kann er sich

bereit erklären, die Unkosten zu ersetzen. Ein in solch eine Anstalt außerhalb des Staates überführter Gefangener ist den dortigen Anstaltsvorschriften über Überwachung, Verhalten und Disziplin der Insassen unterworfen, zugleich jedoch auch den Vorschriften dieses Code betreffend seine Strafzeit, die Herabsetzung der Strafzeit für gutes Verhalten und seine bedingte Entlassung.

### Sektion 304.3
### **Zentralakten der Gefangenen; Behandlung, Einstufung und Neueinstufung in den Anstalten**

(1) Der Direktor oder ein anderer Verwaltungsleiter einer Besserungsanstalt soll gemäß den Vorschriften der Verwaltung Zentralakten führen, in denen Einzelakten für jeden Gefangenen enthalten sind. Die Akten eines jeden Gefangenen sollen enthalten: (a) einen kurzen Bericht über seine Zulassung; (b) einen Bericht über die dem Strafausspruch vorausgehende Untersuchung; (c) den Bericht und die Vorschläge des Aufnahme- und Einstufungsausschusses; (d) die amtlichen Protokolle über seine Verurteilung und Einweisung, wie auch Auszüge aus dem Strafregister, falls solche vorliegen; (e) Berichte über den Fortschritt und Berichte über die Zulassung und Unterweisung seitens der Behandlungs- und Überwachungsbeamten; (f) Berichte über seine Vergehen gegen die Hausordnung und deren Bestrafung; (g) den Plan für seine bedingte Entlassung gemäß Sektion 305.7; und (h) andere einschlägige Angaben über seine Bildung, sein Verhalten, seinen Umgang und seine Beziehungen zu seiner Familie. Die Akten eines jeden Gefangenen sind vor einer Entscheidung über seine Einstufung bzw. Neueinstufung oder seine bedingte Entlassung sorgfältig einzusehen. Der Akteninhalt ist vertraulich zu behandeln und der allgemeinen Einsicht nicht zugänglich, es sei denn auf richterliche, auf guten Gründen beruhende Anordnung; auch den Gefangenen sind die Akten nicht zugänglich.

(2) Der Direktor oder ein anderer Verwaltungsleiter einer jeden Besserungsanstalt soll einen Behandlungs- und Einstufungsausschuß ernennen, in dem er selbst oder sein Vertreter den Vorsitz führt, und der aus Vertretern der Beamten für Behandlung, Überwachung und bedingte Entlassungsfürsorge besteht, wie auch des ärztlichen, psychiatrischen und psychologischen Personals, und den mit der Fortbildung und beruflichen Schulung der Insassen betrauten Personen, sowie aus anderen Mitgliedern, soweit sie hierfür bestimmt werden. Mitglieder des Behandlungs- und Einstufungsausschusses sollen dem Ausschuß solange angehören, wie der Direktor oder ein anderer Verwaltungsleiter der Anstalt dies für angebracht hält.

(3) Ist ein Gefangener von einer Aufnahmezentrale oder einer anderen Anstalt in eine Besserungsanstalt überführt, dann soll der Einstufungsausschuß der aufnehmenden Anstalt innerhalb (zweier) Mo-

nate nach Aufnahme des Gefangenen die Berichte über die dem Strafausspruch vorausgehende Untersuchung, über seine früheren Straftaten und sein Entweichen, falls er dies unternommen hatte, studieren, wie auch den Bericht des Aufnahme- und Einstufungsausschusses, die Berichte der Überwachungs- und Behandlungsbeamten der Anstalt über die Zulassung und Unterweisung, über Gewohnheiten und Vorleben des Gefangenen, schließlich auch jede andere Auskunft, die den Akten des Gefangenen oder anderen Quellen entnommen werden kann; auch sollen sie den Direktor oder einen anderen Verwaltungsleiter der Anstalt darin unterstützen, ein Programm für die Behandlung, Schulung, Beschäftigung, Fürsorge und Überwachung des Gefangenen festzusetzen.

(4) Der Einstufungsausschuß oder ein vom Direktor oder einem anderen Verwaltungsleiter bestimmter Unterausschuß sollen das Programm eines jeden Gefangenen in regelmäßigen Abständen oder auf Ersuchen eines Mitglieds des Ausschusses überprüfen und dem Direktor die Änderungen des Programms bzl. der Behandlung, Schulung, Beschäftigung, Fürsorge und Überwachung des Gefangenen empfehlen, welche notwendig oder wünschenswert erscheinen.

(5) Ungefähr (drei) Monate bevor der Ausschuß für Bedingte Entlassung eines Gefangenen eine solche in Erwägung zieht, soll der Einstufungsausschuß die Akten der Gefangenen einer Durchsicht unterziehen und einen Bericht vorbereiten, in dem er die Fortschritte des Gefangenen zusammenfaßt und auswertet. Auch kann er dem Direktor oder einem anderen Verwaltungsleiter empfehlen, (a) daß der Gefangene zur Vorbereitung für die bedingte Entlassung an dieser Anstalt oder an einer anderen nach der Überführung dorthin neu eingestuft werde; oder (b) daß die Neueinstufung des Gefangenen zur Vorbereitung für die bedingte Entlassung auf bestimmte oder unbestimmte Zeit verschoben werde, wobei die Gründe für eine solche Empfehlung in dem Bericht anzugeben sind. Ein Durchschlag des Berichts des Einstufungsausschusses ist an den Ausschuß für Bedingte Entlassung zu senden und soll diesem zugänglich sein, bevor eine Vernehmung des Gefangenen vor diesem Ausschuß stattfindet.

(6) Dem Direktor oder einem anderen Verwaltungsleiter der Anstalt steht die endgültige Entscheidung in Angelegenheiten der Einstufung zwecks Behandlung in seiner Anstalt zu, wie auch die Entscheidung, ob dem Direktor der Besserungsanstalten die Überführung eines Gefangenen zu empfehlen sei.

## Sektion 304.4

### Absonderung und Überführung von Gefangenen mit körperlichen Krankheiten oder Störungen oder Geisteskrankheiten oder -störungen

(1) Findet ein Anstaltsarzt, daß ein Gefangener an einer körperlichen Krankheit oder Störung leidet, oder findet ein Anstaltsarzt

oder Anstaltspsychologe, daß ein Gefangener an einer Geisteskrankheit oder -störung leidet, dann kann der Direktor oder ein anderer Verwaltungsleiter anordnen, daß solch ein Gefangener von anderen Gefangenen abgesondert wird. Ist der Arzt bzw. der Psychologe der Ansicht, daß dem Gefangenen eine geeignete Behandlung in der Anstalt nicht zuteil werden kann, dann soll der Direktor oder ein anderer Verwaltungsleiter dem Direktor der Besserungsanstalten empfehlen, daß solch ein Gefangener zur Untersuchung, Beobachtung und Behandlung an die Dienststelle für medizinische Behandlung überführt wird, falls eine solche vorhanden ist, oder an eine andere Anstalt der Verwaltung, wo eine passende Behandlung durchgeführt werden kann.

(2) Findet ein Anstaltsarzt aufgrund seiner Untersuchung, daß ein Gefangener an einer körperlichen Krankheit oder Störung leidet, die, seiner Ansicht nach, in einer Anstalt der Verwaltung der Besserungsanstalten nicht hinreichend behandelt werden kann, dann kann solch ein Gefangener auf Empfehlung des Direktors oder eines anderen Verwaltungsleiters und auf Anordnung des Direktors der Besserungsanstalten die erforderliche Behandlung in einem Krankenhaus, das nicht der Verwaltung der Besserungsanstalten untersteht, erhalten, oder er kann zu diesem Zweck in solch ein Krankenhaus überführt werden. Der Direktor der Besserungsanstalten soll die erforderlichen Vereinbarungen mit anderen öffentlichen oder privaten Unternehmen für die Beförderung und für die Fürsorge, Überwachung und Sicherheit des Gefangenen in solch einem Krankenhaus treffen. Während der Gefangene dort behandelt wird, bleibt er der Disziplinargewalt und Überwachung der Verwaltung der Besserungsanstalten unterworfen. Er ist dieser Verwaltung wieder zuzuführen, wenn vor Ablauf seiner Strafzeit die Krankenhausbehandlung nicht länger notwendig ist.

(3) Finden zwei von der Abteilung für Geistige Gesundheitspflege (oder einer anderen zuständigen Abteilung) anerkannte Psychiater aufgrund einer Untersuchung, daß ein Gefangener an einer Geisteskrankheit oder -störung leidet, die, ihrer Ansicht nach, in einer Anstalt der Verwaltung der Besserungsanstalten nicht hinreichend behandelt werden kann, dann kann solch ein Gefangener auf Empfehlung des Direktors oder eines anderen Verwaltungsleiters und auf Anordnung des Direktors der Besserungsanstalten zwecks Behandlung mit Zustimmung der Abteilung für Geistige Gesundheitspflege (oder einer anderen zuständigen Abteilung) an die psychiatrische Dienststelle solch einer Abteilung überführt werden. Der Direktor der Besserungsanstalten soll die erforderlichen Vereinbarungen mit der Abteilung für Geistige Gesundheitspflege (oder einer anderen zuständigen Abteilung) für die Beförderung und für die Überwachung und Sicherung der Gefangenen in solch einer psychiatrischen Dienststelle treffen. Ein Gefangener, der in einer psychiatrischen Dienst-

stelle behandelt wird, bleibt der Disziplinargewalt und der Überwachung der Verwaltung der Besserungsanstalten unterworfen und ist dieser Verwaltung wieder zuzuführen, wenn vor Ablauf seiner Strafzeit die Behandlung in solch einer Stelle nicht länger erforderlich ist. Mit einem Gefangenen, der in einer psychiatrischen Dienststelle der Abteilung für Geistige Gesundheitspflege (oder einer anderen zuständigen Abteilung) behandelt wird und weiterer Behandlung zur Zeit seiner Entlassung bedarf, ist gemäß dem Unterabschnitt (4) dieser Sektion zu verfahren.

(4) Finden zwei von der Abteilung für Geistige Gesundheitspflege (oder einer anderen zuständigen Abteilung) anerkannte Psychiater bei der Untersuchung, daß ein Gefangener zur Zeit seiner bedingten oder endgültigen Entlassung an einer Geisteskrankheit oder -störung solcher Art leidet, daß durch seine Entlassung die öffentliche Sicherheit oder er selbst gefährdet ist, dann soll der Direktor der Besserungsanstalten anordnen, daß er in die Abteilung für Geistige Gesundheitspflege (oder in eine andere zuständige Abteilung) überführt wird, oder, falls er bereits dorthin überführt war, dort bleiben kann, damit er gemäß den bei verwaltungsrechtlicher Einweisung und Internierung von Personen, die an solch einer Geisteskrankheit oder -störung leiden, anzuwendenden Bestimmungen behandelt wird.

### Sektion 304.5
### **Ärztliche Fürsorge, Ernährung, Bekleidung**

(1) Nach Einweisung in einer staatlichen Besserungsanstalt soll jeder Gefangene körperlich untersucht und von anderen Gefangenen getrennt für eine gewisse Zeit unter Quarantäne gehalten werden, bis festgestellt ist, daß er an keiner ansteckenden Krankheit leidet, und bis er gemäß Sektion 304.3 eingestuft ist. Jeder Gefangene hat Anspruch auf die übliche ärztliche und zahnärztliche Fürsorge.

(2) Jeder Gefangene ist gemäß den Vorschriften der Verwaltung angemessen zu ernähren und zu bekleiden. Von keinem Gefangenen darf gefordert werden, daß er gestreifte oder andere erniedrigende Kleidung trägt.

### Sektion 304.6
### **Rehabilitierungsprogramm**

Der Direktor der Besserungsanstalten soll für jede Anstalt ein geeignetes Programm aufstellen, das jeden Gefangenen soweit möglich darauf vorbereiten und darin unterstützen soll, seine Verpflichtungen wieder aufzunehmen und ein geordnetes und gesetzliches Leben zu führen. Bei der Aufstellung solcher Programme soll der Direktor darauf bedacht sein, für jeden Gefangenen, der befähigt ist, aus dem Programm Nutzen zu ziehen, allgemeine und berufliche Schulung verfügbar zu machen, ferner die Teilnahme an produktiver Arbeit, an religiösen und erholsamen Betätigungen und therapeutischen Maßnahmen, soweit solche durchführbar sind. Kein Gefangener darf jedoch angehalten oder gezwungen werden, an religiösen Betätigungen sich zu beteiligen.

### Sektion 304.7
### Disziplin und Aufsicht

(1) Der Direktor oder ein anderer Verwaltungsleiter einer jeden Besserungsanstalt ist für die Disziplin, Aufsicht und sichere Überwachung der Gefangenen verantwortlich. Ein Gefangener darf nur auf Anordnung des Direktors oder eines anderen Verwaltungsleiters der Anstalt oder eines durch ihn hierfür bestimmten Vertreters bestraft werden. Auch darf eine Bestrafung nur in Übereinstimmung mit den Vorschriften dieser Sektion erfolgen.

(2) Der Direktor oder ein anderer Verwaltungsleiter jeder Besserungsanstalt soll aus den Beamten der Anstalt einen Schlichtungsausschuß (Ausschuß für Fragen der Disziplin) ernennen, zu dem je ein Beamter des Behandlungs- und des Überwachungsdienstes und ein Anstaltsarzt gehören soll. Der Direktor oder ein anderer Verwaltungsleiter kann sich selbst oder einen Vertreter zum Vorsitzenden des Ausschusses bestimmen. Der Ausschuß soll einen Gefangenen benachrichtigen, wenn er wegen eines Verstoßes gegen die Hausordnung angezeigt wurde, und soll nach Anhören des Gefangenen darüber entscheiden, ob er bewußt gegen die Regeln verstoßen hat. Der Ausschuß soll ferner dem Direktor oder einem anderen Verwaltungsleiter eine angemessene Regelung der Angelegenheit unter Berücksichtigung der Vorschriften dieser Sektion vorschlagen. Bevor der Gefangene über den Vorfall gehört worden ist, ist seine Bestrafung unzulässig. Andererseits ist der Direktor oder ein anderer Verwaltungsleiter oder dessen Vertreter nicht an die Vorschläge des Ausschusses gebunden.

(3) Abgesehen von offenkundigen oder ernsten Verstößen soll die Bestrafung eines Verstoßes gegen die Hausordnung nur in Entziehung von Vergünstigungen bestehen. In Fällen eines Angriffs, des Entweichens oder des Versuchs zu entweichen, oder eines anderen offenkundigen oder ernsten Verstoßes gegen die Hausordnung kann der Schlichtungsausschuß (Ausschuß für Fragen der Disziplin) dem Direktor oder einem anderen Verwaltungsleiter empfehlen, anzuordnen, daß die für gutes Verhalten und gewissenhafte Erfüllung der Pflichten bewilligte Kürzung der Strafzeit eines Gefangenen gemäß Sektion 305.4 als verwirkt erklärt oder dem Gefangenen vorenthalten wird. Bei ernsten und offenkundigen Verstößen gegen die Hausordnung kann der Schlichtungsausschuß (Ausschuß für Fragen der Disziplin) in Übereinstimmung mit den Vorschriften der Verwaltung auch empfehlen, und der Direktor oder ein anderer Verwaltungsleiter kann dement-

sprechend anordnen, daß der Täter für eine gewisse Zeit, jedoch nicht länger als 30 Tage, in eine Zelle für disziplinarische Verstöße eingesperrt wird. Der Direktor oder ein anderer Verwaltungsleiter kann ferner auf Empfehlung des Schlichtungsausschusses (des Ausschusses für Fragen der Disziplin) anordnen, daß der Gefangene während der ganzen oder eines Teiles seiner Einzelhaft auf einförmige, jedoch ausreichende und gesunde Kost gesetzt wird. Ein in Einzelhaft befindlicher Gefangener soll mindestens einmal innerhalb von 24 Stunden von einem Arzt aufgesucht werden.

(4) Grausame, unmenschliche oder körperliche Bestrafung eines Gefangenen ist unzulässig; ebensowenig ist die Anwendung von Gewalt gerechtfertigt, sofern sie nicht durch Artikel 3 des Code und die ergänzenden Regeln und Vorschriften der Verwaltung vorgesehen ist.

(5) Der Direktor oder ein anderer Verwaltungsleiter der Anstalt soll eine Liste der Verstöße gegen die Hausordnung führen, sowie der Behandlung jedes Falles und der Bestrafung, falls eine solche stattgefunden hat. Jeder Verstoß gegen die Hausordnung ist in die Akten des Gefangenen einzutragen, wie auch die Behandlung des Falles und die Bestrafung.

(6) Ist ein Gefangener aufgrund häufiger absichtlicher Verstöße gegen die Hausordnung als unverbesserlich anzusehen, oder hat er sich für die Disziplin oder die Moral der Anstalt als schädlich erwiesen, dann soll der Schlichtungsausschuß dem Direktor oder einem anderen Verwaltungsleiter empfehlen, daß über den Gefangenen an den Direktor der Besserungsanstalten zwecks Überführung in eine andere Anstalt für schärferen Gewahrsam und weitergehende Beschränkungen Bericht erstattet wird.

## Sektion 304.8
## **Beschäftigung und Arbeit der Gefangenen**

(1) Um die Liebe zur Arbeit und das Verantwortungsbewußtsein der Gefangenen für ihre berufliche Schulung zu fördern und zugleich die Kosten des Anstaltsbetriebes zu vermindern, sollen die Gefangenen soweit möglich in schöpferischen und verschiedenartigen Betätigungen bei der Herstellung von Waren, Nahrungsmitteln und in Dienstleistungen zur Versorgung der Anstalt und seiner Insassen, wie auch für Verwendung im Staate (und für andere, vom Gesetz für zulässig erklärte Zwecke) beschäftigt werden. Um diese Ziele zu erreichen, soll der Direktor der Besserungsanstalten Gefängnisindustrien und Gefängnislandwirtschaften in dafür geeigneten Besserungsanstalten errichten und unterhalten. Er kann mit anderen Verwaltungszweigen Vereinbarungen über die Beschäftigung von Gefangenen bei der Verbesserung öffentlicher Werke und Wege treffen, wie auch bei der besseren Ausnutzung und Instandhaltung der natürlichen Hilfsquellen, die dem Staat gehören.

(2) Von keinem Gefangenen darf übermäßige Arbeitsleistung verlangt werden, noch auch eine Arbeit, für die er nach dem Urteil der Sanitätsabteilung nicht geeignet ist.

(3) Der Direktor der Besserungsanstalten soll Bestimmungen über die Arbeitsstunden und -bedingungen der Gefangenen in Besserungsanstalten, wie auch über die Raten ausarbeiten, mit denen die Gefangenen für ihre Arbeit bezahlt werden. In letzterer Hinsicht sollen in den Bestimmungen die Menge und Güte der Arbeit des Gefangenen in Betracht gezogen werden, wie auch ob die Arbeit während der regelmäßigen Arbeitsstunden geleistet wurde, und welchen wirtschaftlichen Wert eine entsprechende Arbeit außerhalb der Besserungsanstalten hat. Lohnzahlungen der Gefangenen sind von dem Anstaltsdirektor oder einem anderen Verwaltungsleiter als gesonderte Geldsumme beiseite zu setzen. In den Bestimmungen können Abzüge von dem Arbeitslohn der Gefangenen vorgesehen werden, zur Deckung eines Teiles oder aller Unterhaltskosten des Gefangenen, doch soll nach solch einem Abzug ein hinreichender Betrag verbleiben, um den Gefangenen in den Stand zu setzen, zum Unterhalt der von ihm abhängigen Familienmitglieder beizutragen, um die nötigen Einkäufe in der Kantine zu machen und um Geld für ihn bereitzuhalten, wenn er aus der Anstalt entlassen wird.

(4) Die Arbeitskraft und Arbeitszeit eines Gefangenen, der der Verwaltung der Besserungsanstalten überwiesen ist, soll nicht an andere verkauft oder vermietet werden, doch dürfen die Gefangenen für andere Verwaltungsabteilungen des Staates in Übereinstimmung mit Vereinbarungen arbeiten, die gemäß Unterabschnitt (1) dieser Sektion getroffen wurden.

(5) Alle Abteilungen und Dienststellen (und kommunale Unterabteilungen) des Staates, sowie alle Anstalten und Dienststellen, welche ganz oder zum Teil vom Staat unterhalten werden, sollen alle Gegenstände und Erzeugnisse, die sie brauchen, und die durch Gefangenenarbeit in staatlichen Besserungsanstalten erzeugt oder verarbeitet werden, von der Verwaltung der Besserungsanstalten kaufen, sofern sie nicht hiervon durch den Regierungschef des Staates (oder einer anderen zuständigen Dienststelle) in Übereinstimmung mit den von ihm (oder einer anderen zuständigen Dienststelle) erlassenen, den Zwecken dieses Unterabschnitts entsprechenden Bestimmungen ausgenommen sind. Der Regierungschef (oder eine andere zuständige Behörde) kann durch entsprechende Vorschriften bestimmen, welche Normalmaße und Eigenschaften solche Gegenstände und Erzeugnisse haben sollen, ferner auch, in welcher Weise die Bedürfnisse der Verwaltungsabteilungen, Dienststellen und Anstalten im voraus schätzungsweise zu bestimmen sind, schließlich auch wie der Preis für solche Gegenstände und Erzeugnisse festgesetzt werden soll, und in welcher Weise Ankäufe getätigt und Zahlungen gutgeschrieben werden sollen.

(6) Der Direktor soll aus einem hierfür bereitgestellten Budget angemessene Zahlungen als Entschädigung an Gefangene leisten, die durch Verletzungen bei ihrer Arbeit zu Schaden gekommen sind.

Sektion 304.9

**Mitleidsurlaub; Urlaub vor der bedingten Entlassung**

(1) Der Direktor der Besserungsanstalten soll Regeln und Vorschriften über Mitleidsurlaub aus der Anstalt erlassen und kann dementsprechend einem Gefangenen, entweder unter Überwachung oder ohne solche, Urlaub für kurze Zeit erteilen, um einen nahen Verwandten zu besuchen, der schwer krank ist, oder um am Begräbnis eines solchen teilzunehmen, oder um, wenn er sterbenskrank ist, noch einmal nach Haus zurückzukehren, oder um aus anderen zwingenden und zugleich an Mitleid appellierenden Gründen sein Haus aufzusuchen.

(2) Die Regeln und Vorschriften sollen nähere Bestimmungen über den Mitleidsurlaub enthalten, insbesondere über seine Dauer, über die Bewachung, die Beförderung und über die Fürsorge des Gefangenen während seines Urlaubs. Sie sollen ferner bestimmen, in welcher Weise die mit dem Urlaub verbundenen Ausgaben gedeckt werden sollen und können dem Gefangenen oder einem anderen zu seinen Gunsten gestatten, dem Staat für diese Ausgaben Ersatz zu leisten.

(3) Der Direktor der Besserungsanstalten kann einem Gefangenen, dessen bedingte Entlassung gemäß Sektion 305.8 zeitlich festgesetzt wurde, auf Empfehlung des Ausschusses für Bedingte Entlassung einen der bedingten Entlassung vorausgehenden Urlaub erteilen, der jedoch (zwei) Wochen nicht übersteigen soll. Solch ein Urlaub soll dem Gefangenen Gelegenheit geben, sich eine Anstellung zu sichern, eine angemessene Wohnung für sich und seine Familie zu finden, oder, ganz allgemein, Pläne und Vereinbarungen im Hinblick auf seine bedingte Entlassung zu treffen.

Sektion 304.10

**Entlassung aus der Anstalt**

Wird ein Gefangener aus der Anstalt entlassen, gleichviel ob bedingt oder endgültig, dann sind ihm seine persönlichen Sachen auszuhändigen, die ihm bei seiner Einweisung abgenommen worden waren. Der Direktor der Anstalt oder ein anderer Verwaltungsleiter hat ihn mit angemessener und der Jahreszeit entsprechender Kleidung zu versehen, wie auch mit einer Fahrkarte zu dem Ort, wo der Gefangene zu wohnen beabsichtigt; ferner mit dem aus seinen Lohnzahlungen angesammelten Verdienst und außerdem, gemäß den Bestimmungen der Verwaltung der Besserungsanstalten, mit einer Geldsumme, um unmittelbare Bedürfnisse zu befriedigen. Ist ein

Gefangener zur Zeit seiner Entlassung zu krank oder zu schwach, oder aus anderen Gründen nicht fähig, öffentliche Beförderungsmittel zu benutzen, dann kann der Anstaltsdirektor oder ein anderer Verwaltungsleiter gemäß den Regeln und Vorschriften der Verwaltung Sonderabmachungen für die Beförderung zu dem Ort treffen, an dem der Gefangene zu wohnen beabsichtigt.

## Artikel 305
## BEDINGTE ENTLASSUNG

### Sektion 305.1
### Kürzung der Freiheitsstrafe für gutes Verhalten

Für gutes Verhalten und gewissenhafte Pflichterfüllung soll die Strafzeit eines mit Freiheitsstrafe von unbestimmter Dauer, jedoch mit einem Höchstmaß von mehr als einem Jahr bestraften Gefangenen um (6) Tage für jeden Monat gekürzt werden. Für besonders verdienstvolles Verhalten oder außergewöhnliche Pflichterfüllung kann einem Gefangenen eine weitere Verkürzung zuteil werden, die jedoch über (6) Tage nicht hinausgehen darf. Insgesamt sollen alle solche Kürzungen abgezogen werden:

(1) von dem Mindestmaß der Freiheitsstrafe, um den Tag zu bestimmen, an dem die bedingte Entlassung des Gefangenen zulässig ist; und

(2) von dem Höchstmaß der Freiheitsstrafe, um den Tag zu bestimmen, an dem seine bedingte Entlassung zwingend vorgeschrieben ist.

### Sektion 305.2
### Kürzung der Dauer der bedingten Entlassung für gutes Verhalten

Für gutes, den bei der bedingten Entlassung aufgestellten Bedingungen entsprechendes Verhalten soll die Dauer der bedingten Entlassung um (6) Tage für jeden Monat der bedingten Entlassung gekürzt werden. Insgesamt sollen solche Kürzungen abgezogen werden:

(1) von der Mindestdauer der bedingten Entlassung, um den Tag zu bestimmen, an dem die endgültige Entlassung zulässig ist; und

(2) von der Höchstdauer der bedingten Entlassung, um den Tag zu bestimmen, an dem die endgültige Entlassung zwingend vorgeschrieben ist.

### Sektion 305.3
### Entscheidung über Kürzung der Freiheitsstrafe für gutes Verhalten

(1) Eine Kürzung der Freiheitsstrafe soll durch den Anstaltsdirektor (den Stellvertretenden Direktor des Behandlungsdienstes)

gemäß Sektion 305.1 gewährt werden. Kürzungen für besonders verdienstvolles Verhalten oder für außergewöhnliche Pflichterfüllung sollen nur auf Empfehlung des Schlichtungsausschusses (oder eines mit ähnlichen Aufgaben betrauten Ausschusses) der Anstalt bewilligt werden.

(2) Kürzungen der bedingten Entlassung sollen in Übereinstimmung mit Sektion 305.2 durch den Ausschuß für Bedingte Entlassung bewilligt werden.

## Sektion 305.4
## Verwirkung, Vorenthaltung und Wiederherstellung einer Kürzung der bedingten Entlassung für gutes Verhalten

(1) Kürzungen der Freiheitsstrafe für gutes Verhalten und für gewissenhafte Pflichterfüllung können durch den Anstaltsdirektor (den Stellvertretenden Direktor des Behandlungsdienstes) nach Anhörung des Schlichtungsausschusses (oder des Ausschusses für Fragen der Disziplin) der Anstalt als verwirkt, vorenthalten und wiederhergestellt erklärt werden, doch soll eine Kürzung der Strafzeit nicht als verwirkt erklärt oder vorenthalten werden, nachdem der Gefangene bedingt entlassen worden ist.

(2) Kürzungen der bedingten Entlassung für gutes Verhalten können durch den Ausschuß für Bedingte Entlassung als verwirkt erklärt, vorenthalten und wiederhergestellt werden.

## Sektion 305.5
## Bericht über gewährte, verwirkte und wiederhergestellte Kürzungen

Der Anstaltsdirektor (Stellvertretender Direktor des Behandlungsdienstes) soll regelmäßig dem Direktor der Besserungsanstalten über alle Kürzungen von Strafzeiten für gutes Verhalten und gewissenhafte Pflichterfüllung Bericht erstatten, wie auch über alle Verwirkungen und Wiederherstellungen solcher Kürzungen. Aufgrund eines solchen Berichts soll der Direktor den Ausschuß für Bedingte Entlassung und den Verwalter der Bedingten Entlassung davon benachrichtigen, von welchem Gefangenen erwartet werden kann, daß er für bedingte Entlassung in Frage kommen dürfte, und wessen bedingte Entlassung innerhalb der nächsten drei Monate vorschriftsgemäß zu erfolgen hat.

## Sektion 305.6
## Wählbarkeit für bedingte Entlassung und Verhör des Gefangenen

Jeder zu einer unbestimmten Freiheitsstrafe verurteilte Gefangene soll nach Ablauf der Mindestdauer der Strafzeit abzüglich der ihm gemäß Sektion 305.1 gewährten Kürzungen oder, falls eine Mindestdauer nicht festgesetzt ist, jederzeit für bedingte Entlassung in Frage kommen. Innerhalb von 60 Tagen vor Ablauf solcher Mindestdauer, abzüglich der Kürzungen, oder, falls eine Mindestdauer nicht festgesetzt ist, innerhalb von 90 Tagen nach der Einweisung ist dem Gefangenen ein Verhör vor dem Ausschuß für Bedingte Entlassung oder vor einem oder mehreren Mitgliedern des Ausschusses, die der Ausschuß bestimmt, oder vor der Jungtäterabteilung des Ausschusses, sofern diese zuständig ist, zu gewähren. Das Verhör soll in formloser Weise stattfinden, doch soll ein wortgetreues Protokoll des Verfahrens aufgenommen und aufbewahrt werden.

Sektion 305.7

**Vorbereitung des Verhörs; Unterstützung des Gefangenen**

(1) Jeder Gefangene soll für sein Verhör zur bedingten Entlassung einen Plan für seine bedingte Entlassung vorbereiten, in dem er die Lebensweise, die er nach seiner bedingten Entlassung zu führen beabsichtigt, darlegt, einschließlich solcher Angaben wie: wo und bei wem er wohnen wird, welchen Beruf er ergreifen oder welcher Beschäftigung er nachgehen wird. Die mit der bedingten Entlassung befaßten Anstaltsbeamten sollen dem Gefangenen bei der Vorbereitung seines Planes und beim Beschaffen der dem Ausschuß für Bedingte Entlassung zu unterbreitenden Auskünfte behilflich sein.

(2) Einem Gefangenen ist zwecks Vorbereitung eines Verhörs vor dem Ausschuß für Bedingte Entlassung zu gestatten, sich mit jedem, dessen Unterstützung er mit guten Gründen sucht, zu beraten, einschließlich seines eigenen Rechtsberaters.

Sektion 305.8

**Entscheidung des Ausschusses für Bedingte Entlassung; nochmalige Überprüfung**

(1) Der Ausschuß für Bedingte Entlassung soll seine Entscheidung über die bedingte Entlassung eines Gefangenen innerhalb einer angemessenen Zeit nach dem Verhör treffen. Die Entscheidung soll durch einen Mehrheitsbeschluß (einer beschlußfähigen Mitgliederzahl) des Ausschusses für Bedingte Entlassung gefällt werden. Die Entscheidung ist auf das dem Ausschuß vorliegende gesamte Material zu stützen, das auch die Stellungnahme des das Verhör leitenden Mitglieds enthalten soll. Der Ausschuß soll in seiner Entscheidung entweder das Entlassungsdatum des Gefangenen festsetzen oder die Entscheidung zwecks erneuter Überprüfung vertagen.

(2) Setzt der Ausschuß einen Tag für die Entlassung fest, dann soll dieser nicht weniger als 60 Tage und nicht mehr als sechs Monate nach dem Tag des Verhörs des Gefangenen oder nach dem Tag der letzten Überprüfung des Falles durch den Ausschuß liegen, es sei denn, daß besondere Gründe für die Festsetzung eines früheren oder späteren Entlassungsdatums vorliegen.

(3) Vertagt der Ausschuß den Fall zwecks einer späteren Überprüfung, dann soll er den Bericht wenigstens einmal im Jahre durchsehen, bis das Entlassungsdatum festgesetzt ist. Der Ausschuß kann nach freiem Ermessen jederzeit eine erneute Überprüfung oder ein nochmaliges Verhör anordnen.

(4) Setzt der Ausschuß kein früheres Entlassungsdatum fest, dann ist die bedingte Entlassung eines Gefangenen nach Ablauf der Höchstdauer der Freiheitsstrafe, abzüglich der gemäß Sektion 305.1 zulässigen Kürzungen, zwingend.

Sektion 305.9

**Anhaltspunkte zur Bestimmung des Zeitpunktes der ersten bedingten Entlassung**

(1) Wann immer der Ausschuß für Bedingte Entlassung die erste Entlassung eines Gefangenen in Betracht zieht, der für bedingte Entlassung in Frage kommt, soll der Ausschuß den Standpunkt vertreten, daß seine Entlassung anzuordnen ist, sofern nicht der Ausschuß glaubt, daß seine Entlassung aufgeschoben werden sollte, weil:

(a) die Wahrscheinlichkeit besteht, daß er sich den ihm für die Zeit der bedingten Entlassung auferlegten Bedingungen nicht fügen wird; oder

(b) seine Entlassung zu dieser Zeit der Schwere seiner Tat nicht entsprechen und der Achtung vor dem Gesetz abträglich sein würde; oder

(c) seine Entlassung einen ungünstigen Einfluß auf die Anstaltsdisziplin haben würde; oder

(d) die Fortsetzung der auf seine Besserung ausgerichteten Behandlung sowie der ärztlichen Fürsorge oder seiner beruflichen oder allgemeinen Schulung in der Anstalt ihm wesentlich dazu verhelfen würde, nach seiner Entlassung zu einem späteren Zeitpunkt ein gesetzmäßiges und geordnetes Leben zu führen.

(2) Bei der Entscheidung über die bedingte Entlassung eines Gefangenen soll der Ausschuß für Bedingte Entlassung folgende Faktoren grundsätzlich in Betracht ziehen:

(a) die Persönlichkeit des Gefangenen, einschließlich seiner Reife, seiner Beständigkeit, seines Verantwortungsbewußtseins, der zu erwartenden Entwicklung seiner Persönlichkeit, insbesondere ob diese seine Anpassungsfähigkeit an das Recht stärken oder hindern würde;

(b) die Zweckmäßigkeit des Planes des Gefangenen für die Zeit seiner bedingten Entlassung;

(c) die Fähigkeit und Bereitschaft des Gefangenen, Verpflichtungen und Verantwortungen auf sich zu nehmen;

(d) die geistige Aufnahmefähigkeit des Gefangenen und seine Schulung;

(e) die Familienverhältnisse des Gefangenen, insbesondere ob er Verwandte hat, die an ihm interessiert sind, und ob er andere enge und förderliche Verbindungen in der Gemeinde hat;

(f) die bisherigen Beschäftigungen des Gefangenen, seine beruflichen Fertigkeiten und die Beständigkeit bei seiner früheren Tätigkeit;

(g) die Art der Wohnung, der Nachbarschaft und Gemeinde, in der der Gefangene zu leben beabsichtigt;

(h) ob der Gefangene früher an Rauschgifte gewöhnt war oder ein gewohnheitsmäßiger oder übermäßiger Trinker war;

(i) die geistige oder körperliche Beschaffenheit des Gefangenen, einschließlich eines Unvermögens oder einer Behinderung, die es ihm erschweren würden, sich dem Recht anzupassen;

(j) das kriminelle Vorleben des Gefangenen, einschließlich der Art und Häufigkeit früherer Straftaten, die Umstände, unter denen sie begangen wurden, und wie weit sie zeitlich zurückliegen;

(k) die Haltung des Gefangenen gegenüber dem Recht und den Behörden;

(l) das Verhalten des Gefangenen in der Anstalt, insbesondere ob er von den Möglichkeiten Gebrauch gemacht hat, aus dem Anstaltsprogramm für seine Entwicklung Nutzen zu ziehen; ob er wegen schlechten Verhaltens innerhalb der letzten sechs Monate vor seinem Verhör oder vor der nochmaligen Erwägung bzl. seiner bedingten Entlassung bestraft worden ist; ob er irgendwelche Kürzungen seiner Strafzeit während der Freiheitsentziehung verwirkt hat und ob solche Kürzungen zur Zeit seines Verhörs oder der nochmaligen Überprüfung wieder zugestanden waren;

(m) das Verhalten und die allgemeine Einstellung des Gefangenen während einer früheren Bewährungszeit oder bedingten Entlassung und die Frage, wie weit eine solche zurückliegt.

### Sektion 305.10
### Unterlagen, die bei der Entscheidung über die bedingte Entlassung heranzuziehen sind

Bevor der Ausschuß für Bedingte Entlassung über die bedingte Entlassung eines Gefangenen eine Entscheidung fällt, soll er veranlassen, daß ihm folgende Berichte und Auskünfte über den Gefangenen unterbreitet werden:

(1) ein Bericht der für bedingte Entlassung zuständigen Anstaltsbeamten über die Persönlichkeit des Gefangenen, das Ansehen, das er in der Gemeinde hatte, seine Einstellung zu den Behörden; die Beamten können dem Bericht Vorschläge anfügen;

(2) alle Auszüge aus dem Strafregister einschließlich der Be-

richte über eine frühere Bewährungszeit und eine bedingte Entlassung;

(3) ein Bericht über die dem Strafausspruch vorausgehende Untersuchung des Gerichts, das die Strafe festsetzte;

(4) Vorschläge betreffend seine bedingte Entlassung, die der die Strafe festsetzende Richter oder die Strafverfolgungsbehörde zur Zeit der Straffestsetzung machte;

(5) die Berichte über Untersuchungen des körperlichen, geistigen und psychischen Zustandes des Gefangenen;

(6) jede einschlägige Auskunft, die von Seiten des Gefangenen selbst, seines Anwalts, des Opfers der Tat oder anderer Personen dem Ausschuß vorgelegt werden können;

(7) der Plan des Gefangenen für die Zeit seiner bedingten Entlassung;

(8) jede andere verfügbare einschlägige Auskunft über den Gefangenen.

## Sektion 305.11
**Befreiung von bedingter Entlassung**

Ein bedingt Entlassener kommt für endgültige Entlassung nach zufriedenstellendem Verhalten während der Mindestdauer der bedingten Entlassung, abzüglich der Kürzungen für gutes Verhalten, in Frage.

## Sektion 305.12
**Beendigung der Aufsicht; endgültige Entlassung**

Bedarf ein bedingt Entlassener nach Ansicht des Ausschusses für Bedingte Entlassung nicht der Führung und Aufsicht, dann kann der Ausschuß von solcher Aufsicht entweder von vornherein absehen oder sie für beendet erklären. Kommt ein bedingt Entlassener gemäß Sektion 305.11 für endgültige Entlassung in Frage, dann kann der Ausschuß ihn aus der bedingten Entlassung entlassen, wenn solche Entlassung nach Ansicht des Ausschusses für den Schutz des Publikums keine nachteiligen Folgen hat. Die Entlassung eines bedingt Entlassenen aus der bedingten Entlassung oder nach einer Wiedereinweisung wegen Verletzung der Bedingungen, unter denen die bedingte Entlassung erfolgte, muß erfolgen, wenn die Höchstdauer der bedingten Entlassung, abzüglich der Kürzungen für gutes Verhalten, abgelaufen ist.

## Sektion 305.13
**Bedingungen für bedingte Entlassung**

(1) Wird ein Gefangener bedingt entlassen, dann soll der Ausschuß für Bedingte Entlassung als Bedingung die Forderung aufstellen, daß der Gefangene sich jeder strafbaren Tat enthalte. Der

Ausschuß kann außerdem entweder bei der bedingten Entlassung oder, solange die bedingte Entlassung andauert, jederzeit und wiederholt von Zeit zu Zeit fordern, daß der bedingt Entlassene die eine oder die andere der folgenden Bedingungen erfüllt; daß er:

(a) besonderen Verpflichtungen gegenüber seiner Familie nachkommt;

(b) sich einer vom Ausschuß gebilligten Beschäftigung oder einem von ihm gebilligten Beruf widmet;

(c) innerhalb des in der Bescheinigung der bedingten Entlassung festgesetzten Bezirks bleibt, sofern ihm nicht schriftlich die Erlaubnis erteilt ist, diesen Bezirk zu verlassen;

(d) sich persönlich innerhalb von 36 Stunden nach seiner Entlassung bei seinem Aufsichtsbeamten meldet;

(e) sich persönlich nach Ablauf einer festgesetzten Zeit regelmäßig bei seinem Aufsichtsbeamten meldet;

(f) an dem in der Bescheinigung der bedingten Entlassung angegebenen Ort wohnt und seinen Aufsichtsbeamten von jeder Änderung seiner Anschrift oder seiner Beschäftigung benachrichtigt;

(g) ohne schriftliche Erlaubnis keine Feuerwaffen oder andere gefährliche Waffen besitzt;

(h) sich einer ärztlichen oder psychiatrischen Behandlung unterzieht, falls der Ausschuß dies fordert;

(i) sich von jedem Umgang mit Personen fernhält, die, wie er weiß, in strafbare Betätigungen verwickelt sind, oder auch von jedem Umgang mit Personen, die, wie er weiß, wegen einer Straftat verurteilt sind, es sei denn, daß ihm die Erlaubnis hierzu von seinem Aufsichtsbeamten erteilt ist;

(j) jede andere Bedingung erfüllt, die ihm in Hinblick auf die von ihm begangene Tat auferlegt wird; doch darf solche Bedingung seine persönliche Freiheit nicht ungebührlich beschränken und muß mit seiner Gewissensfreiheit vereinbar sein.

(2) Vor dem Antritt der bedingten Entlassung ist dem bedingt Entlassenen eine Bescheinigung der bedingten Entlassung auszuhändigen, in der die ihm auferlegten Bedingungen festgelegt sind.

## Sektion 305.14
## Unterkünfte während der bedingten Entlassung

Der Ausschuß für Bedingte Entlassung kann in besonderen Fällen als Bedingung für die bedingte Entlassung entweder bei der Entlassung oder, solange der bedingt Entlassene unter Aufsicht steht, jederzeit und wiederholt von Zeit zu Zeit fordern, daß der bedingt Entlassene in einer Herberge für bedingt Entlassene, oder in einer Pension, einem Krankenhaus oder einer besonders angewiesenen Unterkunft wohnt, und zwar solange und unter Aufsicht oder Behandlung, die der Ausschuß für erforderlich hält.

## Sektion 305.15
### Widerruf der bedingten Entlassung wegen Verletzung der Bedingungen; Verhör

(1) Ist ein bedingt Entlassener der Anstalt wieder zugeführt worden, dann soll der Ausschuß für Bedingte Entlassung innerhalb von 60 Tagen nach seiner Zurückführung ein Verhör ansetzen, um zu entscheiden, ob seine bedingte Entlassung widerrufen werden soll. Der bedingt Entlassene ist von den gegen ihn vorgebrachten Beschuldigungen in angemessener Weise in Kenntnis zu setzen. Die für die bedingte Entlassung zuständigen Anstaltsbeamten sollen ihm die nötige Unterstützung bei der Vorbereitung des Verhörs gewähren. Auch ist ihm zu gestatten, seinen Rechtsberater zu Rate zu ziehen. Beim Verhör kann der bedingt Entlassene die gegen ihn vorgebrachten Beschuldigungen zugeben, leugnen oder aufklären. Auch kann er zur Bekräftigung seiner Behauptungen Beweise vorbringen, einschließlich eidesstattlicher Erklärungen und anderer Beweismittel. Über das Verhör ist ein wortgetreues Protokoll aufzunehmen und aufzubewahren.

(2) Der Ausschuß kann den Widerruf der bedingten Entlassung anordnen, wenn er aufgrund schlüssiger Beweise davon überzeugt ist, daß:

(a) der bedingt Entlassene es an hinreichender Entschuldigung dafür hat fehlen lassen, daß er den als Bedingung für seine bedingte Entlassung ihm auferlegten Erfordernissen nicht entsprochen hat; und

(b) die Verletzung der Bedingung besteht in:

(i) der Begehung einer anderen Straftat; oder

(ii) einem Verhalten, das darauf schließen läßt, daß er eine andere Straftat begehen wird; oder

(iii) einem Verhalten, das darauf schließen läßt, daß er nicht gewillt ist, angemessenen Bedingungen für seine bedingte Entlassung nachzukommen.

(3) Der Widerruf der bedingten Entlassung hat durch einen Mehrheitsbeschluß des Ausschusses zu erfolgen.

## Sektion 305.16
### Andere Strafen als ein Widerruf wegen Verletzung der Bedingung für die bedingte Entlassung

(1) Hat der den Vollzug der bedingten Entlassungen überwachende Beamte gute Gründe für die Annahme, daß ein bedingt Entlassener eine Bedingung für seine bedingte Entlassung verletzt hat, dann soll er den Ausschuß davon in Kenntnis setzen und den zuständigen Bezirksinspektor für bedingte Entlassung veranlassen, den Bericht über den bedingt Entlassenen dem Ausschuß vorzulegen. Nach Durchsicht des Berichts und nach weiteren Nachforschungen,

soweit solche erforderlich erscheinen, kann der Ausschuß anordnen, daß:

(a) der bedingt Entlassene einen Verweis oder eine Warnung von Seiten des Ausschusses erhält;

(b) die Aufsicht über den bedingt Entlassenen verschärft und über ihn häufiger berichtet wird;

(c) Kürzungen für gutes Verhalten als verwirkt erklärt oder ihm vorenthalten werden;

(d) der bedingt Entlassene, ohne daß die bedingte Entlassung widerrufen wird, in eine der in Sektion 305.14 genannten Unterkünfte für solange zurückgesandt und dort unter solche Aufsicht oder Behandlung gestellt wird, wie der Ausschuß dies für angemessen hält;

(e) von dem bedingt Entlassenen gefordert wird, daß er sich einer oder mehreren zusätzlichen Bedingungen fügt, die ihm gemäß Sektion 305.13 auferlegt werden können;

(f) der bedingt Entlassene verhaftet und ins Gefängnis zurückgebracht wird, um dort auf ein Verhör zu warten, in dem darüber entschieden werden soll, ob seine bedingte Entlassung widerrufen werden soll.

(2) Hat ein für die bedingte Entlassung zuständiger Beamter oder ein Bezirksinspektor für bedingte Entlassung hinreichenden Grund anzunehmen, daß ein bedingt Entlassener eine für seine bedingte Entlassung aufgestellte Bedingung verletzt hat oder zu verletzen im Begriffe steht, und daß die Sachlage unverzügliches Handeln erfordert, so daß ein Warten auf die nach Unterabschnitt (1) dieser Sektion zu erfolgende Entscheidung des Ausschusses eine Gefahr für die Öffentlichkeit oder den bedingt Entlassenen selbst mit sich bringen würde, dann kann solch ein Beamter oder Inspektor den bedingt Entlassenen ohne Haftbefehl verhaften und einen Polizeibeamten ersuchen, ihm hierbei Hilfe zu leisten. Der bedingt Entlassene soll, gleichviel ob er mit oder ohne Haftbefehl verhaftet ist, bis zur Entscheidung des Ausschusses in dem Ortsgefängnis, einer Haftzelle oder einem anderen zur Internierung geeigneten Lokal festgehalten werden. Unmittelbar nach solcher Verhaftung und Internierung soll der für die bedingte Entlassung zuständige Beamte oder Inspektor den Ausschuß benachrichtigen und ihm einen schriftlichen Bericht über den Grund der Verhaftung vorlegen. Nach Kenntnisnahme von diesem schriftlichen Bericht soll der Ausschuß (oder ein Mitglied desselben) möglichst unverzüglich eine vorläufige Entscheidung treffen und entweder die Entlassung aus der Haft oder die Zurückführung des Verhafteten in die Anstalt anordnen, aus der er bedingt entlassen wurde, um dort auf ein Verhör zu warten, in dem darüber entschieden werden soll, ob seine bedingte Entlassung widerrufen werden

soll oder nicht. Die vorläufige Entscheidung des Ausschusses, in der die Entlassung aus der Haft angeordnet wird, soll jedoch nicht zu der Auffassung führen, daß durch sie jedes weitere Verfahren im Sinne des Unterabschnitts (1) dieser Sektion ausgeschlossen werde.

## Sektion 305.17
## Dauer der Wiedereinsperrung und abermalige bedingte Entlassung nach dem Widerruf

(1) Ein bedingt Entlassener, dessen bedingte Entlassung wegen Verletzung der für die bedingte Entlassung aufgestellten Bedingungen widerrufen ist, ist für die Höchstdauer seiner bedingten Entlassung wieder einzuweisen, wobei die vor der Verletzung verbüßte Zeit der bedingten Entlassung und die Kürzungen, die er für gutes Verhalten während der bedingten Entlassung verdient hat, anzurechnen sind.

(2) Ein bedingt Entlassener, dessen bedingte Entlassung widerrufen worden ist, kann jederzeit vom Ausschuß für Bedingte Entlassung für eine neue bedingte Entlassung in Betracht gezogen werden. Er hat Anspruch auf ein Verhör und auch darauf, für eine erneute bedingte Entlassung in Betracht gezogen zu werden, nachdem er entweder eine weitere Zeit im Gefängnis verbüßt hat, die einem Drittel des Restes der Höchstdauer seiner bedingten Entlassung gleichkommt, oder nach Verbüßung von sechs Monaten, je nachdem welche Strafzeit länger ist.

(3) Abgesehen von dem Fall, in dem ein bedingt Entlassener sich aus dem Jurisdiktionsbezirk oder von seinem Aufenthaltsort heimlich entfernt hat, ist die Entscheidung, daß die bedingte Entlassung widerrufen und der bedingt Entlassene wegen Verletzung der ihm auferlegten Bedingungen wieder eingewiesen werden soll, vor dem Ablauf der Höchstdauer der bedingten Entlassung abzüglich der Kürzungen für gutes Verhalten zu treffen. Ein bedingt Entlassener, der sich aus dem Jurisdiktionsbezirk oder von seinem Aufenthaltsort heimlich entfernt hat, ist zu behandeln wie jemand, der gegen die Vorschriften über bedingte Entlassung verstoßen hat, und soll, wann immer er ergriffen wird, für den Rest seiner bedingten Entlassung, beginnend mit dem Tage, an dem er sich heimlich entfernt hat, der Wiedereinweisung oder der Aufsicht unterworfen sein.

## Sektion 305.18
## Bedingte Entlassung und Haftverlängerungsersuchen

(1) Ist ein Haftbefehl oder ein Haftverlängerungsersuchen in bezug auf einen Gefangenen durch ein Gericht, eine für bedingte Entlassung zuständige Dienststelle oder eine andere Behörde dieses oder eines anderen Jurisdiktionsbezirks ergangen, dann soll der die bedingte

Entlassung überwachende Beamte, bevor der Gefangene für bedingte Entlassung in Frage kommt, die Behörde, die den Befehl oder das Ersuchen erlassen hat, anfragen und zu erfahren suchen, ob sie den Befehl oder das Ersuchen zu vollstrecken beabsichtigt oder nicht, wenn der Gefangene entlassen wird.

(2) Benachrichtigt die Behörde den die bedingte Entlassung überwachenden Beamten davon, daß sie den Befehl oder das Ersuchen nach Entlassung des Gefangenen zu vollstrecken beabsichtigt, dann soll er die Behörde über die Freiheitsstrafe in Kenntnis setzen, die der Gefangene verbüßt, wie auch über den Zeitpunkt, an dem er für bedingte Entlassung in Frage kommt, und über irgendwelche, den Gefangenen betreffenden Entscheidungen des Ausschusses für Bedingte Entlassung, schließlich auch über die Anpassungsbereitschaft des Gefangenen während seiner Freiheitsstrafe. Auch soll er der Behörde rechtzeitig Nachricht über das Entlassungsdatum des Gefangenen zukommen lassen.

(3) Der Ausschuß für Bedingte Entlassung kann einen Gefangenen, der für bedingte Entlassung in Frage kommt, nach Verständigung der den Haftbefehl oder das Haftverlängerungsersuchen aussprechenden Behörde bedingt entlassen. Ist ein Gefangener in dieser Form entlassen, dann kann der Ausschuß für Bedingte Entlassung als Bedingung für seine Entlassung Vorsorge dafür treffen, daß, — falls die Beschuldigungen, aufgrund deren der Haftbefehl oder das Haftverlängerungsersuchen erlassen wurde, fallen gelassen wurden, oder falls den Beschuldigungen vor Ablauf der Höchstdauer der bedingten Entlassung durch Verurteilung und Bestrafung genüge geschehen ist, — die Behörde, an die der Gefangene ausgeliefert wurde, ihn zurücksendet, so daß er den Rest der Höchstdauer seiner bedingten Entlassung oder einen vom Ausschuß zu bestimmenden Teil davon verbüßt.

(4) Ist jemand unter Auslieferung gemäß einem Haftbefehl oder Haftverlängerungsersuchen bedingt entlassen worden und danach verurteilt, die Strafe jedoch zur Bewährung ausgesetzt worden, oder ist er in einem anderen Jurisdiktionsbezirk vor Ablauf der Höchstdauer seiner bedingten Entlassung abzüglich der Kürzungen für gutes Verhalten in diesem Staat bedingt entlassen worden, dann kann der Ausschuß für Bedingte Entlassung zulassen, daß er den Rest seiner bedingten Entlassung oder einen vom Ausschuß zu bestimmenden Teil davon gleichzeitig mit der neuen Strafaussetzung zur Bewährung oder seiner neuen bedingten Entlassung verbüßt. Solch gleichzeitige Strafzeiten können in jedem der beiden Jurisdiktionsbezirke verbüßt werden. Die Beaufsichtigung soll gemäß den Vorschriften der zwischenstaatlichen Vereinbarung über die Beaufsichtigung von bedingt Entlassenen oder unter einer Bewährungszeit Verurteilten durchgeführt werden.

### Sektion 305.19
**Endgültigkeit der Entscheidung, betreffend Kürzung der Freiheitsstrafe für gutes Verhalten und der bedingten Entlassung**

Abgesehen von der Verwerfung des Antrages auf Verhör, wenn ein Recht auf Verhör vom Gesetz eingeräumt ist, steht keinem Gericht die Nachprüfung oder Aufhebung zu:

(1) der Verfügung eines zuständigen Beamten der Verwaltung der Besserungsanstalten oder des Ausschusses für Bedingte Entlassung, durch die er die wegen guten Verhaltens ausgesprochene Kürzung einer Gefängnisstrafe oder einer bedingten Entlassung vorenthält, für verwirkt erklärt oder die Wiedereinräumung einer Kürzung verweigert; oder

(2) der Anordnung oder Entscheidung des Ausschusses für Bedingte Entlassung betreffend, wenn auch nicht begrenzt auf die Freilassung unter bedingter Entlassung oder den Aufschub solcher Freilassung eines Gefangenen, der seine Gefängnisstrafe noch nicht voll verbüßt hat; betreffend ferner die Auferlegung oder Abänderung von Bedingungen für bedingte Entlassung, den Widerruf der bedingten Entlassung, die Beendigung oder auch die Wiederherstellung der Aufsicht während der bedingten Entlassung oder auch die endgültige Entlassung aus der bedingten Entlassung oder aus der Wiedereinsperrung vor dem Ablauf der Dauer der bedingten Entlassung.

## Artikel 306
## VERLUST UND WIEDERHERSTELLUNG VON RECHTEN IN VERBINDUNG MIT VERURTEILUNG ODER GEFÄNGNISSTRAFE

### Sektion 306.1
**Gründe für Untauglichkeit und Unfähigkeit**

(1) Niemand wird aufgrund seiner Verurteilung wegen einer Straftat oder durch seine Bestrafung aufgrund solcher Verurteilung im rechtlichen Sinne untauglich oder unfähig, es sei denn, die Untauglichkeit oder Unfähigkeit besteht in dem Verlust eines Rechts oder einer Vergünstigung, welche:

(a) notwendigerweise mit der Vollstreckung des Strafurteils verbunden ist; oder

(b) durch die Verfassung oder den Code angeordnet ist; oder

(c) durch ein anderes Gesetz als durch den Code angeordnet ist, wenn die Verurteilung sich auf eine Straftat bezieht, die durch solch ein Gesetz begrifflich bestimmt ist; oder

(d) durch die Entscheidung, Verfügung oder Vorschrift eines Gerichts, einer Dienststelle oder eines Beamten angeordnet ist, die eine ihnen durch Gesetz übertragene Machtbefugnis ausüben, oder durch ein Gesetz, das solch eine Machtbefugnis begrifflich bestimmt, wenn die Begehung der Straftat oder die Verurteilung oder der Strafausspruch sich auf die Befugnis der Person bezieht, das Recht oder die Vergünstigung auszuüben, deren er für verlustig erklärt wird.

(2) Der Nachweis einer Verurteilung als sachdienliches Beweismittel in einer Verhandlung oder Entscheidung über einen Streitpunkt oder zwecks Anzweifelung der Zeugnisfähigkeit einer verurteilten Person zieht nicht eine Untauglichkeit oder Unfähigkeit im Sinne dieses Artikels nach sich.

## Sektion 306.2
**Verwirkung eines Amtes**

Eine Person, die ein Amt bekleidet, geht desselben bei Verurteilung wegen einer Straftat verlustig, wenn:

(1) sie nach dem Gesetz dieses Staates wegen eines Verbrechens oder nach dem Gesetz eines anderen Jurisdiktionsbezirks wegen einer Straftat verurteilt ist, die, wenn innerhalb dieses Staates begangen, ein Verbrechen wäre; oder

(2) sie wegen einer Straftat verurteilt ist, die unerlaubtes Verhalten im Amte oder Unredlichkeit in sich schließt; oder

(3) die Verfassung oder ein anderes Gesetz als der Code dies vorschreibt.

## Sektion 306.3
**Abstimmung und Geschworenendienst**

Sofern nicht eine andere gesetzliche Vorschrift besteht, soll jemand, der wegen einer Straftat verurteilt ist, unfähig sein

(1) bei der Aufstellung eines Parteikandidaten für eine Hauptwahl oder in einer Wahl zu stimmen, wenn und solange er zur Verbüßung einer Freiheitsstrafe in eine Anstalt eingewiesen ist; und

(2) als Geschworener zu dienen, bis er seine Strafe verbüßt hat.

## Sektion 306.4
**Zeugnisfähigkeit; Zeugenaussagen von Gefangenen**

(1) Sofern nicht eine andere gesetzliche Vorschrift besteht, macht die Tatsache, daß jemand wegen einer Straftat verurteilt ist oder die Strafe dafür verbüßt, gleichviel ob eine Gefängnisstrafe oder eine Strafe anderer Art, ihn nicht unfähig, in einem rechtlichen Verfahren als Zeuge auszusagen.

(2) Auf Anordnung des ..... Gerichts soll der Direktor oder ein anderer Verwaltungsleiter der Anstalt, in der der Gefangene interniert ist, für das Erscheinen des Gefangenen als Zeuge an dem Ort

Sorge tragen, der in der Verfügung angegeben ist. Solch eine Verfügung ist zu erlassen, wenn das Gericht davon überzeugt ist, daß das Zeugnis des Gefangenen in einem gerichtlichen Verfahren oder in einem Verfahren vor einer Verwaltungsbehörde erforderlich ist, und daß dem Zweck seiner Vernehmung nicht dadurch genüge geschieht, daß seine Aussage in der Anstalt, in der er sich befindet, schriftlich aufgenommen wird.

(3) Vorbehaltlich anderweitiger Bestimmungen der Verwaltung der Besserungsanstalten betreffend die Anstalten, die ihrer Amtsgewalt unterstehen, kann der Direktor oder ein anderer Verwaltungsleiter der Anstalt, in der der Gefangene interniert ist, nach seinem Ermessen dem Gefangenen die Erlaubnis erteilen, die Anstalt entweder allein oder unter Überwachung eines Beamten zu verlassen, um in einem gerichtlichen Verfahren als Zeuge auszusagen, in dem er Partei ist oder als ein Zeuge benannt worden ist. Bei Erteilung dieser Erlaubnis kann der Direktor oder ein anderer Verwaltungsleiter der Anstalt fordern, daß der Gefangene oder die Partei, die ihn als Zeugen benennt, die Kosten für seine Überwachung trägt, solange er aus der Anstalt abwesend ist.

(4) Vorbehaltlich anderweitiger Bestimmungen der Verwaltung der Besserungsanstalten betreffend die Anstalten, die ihrer Amtsgewalt unterstehen, soll der Direktor oder ein anderer Verwaltungsleiter der Anstalt, in der der Gefangene interniert ist, ihm die Erlaubnis erteilen, sein Zeugnis vermittels einer schriftlichen Aussage oder in Form von Antworten auf einem Fragebogen abzugeben, wenn solch ein Zeugnis in einem gerichtlichen Verfahren angefordert wird. Auch soll er geeignete Vorkehrungen treffen, um die Aufnahme solch einer Aussage in der Anstalt zu erleichtern.

### Sektion 306.5
### **Ernennung eines Bevollmächtigten, Stellvertreters oder Treuhänders für einen Gefangenen**

(1) Wer aufgrund einer Freiheitsstrafe sich im Gefängnis befindet, hat nicht anders als derjenige, der sich in Freiheit befindet, das Recht, einen Bevollmächtigten, Stellvertreter oder Treuhänder zu ernennen, der in seinem Namen in bezug auf sein Eigentum oder seine wirtschaftlichen Interessen zu handeln befugt ist.

(2) Auf Antrag dessen, der in Verfolg einer Verurteilung eine Freiheitsstrafe angetreten hat oder im Begriffe steht, sie anzutreten, kann das Gericht des Bezirks, in dem der Gefangene zur Zeit seiner Verurteilung seinen Wohnsitz hatte, oder in dem das Strafurteil verkündet wurde, einen Treuhänder zum Schutz des Eigentums oder der wirtschaftlichen Interessen des Verurteilten für die Zeit seiner Einweisung ernennen. Das Gericht bestimmt bei der Ernennung, wie weit die Vollmacht und Verfügungsbefugnis des Treuhänders geht. Jedenfalls soll der Treuhänder, sofern das Gericht nicht etwas an-

deres bestimmt, die Vollmacht und Verfügungsbefugnis haben, die einem Stellvertreter durch eine allgemeine Vollmacht übertragen wird.

### Sektion 306.6
**Anordnung, Untauglichkeits- oder Unfähigkeitserklärung als nichtbestehend anzusehen; Aufhebung einer Verurteilung; Wirkung der Anordnung des Nichtbestehens oder der Aufhebung**

(1) In den in diesem Unterabschnitt genannten Fällen kann das Gericht, solange der Angeklagte nicht wegen einer anderen Straftat verurteilt ist, anordnen, daß die Entscheidung nicht hernach als eine Verurteilung anzusehen ist, die eine Untauglichkeit oder Unfähigkeit zur Folge hat, die gesetzlich bei Verurteilung wegen einer Straftat auferlegt ist:

(a) wenn das Gericht einen Jungtäter gemäß dem in Sektion 6.05 (2) vorgeschriebenen besonderen Strafrahmen oder zu irgendeiner anderen Strafe als einer Freiheitsstrafe verurteilt; oder

(b) wenn das Gericht zuvor den Strafausspruch ausgesetzt oder auf Strafaussetzung zur Bewährung erkannt hat und der Täter den ihm als Bedingung auferlegten Erfordernissen vollauf nachgekommen ist und dem Urteil genüge getan hat; oder

(c) wenn das Gericht den Angeklagten zu einer Freiheitsstrafe verurteilt hat, der Angeklagte danach bedingt entlassen worden ist, den ihm auferlegten Bedingungen vollauf nachgekommen ist und endgültig entlassen worden ist; oder

(d) wenn das Gericht den Angeklagten verurteilt, dieser der ihm auferlegten Strafe vollauf genüge getan und seitdem für wenigstens (zwei) Jahre ein gesetzmäßiges und geordnetes Leben geführt hat.

(2) In den in diesem Unterabschnitt genannten Fällen kann das Gericht, das einen Angeklagten zu einer bestimmten Strafe verurteilt hat, die Aufhebung der verurteilenden Entscheidung anordnen:

(a) wenn der Gesetzesverletzer (ein Jungtäter) aus der Bewährung oder bedingten Entlassung vor Ablauf der Höchstdauer endgültig entlassen worden ist; [oder

(b) wenn der Verurteilte der ihm auferlegten Strafe vollauf genüge getan hat und seitdem für mindestens (fünf) Jahre ein gesetzmäßiges und geordnetes Leben geführt hat.]

(3) Eine Anordnung gemäß den Unterabschnitten (1) oder (2) dieser Sektion:

(a) hat Wirkung nur für die Zukunft; sie erfordert nicht die Wiedereinsetzung des Täters in irgendein Amt, eine Anstellung oder Stellung, die gemäß diesem Artikel verwirkt oder deren der Täter verlustig gegangen war; und

(b) schließt nicht den Nachweis der Verurteilung als Beweis für die Begehung einer Straftat aus, wann immer die Tatsache ihrer Begehung für die Entscheidung über eine Frage von Belang ist, die die Rechte oder Verpflichtungen eines anderen als des Täters betrifft; und

(c) schließt nicht die Heranziehung der Verurteilung zum Zwecke der Strafbemessung aus, wenn der Täter danach wegen einer anderen Straftat verurteilt wurde; und

(d) schließt nicht den Nachweis der Verurteilung als Beweis für die Begehung einer Straftat aus, wann immer die Tatsache ihrer Begehung für die Ermessensfreiheit eines Gerichts, einer Dienststelle oder eines Beamten von Belang ist, der über die Fähigkeit des Täters, eine Tätigkeit auszuüben oder von einem Recht oder einer Vergünstigung Gebrauch zu machen, zu entscheiden hat. Das Gericht, die Dienststelle oder der Beamte kann dem Täter die Ausübung des Rechts oder der Vergünstigung versagen; nur ist alsdann hinreichendes Gewicht auf die dafür und dawider sprechenden Gründe zu legen; und

(e) schließt nicht den Nachweis der Verurteilung als Beweis für die Begehung einer Straftat aus, wann immer die Tatsache ihrer Begehung für die Anzweifelung der Zeugnisfähigkeit des Angeklagten von Belang ist, abgesehen davon, daß der Erlaß der Anordnung zum Zweck der Rehabilitation herangezogen werden kann; und

(f) rechtfertigt nicht die Behauptung des Täters, daß er nicht wegen einer Straftat verurteilt sei, sofern er nicht zugleich auf die Anordnung hinweist.

Teil IV
# ORGANISATION DER BESSERUNGSANSTALTEN

## Artikel 401
## VERWALTUNG DER BESSERUNGSANSTALTEN

### Sektion 401.1
### Aufbau und Aufgaben der Verwaltung der Besserungsanstalten

Als Zweig der Staatsregierung soll eine Verwaltung der Besserungsanstalten bestehen. Sie hat folgende Aufgaben zu erfüllen:

(1) staatliche Besserungsanstalten zu unterhalten, zu verwalten und zu errichten. Im einzelnen sind dies: Gefängnisse, Besserungsanstalten für Jugendliche, Aufnahmezentralen, Herbergen für bedingt Entlassene und für diejenigen, deren Strafe zur Bewährung ausgesetzt ist, ferner staatliche Anstalten für harmlosere Rechtsbrecher, sowie Einrichtungen zur Überwachung, Beaufsichtigung, Besserungsbehandlung und Rehabilitierung eingewiesener Rechtsbrecher und der gemäß gesetzlicher Vorschrift dorthin zurückgesandten Personen;

(2) die Entlassung von Gefangenen, die als bedingt Entlassene unter Aufsicht stehen, zu handhaben, wie auch die in Anstalten und Gemeinden zu verrichtenden Amtshandlungen für bedingt Entlassene vorzunehmen;

(3) innerhalb des Staates Grundsätze für das Verhalten der Beamten und für die Beaufsichtigung aller Bewährungsdienste aufzustellen, sowie Bewährungsdienste außerhalb der Anstalten in jedem Bezirk oder jeder anderen staatlichen Unterabteilung zu verrichten, die keinen eigenen Bewährungsdienst hat;

[Wahlvorschrift: (3) Bewährungsdienst in der Gemeinde zu verrichten;]*

(4) Grundsätze und Programme für Besserungsbehandlung und Rehabilitierung von Rechtsbrechern aufzustellen, die in eine der Anstalten der Verwaltung eingewiesen sind;

(5) Grundsätze für die Verwaltung, die Arbeitsweise und das Personal wie auch für das Programm der Beaufsichtigung und

---

* Diese Wahlvorschrift ist für Jurisdiktionsbezirke aufgestellt, die sich für den Alternativartikel 404: Abteilung für Strafaussetzung zur Bewährung und Bedingte Entlassung entscheiden.

deren Durchführung aufzustellen, ferner für die Inspektion aller staatlichen Anstalten für die Internierung von Personen, die einer Gesetzesverletzung beschuldigt oder wegen einer solchen verurteilt oder die gemäß gesetzlicher Vorschrift dorthin zurücküberwiesen sind, und schließlich diejenigen Anstalten zu schließen, die unzulänglich sind.

## Sektion 401.2
**Ernennung, Rechte und Pflichten des Direktors der Besserungsanstalten**

(1) Die Verwaltung der Besserungsanstalten soll unter der Leitung eines Direktors der Besserungsanstalten stehen, der vom Regierungschef für die Dauer von ... Jahren ernannt wird. Sein Gehalt soll vom Regierungschef im Rahmen des dafür vorgesehenen Budgets festgesetzt werden.

(2) Der Direktor der Besserungsanstalten soll:

(a) die Handhabung der Verwaltung beaufsichtigen und ist für sie verantwortlich;

(b) entsprechend den Vorschlägen der Kommission für Überwachung der mit Bewährungszeit Verurteilten und der bedingt Entlassenen Programme und Richtlinien für die Leitung der Anstalten der Verwaltung aufstellen, wie auch für die Besserung und Rehabilitierung der Gefangenen;

(c) stellvertretende Direktoren, soweit sie gesetzlich vorgesehen sind, ernennen wie auch entlassen und Rechte und Pflichten auf sie übertragen;

(d) Unterbeamte der Verwaltung, die nicht dem Ausschuß und der Abteilung für Bedingte Entlassung (Abteilung für Strafaussetzung zur Bewährung und Bedingte Entlassung) angehören, gemäß den gesetzlichen Vorschriften ernennen, entlassen und ihnen angemessene Rechte und Pflichten übertragen;

(e) Regeln und Bestimmungen über die Leitung, Besserungsbehandlung und Rehabilitierung der Gefangenen aufstellen, sowie für die Verwaltung der Anstalten der Zentralverwaltung und für das Verhalten der Beamten und Angestellten innerhalb seines Amtsbereichs;

(f) die Zuweisung und Überführung von Gefangenen, die der Verwaltung der Besserungsanstalten zur Überwachung überwiesen sind, in die einzelnen Anstalten der Verwaltung anordnen;

(g) statistisches Material betreffend Rechtsbrecher, Strafbemessung und Besserungsbehandlung sammeln und ordnen, soweit dies für die Erforschung der Wirkung der Strafen oder für die Entwicklung der Behandlungsprogramme von Nutzen ist;

(h) gemäß gesetzlichen Vorschriften aufsichtsführende Gewalt über alle staatlichen Anstalten zur Internierung von Personen ausüben, die einer Gesetzesverletzung beschuldigt oder wegen einer solchen verurteilt sind, oder die gemäß gesetzlicher Vorschriften dorthin zurücküberwiesen sind;

(i) dem Regierungschef jährlich am oder vor dem ... Tage ... einen genauen Bericht über die Geschäftsführung der Verwaltung während des vorhergehenden Kalenderjahres übersenden; dieser Bericht ist von dem Regierungschef an die gesetzgebende Körperschaft weiterzuleiten;

(j) alle Rechte ausüben und alle Pflichten erfüllen, die im Rahmen der ihm übertragenen Verantwortung liegen.

## Sektion 401.3
## Organisation der Verwaltung der Besserungsanstalten

(1) Innerhalb der Verwaltung der Besserungsanstalten sollen folgende Abteilungen und unabhängige Ausschüsse bestehen:

(a) eine Abteilung des Behandlungsdienstes;

(b) eine Abteilung des Überwachungsdienstes;

(c) eine Abteilung zur Besserung von Jungtätern;

(d) eine Abteilung für Finanzkontrolle;

(e) eine Abteilung für Gefangenenarbeit;

(f) eine Abteilung für Forschung und Schulung;

<table>
<tr><td>(g) eine Abteilung für Bedingte Entlassung;</td><td rowspan="2">wahlweise: Eine Abteilung für Strafaussetzung zur Bewährung und Bedingte Entlassung;</td></tr>
<tr><td>(h) eine Abteilung für Strafaussetzung zur Bewährung;</td></tr>
</table>

(i) eine Kommission zur Überwachung der mit Bewährungszeit Verurteilten und der bedingt Entlassenen;

(j) ein Ausschuß für Bedingte Entlassung.

Der Direktor der Besserungsanstalten kann nach Beratung mit der Kommission für Überwachung der mit Bewährungszeit Verurteilten und der bedingt Entlassenen und nach den Vorschlägen der Kommission zusätzliche Abteilungen einrichten, solche Abteilungen mit anderen vereinigen oder diese letzteren abschaffen; er kann ferner bestimmte Ämter oder andere Verwaltungsunterabteilungen in den einzelnen Abteilungen einrichten, vereinigen oder abschaffen.

(2) In jeder Anstalt der Verwaltung der Besserungsanstalten sollen ein Direktor oder ein anderer Verwaltungsleiter und (zwei) beigeordnete Direktoren oder Verwaltungsleiter vorhanden sein (die letzteren bezeichnet als beigeordneter Direktor zur Behandlung bzw. als beigeordneter Direktor zur Überwachung). Der Direktor einer jeden Anstalt ist dem Direktor der Besserungsanstalten für die Überwachung, Aufsicht und Besserungsbehandlung der Gefangenen wie auch für die allgemeine Verwaltung der Anstalt verantwortlich. Die

beigeordneten Direktoren einer jeden Anstalt sollen den Direktor beraten und sind ihm verantwortlich. Der Umfang ihrer Rechte und Pflichten bestimmt sich nach dem, was der Direktor ihnen gemäß den gesetzlichen Vorschriften oder entsprechend den Anweisungen des Direktors der Besserungsanstalten überträgt.

### Sektion 401.4
### Abteilung „Behandlungsdienst"; Stellvertretender Direktor des Behandlungsdienstes

(1) Aufgabe des Behandlungsdienstes ist die Beaufsichtigung der Programme für Erziehung und Schulung, einschließlich der allgemeinbildenden, beruflichen und gewerblichen Schulung; ferner der Besserungsbehandlung und Rehabilitation, sowie der Vorbereitung für bedingte Entlassung in den Anstalten der Verwaltung, nicht jedoch in Anstalten für Jungtäter.

(2) Die Abteilung „Behandlungsdienst" soll von einem Stellvertretenden Direktor des Behandlungsdienstes geleitet werden, der als Berater des Direktors der Besserungsanstalten in bezug auf die Besserungsbehandlung handelt. Seine Rechte und Pflichten werden vom Direktor der Besserungsanstalten bestimmt und ihm von diesem übertragen, der ihn für eine bestimmte Zeit ernennt. Der Stellvertretende Direktor des Behandlungsdienstes soll die erforderliche Erfahrung auf dem Gebiet der Erziehung, Besserungsbehandlung oder Rehabilitierung besitzen, wie auch hinreichende Schulung in den sachdienlichen Disziplinen. Sein Gehalt wird vom Regierungschef (vom Direktor der Besserungsanstalten) innerhalb des hierfür bereitgestellten Budgets festgesetzt.

### Sektion 401.5
### Abteilung „Überwachungsdienst"; Stellvertretender Direktor des Überwachungsdienstes

(1) Aufgabe der Abteilung „Überwachungsdienst" ist die Überwachung und Kontrolle, der Gewahrsam und Schutz und die Disziplin der Gefangenen in den Anstalten der Verwaltung, nicht jedoch in Anstalten für Jungtäter.

(2) Die Abteilung „Überwachungsdienst" soll von einem Stellvertretenden Direktor des Überwachungsdienstes geleitet werden, der als Berater des Direktors der Besserungsanstalten in bezug auf Angelegenheiten der Überwachung und der Disziplin handelt. Seine Rechte und Pflichten werden vom Direktor der Besserungsanstalten bestimmt und ihm von diesem übertragen, der ihn für eine bestimmte Zeit ernennt. Er soll die erforderliche Erfahrung für eine Stellung besitzen, die die Verantwortung für die Leitung von Anstalten oder für die Durchführung von Rechtsvorschriften trägt. Sein Gehalt wird

vom Regierungschef (vom Direktor der Besserungsanstalten) innerhalb des hierfür bereitgestellten Budgets festgesetzt.

### Sektion 401.6
### Abteilung „Besserung von Jungtätern“; Stellvertretender Direktor für die Besserung von Jungtätern

(1) Aufgabe der Abteilung „Besserung von Jungtätern“ ist die Beaufsichtigung der Anstalten und Einrichtungen zur Überwachung und Kontrolle, Behandlung und Rehabilitierung von Jungtätern, sowie, in Zusammenarbeit mit der Kommission für Überwachung der mit Bewährungszeit Verurteilten und der bedingt Entlassenen, das Planen und Errichten verschiedenartiger Einrichtungen und Programme für die Behandlung und Rehabilitierung von Jungtätern.

(2) Die Abteilung „Besserung von Jungtätern“ soll von einem Stellvertretenden Direktor für die Besserung von Jungtätern geleitet werden, der als Berater des Direktors der Besserungsanstalten in Angelegenheiten der Überwachung, Kontrolle und Behandlung von Jungtätern handelt. Seine Rechte und Pflichten werden vom Direktor der Besserungsanstalten bestimmt und ihm von diesen übertragen, der ihn für eine bestimmte Zeit ernennt. Er soll die erforderliche Erfahrung auf dem Gebiet der Führung, Besserungsbehandlung und Rehabilitierung von Jungtätern besitzen oder eine hinreichende Schulung in den sachdienlichen Disziplinen durch eine anerkannte Universität. Sein Gehalt wird vom Regierungschef (vom Direktor der Besserungsanstalten) innerhalb des hierfür bereitgestellten Budgets festgesetzt.

### Sektion 401.7
### Abteilung „Gefangenenarbeit“; Stellvertretender Direktor der Gefangenenarbeit

(1) Aufgabe der Abteilung „Gefangenenarbeit“ ist die allgemeine Beaufsichtigung der gewerblichen Arbeiten in den Anstalten der Verwaltung.

(2) Die Abteilung „Gefangenenarbeit“ wird von einem Stellvertretenden Direktor der Gefangenenarbeit geleitet, der als Berater des Direktors der Besserungsanstalten in bezug auf die gewerblichen Arbeiten in den Anstalten der Verwaltung handelt. Seine Rechte und Pflichten werden vom Direktor der Besserungsanstalten bestimmt und ihm von diesem übertragen, der ihn für eine bestimmte Zeit ernennt. Er soll die erforderliche Erfahrung in der Leitung gewerblicher Arbeiten in Anstalten haben oder auch in der Leitung von Gewerbebetrieben. Sein Gehalt wird vom Regierungschef (vom Direktor der Besserungsanstalten) innerhalb des hierfür bereitgestellten Budgets festgesetzt.

## Sektion 401.8
## Abteilung „Finanzkontrolle"; Stellvertretender Direktor der Finanzkontrolle

(1) Aufgabe der Abteilung „Finanzkontrolle" ist die Errichtung und Anwendung eines Buchführungs- und Rechnungsprüfungssystems (in Übereinstimmung mit den staatlichen Finanzgesetzen) für die Verwaltung der Besserungsanstalten, ihren Anstalten und allen ihren Unterabteilungen und Ausschüssen, abgesehen von der Abteilung für Bedingte Entlassung und dem Ausschuß für Bedingte Entlassung. Die Abteilung „Finanzkontrolle" ist außerdem für die Vorbereitung des jährlichen Haushaltsplanes verantwortlich, den die Verwaltung der Besserungsanstalten für ihre Zwecke für notwendig befindet, nicht jedoch für den jährlichen Haushaltsplan der Abteilung für Bedingte Entlassung und des Ausschusses für Bedingte Entlassung, der gemäß der Sektion 404.1 vorzubereiten ist.

(2) Die Abteilung „Finanzkontrolle" soll von einem Stellvertretenden Direktor für Finanzkontrolle geleitet werden, der als Berater des Direktors der Besserungsanstalten in bezug auf Finanzfragen handelt. Seine Rechte und Pflichten werden vom Direktor der Besserungsanstalten bestimmt und ihm von diesem übertragen, der ihn für eine bestimmte Zeit ernennt. Er soll die erforderliche Erfahrung für eine Stellung besitzen, die die Verantwortung für Buchführung und Betriebsverwaltung trägt, oder auch hinreichende Schulung in sachdienlichen Disziplinen durch eine anerkannte Universität oder Gewerbe- oder Verwaltungsschule. Sein Gehalt wird vom Regierungschef (vom Direktor der Besserungsanstalten) innerhalb des hierfür bereitgestellten Budgets festgesetzt.

## Sektion 401.9
## Abteilung „Forschung und Schulung"; Stellvertretender Direktor für Forschung und Schulung

(1) Aufgabe der Abteilung „Forschung und Schulung" ist:

(a) die Sammlung, Entwicklung und auf-dem-laufenden-Halten statistischen und anderen Materials betreffend die Entscheidungen der Strafgerichte des Staates, die Länge der auferlegten und der tatsächlich verbüßten Strafen; ferner betreffend bedingte Entlassung, den Erfolg oder Mißerfolg derselben, Befreiung von der Beaufsichtigung während der bedingten Entlassung, den Erfolg oder Mißerfolg der Strafaussetzung zur Bewährung, betreffend Rückfälligkeit sowie solch andere Gesichtspunkte in bezug auf Strafbemessung und Besserungsbehandlung, die für die Forschung auf dem Gebiet der Strafanwendung und für den Ausbau der Behandlungsprogramme von Nutzen sein mögen; und

(b) die Durchführung der Schulungsprogramme, die darauf ausgerichtet sind, das Personal mit seinen Aufgaben in den staatlichen Besserungsanstalten und sonstigen Diensten vertraut zu machen, und sowohl die Bildung als auch die Verrichtungen des Besserungspersonals zu verbessern und auf einem höheren Niveau zu halten.

(2) Die Abteilung „Forschung und Schulung“ soll von einem Stellvertretenden Direktor für Forschung und Schulung geleitet werden, der als Berater des Direktors der Besserungsanstalten in bezug auf alle Angelegenheiten der Erforschung der Wirkungen der Strafen handelt. Seine Rechte und Pflichten werden vom Direktor der Besserungsanstalten bestimmt und ihm von diesem übertragen, der ihn für eine bestimmte Zeit ernennt. Er soll die erforderliche Erfahrung in Statistik und den Sozialwissenschaften besitzen, wie auch hinreichende Schulung in sachdienlichen Disziplinen. Sein Gehalt wird vom Regierungschef (vom Direktor der Besserungsanstalten) innerhalb des hierfür bereitgestellten Budgets festgesetzt.

## Sektion 401.10

## Kommission zur Überwachung der mit Bewährungszeit Verurteilten und der bedingt Entlassenen

(1) Die Kommission zur Überwachung der mit Bewährungszeit Verurteilten und der bedingt Entlassenen soll bestehen aus dem Direktor der Besserungsanstalten, dem Vorsitzenden des Ausschusses für Bedingte Entlassung, dem die bedingte Entlassung oder dem die Strafaussetzung zur Bewährung überwachenden Beamten (wahlweise: dem die Strafaussetzung zur Bewährung und die bedingte Entlassung überwachenden Beamten), dem Stellvertretenden Direktor des Behandlungsdienstes, dem Stellvertretenden Direktor für die Besserung von Jungtätern, zwei Strafrichtern (oder Jugendrichtern), die vom Regierungschef bestimmt werden, sowie aus vier Mitgliedern aus der Gemeinde, die vom Regierungschef ernannt werden, und von denen einer ein Psychiater und ein anderer ein berufsmäßiger Erzieher sein soll. Die Juristen und die Mitglieder aus der Gemeinde sollen für die Dauer von ..... Jahren ernannt werden (wahlweise: dienen solange der Regierungschef, der sie ernannt hat, im Amte bleibt, sofern sie nicht früher aus besonderen Gründen entlassen werden); alle anderen Mitglieder dienen, solange sie im Amte sind. Der Direktor der Besserungsanstalten führt den Vorsitz der Kommission. Alle Mitglieder der Kommission dienen unentgeltlich, doch werden ihnen die notwendigen Reisekosten und andere Ausgaben, die ihnen bei Erfüllung ihrer Pflichten als Kommissionsmitglieder entstehen, ersetzt.

(2) Die Kommission soll wenigstens alle drei Monate zusammentreten, oder wann immer sie auf Antrag des Regierungschefs, oder des Stellvertretenden Direktors für die Besserung von Jungtätern gemäß Unterabschnitt (4) dieser Sektion, oder von zwei oder mehr

Mitgliedern der Kommission einberufen wurde, oder auf eigenen Wunsch zusammentritt.

(3) Die Kommission soll den Regierungschef und den Direktor der Besserungsanstalten betreffend die Grundsätze und die Programme der Besserung beraten, insbesondere aber in bezug auf die folgenden Punkte:

(a) das Bedürfnis für neue oder spezialisierte Anstalten, Einrichtungen oder Programme, und deren Ausbau;

(b) das Bedürfnis für Zusammenarbeit und Verbindungen innerhalb der Verwaltung und zwischen der Verwaltung und den Vermittlungsstellen und Hilfsquellen der Gemeinde, um die Wiederangleichung und Rehabilitierung von Gefangengehaltenen oder von bedingt oder zur Bewährung Entlassenen und unter Aufsicht Stehenden zu fördern;

(c) das Bedürfnis für praktische Forschung auf den Gebieten des Strafvollzuges, der Besserungsbehandlung, des Strafrechts oder der verwandten sachdienlichen Disziplinen.

(4) Wann immer der Stellvertretende Direktor für die Besserung von Jungtätern darum ersucht, soll die Kommission zusammentreten, um die Notwendigkeit und die Entwicklung von Diensten und Einrichtungen für Jungtäter, sowie die zur Auswertung der Wirkung der Besserungsbehandlung derselben zu erörtern und die Verwaltung der Besserungsanstalten entsprechend zu beraten.

(5) Die Kommission oder ein oder mehrere Mitglieder derselben können jede beliebige staatliche oder kommunale Anstalt besuchen und zwecks Überprüfung besichtigen, die zur Gefangenhaltung von Personen dient, die einer Gesetzesverletzung beschuldigt oder wegen einer solchen verurteilt oder die gemäß dem Gesetz dorthin zurücküberwiesen sind. Sie sollen den Direktor der Besserungsanstalten in bezug auf den äußeren Zustand dieser Anstalten, ihre Leitung, ihre Programme, ihre allgemeine Angemessenheit oder Unzulänglichkeit, und die in ihnen herrschende Disziplin unterrichten. Die Kommission oder ein oder mehrere Mitglieder derselben sollen ungehinderten Zutritt zu den Grundstücken und Gebäuden, sowie zu den Büchern und Akten jeder solchen Anstalt haben, wie auch das Recht, Zeugen vorzuladen, und in bezug auf die Anstalt Beweise aufzunehmen oder Zeugen eidlich zu vernehmen.

(6) Die Kommission kann einen Direktor oder anderes Personal anstellen, und deren Pflichten festsetzen, je nachdem dies notwendig sein mag, um ihre eigenen Aufgaben zu erfüllen.

## Sektion 401.11

### Besuch und Besichtigung von Anstalten

(1) Der Direktor der Besserungsanstalten oder jeder, den er schriftlich dazu ermächtigt hat, hat das Recht, eine staatliche Anstalt für

die Gefangenhaltung von Personen, die einer Gesetzesverletzung beschuldigt oder wegen einer solchen verurteilt oder gemäß gesetzlicher Vorschriften dorthin zurücküberwiesen sind, zu besuchen und zu besichtigen. Er soll ungehinderten Zutritt zu den Grundstücken und Gebäuden, zu den Büchern und Akten jeder solcher Anstalt haben, und kann den Direktor oder einen anderen Leiter solcher Anstalt ersuchen, ihm über die Anstalt entweder persönlich oder schriftlich durch Antworten auf einem Fragebogen Auskunft zu erteilen. Ihm steht das Recht zu, in Verbindung mit der Inspektion einer solchen Anstalt Vorladungen zu erlassen, das Erscheinen von Zeugen und das Vorlegen von Büchern, Papieren und anderen Dokumenten zu erzwingen, die sich auf die Anstalt und ihre Beamten beziehen, Eide abzunehmen und Zeugenaussagen unter Eid aufzunehmen.

(2) Findet der Direktor der Besserungsanstalten, nach Besichtigung einer Anstalt, daß die Gesetze und Vorschriften über den Bau, die Leitung und sonstigen Angelegenheiten einer Anstalt, sowie über die Fürsorge, Überwachung, Behandlung und Disziplin ihrer Insassen verletzt worden sind, oder daß die Gefangenen grausam, nachlässig oder unzulänglich behandelt worden sind, oder daß für deren Unterhalt, Bekleidung, Fürsorge oder ihre Disziplin und Wohlfahrt notwendigen Bedingungen nur unzulänglich Vorsorge getroffen ist, dann soll er den Direktor oder einen anderen Leiter der Anstalt schriftlich auffordern, den Mängeln innerhalb einer ihm unter den gegebenen Umständen als angemessen erscheinenden Frist abzuhelfen. Wird dieser Aufforderung nicht innerhalb der festgesetzten Frist entsprochen, dann kann der Direktor die Schließung der Anstalt bis zu dem Zeitpunkt anordnen, an dem seiner Anordnung Folge geleistet ist. Nach Erlaß der Anordnung der Schließung ist es unzulässig, irgendeine Person in der Anstalt zu internieren. Wann immer die Inspektion einer Anstalt zur Aufdeckung der Verletzung der Vorschriften über ihre Leitung oder den Betrieb führt, hat der Direktor der Besserungsanstalten dies der zuständigen Amtsstelle zur Erzwingung der entsprechenden Vorschriften zu melden.

## Sektion 401.12

### Anstellung und Beförderung von Angestellten; Anwendung des Rechts betreffend den Verwaltungsdienst

Abgesehen von entgegenstehenden Bestimmungen des Code sollen die Beamten und Angestellten der Verwaltung, ihrer Unterabteilungen und Ausschüsse gemäß den den staatlichen Verwaltungsdienst regelnden Gesetzen ernannt, befördert und entlassen werden. Die Kommission für den Verwaltungsdienst (oder eine andere zuständige Körperschaft) soll in Übereinstimmung mit den gesetzlichen Bestimmungen die Grundsätze für die Anstellung und Beförderung des Personals festsetzen.

# Artikel 402
# AUSSCHUSS FÜR BEDINGTE ENTLASSUNG

## Sektion 402.1
## Zusammensetzung und Amtsdauer des Ausschusses für Bedingte Entlassung

(1) In der Verwaltung der Besserungsanstalten ist ein selbständiger Ausschuß für Bedingte Entlassung zu bilden. Er besteht aus ... Mitgliedern (nicht weniger als drei und nicht mehr als neun), die vom Regierungschef nach Vorschlägen von (aus einer Liste von Kandidaten, unterbreitet von) der Kommission für Überwachung der mit Bewährungzeit Verurteilten und der bedingt Entlassenen ernannt werden. Die Mitglieder sollen einwandfreien Charakter und vernünftiges Urteil sowie besondere Sachkenntnis besitzen, erworben durch Schulung oder Erfahrung auf Gebieten, die sich auf die Anwendung von Besserungsmaßnahmen und die Wirkung von Strafen beziehen. Wenigstens ein Mitglied des Ausschusses soll der Anwaltschaft dieses Staates angehören. Die Amtsdauer eines jeden Mitglieds soll sechs Jahre betragen und bis zur Ernennung des Nachfolgers fortdauern, doch sollen von den zuerst ernannten Mitgliedern des Ausschusses ... nur für zwei Jahre, ... für vier Jahre und ... für sechs Jahre ernannt werden. Ein Mitglied, das eine Stelle einnehmen soll, die nicht durch Ablauf einer Amtszeit frei geworden ist, soll für den Rest der noch nicht abgelaufenen Amtszeit des Mitglieds ernannt werden, dessen Nachfolger er ist. Mitglieder können für weitere Amtszeiten von sechs Jahren wieder ernannt werden. Sie können vom Regierungschef nur wegen Bestechlichkeit oder Unfähigkeit entlassen werden, und nur, nachdem ihnen Gelegenheit zu einem Verhör gewährt worden war. Eines der Mitglieder soll vom Regierungschef jeweils für eine bestimmte Zeit dazu bestimmt werden, den Vorsitz des Ausschusses während seiner Amtszeit zu führen.

(2) Die Mitglieder sind hauptberuflich angestellt und dürfen nicht ein anderes Gewerbe betreiben, einen anderen Beruf ausüben oder ein anderes öffentliches Amt bekleiden. Kein Mitglied darf zur Zeit seiner Ernennung oder während seiner Amtsdauer als Vertreter einer politischen Partei fungieren oder ihrem Vorstand oder Verwaltungsausschuß angehören oder leitender Beamter oder Angestellter einer politischen Partei, Organisation, Vereinigung oder Kommission sein. Jedem Mitglied des Ausschusses steht ein Jahresgehalt zu, das vom Regierungschef innerhalb des hierfür bereitgestellten Budgets festgesetzt wird, und das sich auf nicht weniger als ..... belaufen soll. Ihm sind ferner die notwendigen Reisekosten zu ersetzen sowie die Ausgaben, die ihm bei Erfüllung seiner Pflichten erwachsen.

## Sektion 402.2
### Rechte und Pflichten des Ausschusses für Bedingte Entlassung

(1) In Übereinstimmung mit Artikel 305 soll der Ausschuß für Bedingte Entlassung:

(a) die Zeit der bedingten Entlassung eines Gefangenen bestimmen, der für bedingte Entlassung in Frage kommt;

(b) die Bedingungen für eine bedingte Entlassung festsetzen, sie widerrufen, den Erlaß von Haftbefehlen gegen Verletzer der bedingten Entlassung beantragen und geringere Strafen als den Widerruf für eine Verletzung der Bedingungen der bedingten Entlassung auferlegen;

(c) die Zeit der endgültigen Entlassung aus der bedingten Entlassung bestimmen;

[(d) in Übereinstimmung mit Artikel 404 den die bedingte Entlassung überwachenden Beamten ernennen und die Grundsätze der Abteilung „Bedingte Entlassung" aufstellen und deren Durchführung beaufsichtigen].*

(2) Auf Ersuchen des Regierungschefs soll der Ausschuß für Bedingte Entlassung ihn in bezug auf die Anträge auf Begnadigung, auf Gewährung einer Gnadenfrist oder auf Strafumwandlung beraten und, wenn darum ersucht, Nachforschungen anstellen und Berichte über die Tatsachen und Umstände sammeln, unter denen ein Gefangener die Straftat beging, ferner über seine früheren Straftaten, seinen Umgang mit Menschen und seinen körperlichen, geistigen und seelischen Zustand, soweit solche Berichte für die Entscheidung über seinen Antrag von Bedeutung sein können.

(3) Der Ausschuß für Bedingte Entlassung soll mit der Kommission zur Überwachung der mit Bewährungszeit Verurteilten und der bedingt Entlassenen bei der Entwicklung und Förderung wirksamer Grundsätze für die bedingte Entlassung zusammenarbeiten.

(4) Der Ausschuß für Bedingte Entlassung soll jährlich am oder vor dem ..... dem Direktor der Besserungsanstalten einen genauen Bericht über seine Arbeiten im vorausgehenden Kalenderjahr übersenden. Der Jahresbericht soll von dem Direktor der Besserungsanstalten dem Regierungschef zur Unterbreitung an die gesetzgebende Körperschaft übersandt werden.

(5) Dem Ausschuß für Bedingte Entlassung oder jedem seiner Mitglieder steht das Recht zu, in Verfolg der Ausübung seiner Amtspflichten Vorladungen zu erlassen, das Erscheinen von Zeugen und die Vorlage von Büchern, Papieren und anderen Dokumenten, die für

---

* Die wahlweise vorgesehenen Vorschriften in den Sektionen 402.2 (1) (d), 404.1 (2) und 404.2 dienen dazu, klarzustellen, daß die Kontrolle über die Abteilung für Bedingte Entlassung eher dem Ausschuß für Bedingte Entlassung als dem Direktor der Besserungsanstalten übertragen werden soll. Wenn angewendet müssen sie daher auf einander abgestellt werden.

den Gegenstand seiner Untersuchung sachdienlich sind, zu erzwingen, Eide abzunehmen und Zeugenaussagen unter Eid aufzunehmen.

### Sektion 402.3
### Jungtäterabteilung des Ausschusses für Bedingte Entlassung

(1) Von Zeit zu Zeit soll der Ausschuß für Bedingte Entlassung einen oder mehrere seiner Mitglieder dazu bestimmen, eine Jungtäterabteilung des Ausschusses zu bilden. Alle Entscheidungen des Jungtäterausschusses sollen durch Mehrheitsbeschluß gefällt werden; besteht jedoch die Jungtäterabteilung aus weniger als drei Mitgliedern, dann sollen ihre Entscheidungen nicht wirksam werden, bevor sie durch einen Mehrheitsbeschluß der beschlußfähigen Mitgliederzahl des Ausschusses für Bedingte Entlassung bestätigt worden sind. Ist eine Jungtäterabteilung errichtet, dann hat sie alle Rechte und Pflichten des Ausschusses in bezug auf Jungtäter, die zur Überwachung in die Abteilung „Jungtäterbesserung" der Verwaltung der Besserungsanstalten eingewiesen sind.

(2) Der Ausschuß für Bedingte Entlassung oder die Jungtäterabteilung, falls eine solche gebildet ist, soll:

(a) jeden Jungtäter, der gemäß Sektion 6.05 (2) zu einer Freiheitsstrafe ohne Mindestdauer aber mit einer Höchstdauer von vier Jahren verurteilt ist, im Hinblick auf seine bedingte Entlassung verhören. Das Verhör soll innerhalb von 90 Tagen nach der Einweisung stattfinden, um das Datum der Entlassung festzusetzen oder den Fall für eine spätere nochmalige Erwägung zu vertagen;

(b) jeden Jungtäter, der der Verwaltung der Besserungsanstalten vor dem Strafausspruch zur Beobachtung und Untersuchung in einer Empfangszentrale zurücküberwiesen worden ist, vernehmen, und aufgrund des Studiums der ihn betreffenden Berichte dem Gericht die Ergebnisse mitteilen und Vorschläge vor dem Strafausspruch machen;

(c) mit dem Stellvertretenden Direktor der Abteilung zur Besserung von Jungtätern über die Grundsätze der Besserungsbehandlung und die Programme beraten, die in Anstalten und den Einrichtungen zur Behandlung von Jungtätern angewendet werden sollen, wie auch über Programme für besonders eingehende Besserungs- und Rehabilitierungsbehandlung, soweit sie für einzelne Rechtsbrecher erforderlich sein mögen.

## Artikel 403
## VERWALTUNG DER ANSTALTEN

### Sektion 403.1
### Ernennung des Personals

(1) Der Direktor der Besserungsanstalten soll nach Beratung mit der Kommission zur Überwachung der mit Bewährungszeit Verurteil-

ten und der bedingt Entlassenen und in Übereinstimmung mit den Gesetzen des staatlichen Verwaltungsdienstes für jede Besserungsanstalt seiner Verwaltung den Direktor oder einen anderen Verwaltungsleiter ernennen. Der Direktor soll soviele berufliche, technische, fachlich erprobte und andere Unterbeamte und Angestellte ernennen, wie für eine wirksame Verwaltung der Besserungsanstalten der Verwaltung in Übereinstimmung mit den Gesetzen des staatlichen Verwaltungsdienstes erforderlich sein mögen. Bei der Anstellung von Angestellten soll er die Vorschläge der Direktoren oder der anderen Verwaltungsleiter der einzelnen Anstalten in Betracht ziehen.

(2) Die (zuständige Behörde) des Landbezirks, der Stadt oder (einer anderen kommunalen Unterabteilung des Staates) soll für jede Besserungsanstalt einer solchen Unterabteilung den Direktor oder einen anderen Verwaltungsleiter in Übereinstimmung mit den Gesetzen des staatlichen Verwaltungsdienstes und vorbehaltlich der Zustimmung des Direktors der Besserungsanstalten ernennen. Falls Besserungsanstalten mehreren kommunalen Unterabteilungen eines Staates dienen, soll die Ernennung in einheitlicher Weise durch die (zuständigen Behörden) dieser Unterabteilungen gemeinsam erfolgen. Der Direktor oder ein anderer Verwaltungsleiter solch einer Besserungsanstalt soll soviele berufliche, technische, fachlich erprobte oder andere Unterbeamte und Angestellte anstellen, wie für eine wirksame Verwaltung der Besserungsanstalt in Übereinstimmung mit den Gesetzen des staatlichen Verwaltungsdienstes und mit den Dienstvorschriften der Verwaltung der Besserungsanstalten erforderlich sein mögen.

(3) Das in dem Überwachungs- und Behandlungsprogramm genannte Personal der Anstalten soll diejenige Schulung oder Erfahrung in Fragen der Besserungsbehandlung besitzen, welche die (Kommission für den staatlichen Verwaltungsdienst) nach dem Gutachten des Direktors der Besserungsanstalten für erforderlich halten mag.

(4) Eine männliche Person soll nicht für eine Stellung ernannt oder bestimmt werden, zu deren Aufgaben die unmittelbare Beaufsichtigung oder Kontrolle weiblicher Gefangener gehört.

(5) Nichtbeamtete Lehrer, die eine Bescheinigung über ihre Ausbildung vom (Ministerium für Erziehung) besitzen, sollen, soweit zweckmäßig, zur allgemeinen und beruflichen Schulung der Gefangenen herangezogen werden.

(6) Jeder, der im Rahmen des Überwachungs- oder Behandlungsprogramms einer Besserungsanstalt als Beamter oder Angestellter neu angestellt ist, soll an einem Schulungsprogramm für Neuangestellte teilnehmen. Jeder Beamte und Angestellter der Verwaltung der Besserungsanstalten soll an einem Schulungsprogramm für die im-Dienst-Befindlichen teilnehmen, soweit der Direktor der Besserungsanstalten dies von Zeit zu Zeit anzuordnen für nötig hält.

## Sektion 403.2
### Rechte und Pflichten der Direktoren und anderer Verwaltungsleiter von staatlichen und kommunalen Anstalten

Der Direktor oder ein anderer Verwaltungsleiter einer Besserungsanstalt der Verwaltung der Besserungsanstalten oder eines Landbezirks, einer Stadt oder (einer anderen kommunalen Unterabteilung des Staates) ist der für die Durchführung der Dienstvorschriften verantwortliche Beamte und, vorbehaltlich der durch das Gesetz dem Direktor der Besserungsanstalten übertragenen beaufsichtigenden Amtsbefugnisse, für eine wirksame und zugleich menschenfreundliche Leitung der Anstalt und für ihre Sicherheit verantwortlich. Zu den Rechten und Pflichten seiner Amtsführung gehören:

(1) Gefangene, die in die Verwaltung eingewiesen und von ihr in die Anstalt überführt oder in die Anstalt ordnungsmäßig unmittelbar eingewiesen worden sind, in Empfang zu nehmen, in Gefangenschaft zu halten und zu entlassen;

(2) die gesetzlichen Vorschriften und die Dienstvorschriften der Besserungsanstalten betreffend die Verwaltung der Anstalt, die Leitung seiner Beamten und die Behandlung, Schulung, Beschäftigung, Fürsorge, Disziplin und Überwachung der Gefangenen durchzuführen;

(3) geeignete Maßnahmen für die Sicherheit der Gefangenen und des Personals der Anstalt zu treffen;

(4) geeignete Maßnahmen zu treffen, um das Entweichen von Gefangenen zu verhindern und ihre Wiederergreifung zu fördern;

(5) die Gebäude, Grundstücke und Einrichtungen der Anstalt instand zu halten und zu verbessern;

(6) dem Direktor bezüglich der Anstellung von beruflichen, technischen, praktisch erprobten und anderen Unterbeamten und Angestellten in Übereinstimmung mit Sektion 403.1 (1) Vorschläge zu machen, falls es sich um eine Anstalt der Verwaltung der Besserungsanstalten handelt, und solche Unterbeamte und Angestellte in Übereinstimmung mit Sektion 403.1 (2) zu ernennen, falls es sich um Anstalten der Landbezirke, Städte oder (einer anderen kommunalen Unterabteilung des Staates) handelt.

(7) Dienstvorschriften insbesondere für die Leitung und den Arbeitsbetrieb der Anstalt und für die sachgemäße Einstufung und Trennung der Gefangenen aufzustellen und zu handhaben, und zwar in Übereinstimmung mit den Bestimmungen dieses Code und den allgemeinen Grundsätzen und Dienstvorschriften der Verwaltung, vorbehaltlich der zuvor eingeholten Genehmigung dieser Vorschriften seitens des Direktors der Besserungsanstalten;

(8) gemäß den Vorschriften der Sektionen 303.2 oder 304.3 das Gefangenenbuch der Anstalt zu führen, desgleichen die Akten über die Leitung und den Arbeitsbetrieb der Anstalt, einschließ-

lich der Berichte über die gewerblichen Arbeiten und die Anlage der Löhne der Gefangenen; schließlich auch dem Direktor der Besserungsanstalten, sobald dieser dies anfordert, hierüber zu berichten.

### Sektion 403.3
**Absonderung weiblicher Gefangener**

Kein weiblicher Gefangener, der der Verwaltung überwiesen ist, darf in einer Besserungsanstalt, die für die Internierung von Männern benutzt wird, gefangen gehalten werden.

## Artikel 404
## ABTEILUNG FÜR BEDINGTE ENTLASSUNG

### Sektion 404.1
**Abteilung für Bedingte Entlassung; Inspektor der Bedingten Entlassung**

(1) Aufgabe der Abteilung für Bedingte Entlassung ist die Handhabung des Bedingten Entlassungdienstes in der Gemeinde. Die Abteilung setzt sich aus den für den Bedingten Entlassungsdienst außerhalb der Anstalt notwendigen und denjenigen anderen Angestellten zusammen, die erforderlich sein mögen, die von diesem Dienst zu erfüllenden Aufgaben durchzuführen.

(2) Die Abteilung für Bedingte Entlassung steht unter der Leitung des Inspektors der Bedingten Entlassung. Er soll vom Regierungschef (dem Direktor der Besserungsanstalten) (wahlweise: dem Ausschuß für Bedingte Entlassung)* für eine von ihm festzusetzende Zeit ernannt werden. Der Inspektor der Bedingten Entlassung soll sachgemäße Erfahrung in der Handhabung der Besserungsmaßnahmen außerhalb der Anstalt besitzen oder sachgemäße Schulung in den einzelnen Disziplinen durch eine anerkannte Universität. Sein Gehalt ist vom Regierungschef (dem Direktor der Besserungsanstalten) (dem Ausschuß) innerhalb des hierfür bereitgestellten Budgets festzusetzen.

(3) Die Abteilung für Bedingte Entlassung soll (in Übereinstimmung mit den staatlichen Finanzgesetzen) ihr eigenes Buchführungs- und Buchprüfungssystem besitzen und soll ihren eigenen Jahreshaushaltsplan vorbereiten und unterbreiten, einschließlich des Jahreshaushaltsplans des Ausschusses für Bedingte Entlassung, jedoch abgesondert von dem Jahreshaushaltsplan der Verwaltung der Besserungsanstalten.

---

* Vgl. Sektion 402.2 (1) (d).

## Sektion 404.2
## Rechte und Pflichten des Inspektors der Bedingten Entlassung

(Vorbehaltlich der vom Ausschuß für Bedingte Entlassung aufgestellten Grundsätze)* soll der Inspektor der Bedingten Entlassung:

(1) Maßstäbe, Grundsätze und Verfahren des Bedingten Entlassungsdienstes außerhalb der Anstalt aufstellen und handhaben;

(2) Distriktsaufseher der Bedingten Entlassung ernennen, wie auch Beamte für den Bedingten Entlassungsdienst außerhalb der Anstalt und andere Angestellte, die erforderlich sein mögen, um eine angemessene Beaufsichtigung aller aus den staatlichen Besserungsanstalten bedingt Entlassenen durchzuführen, sowie die Rechte und Pflichten dieser Beamten und Angestellten bestimmen;

(3) mit dem Ausschuß für Bedingte Entlassung, den Gerichten für Strafsachen, dem Stellvertretenden Direktor des Behandlungsdienstes, den Anstaltsbeamten für Bedingte Entlassung und dem anderen Anstaltspersonal eng zusammenarbeiten;

(4) dem Ausschuß für Bedingte Entlassung in Fällen der Verletzung der Bedingungen der bedingten Entlassung Vorschläge machen; auf Anweisung des Ausschusses Haftbefehle gegen diejenigen erlassen, die die Bedingungen der bedingten Entlassung verletzt haben; die Direktoren oder andere Verwaltungsleiter der Anstalten von Entscheidungen des Ausschusses in Kenntnis setzen, und auf Anweisung des Ausschusses Bescheinigungen über bedingte Entlassung wie auch über den Widerruf der bedingten Entlassung für die Anstalten ausstellen und für die bedingt Entlassenen Bescheinigungen über die endgültige Entlassung des bedingt Entlassenen;

(5) die Vorschriften der Sektion 404.1 (3) in Zusammenarbeit mit dem Ausschuß für Bedingte Entlassung durchführen.

## Sektion 404.3
## Organisation und Pflichten des Bedingten Entlassungsdienstes außerhalb der Anstalten

(1) Der Bedingte Entlassungsdienst außerhalb der Anstalten wird von den für diesen Dienst bestellten Beamten gehandhabt, die unter der unmittelbaren Leitung der Distriktsaufseher für die Bedingte Entlassung und unter der Oberleitung des Inspektors der Bedingten Entlassung stehen. Die Aufgabe dieses Dienstes besteht in der Erforschung des Verhaltens, der Beaufsichtigung und Unterstützung der bedingt Entlassenen. Der Bedingte Entlassungsdienst außerhalb der Anstalt soll mit einer hinreichend großen Anzahl von Beamten versehen sein, so daß kein Beamter mit mehr Fällen belastet wird, als

* Vgl. Sektion 402.2 (1) (d).

mit einer sachgemäßen Nachforschung und Beaufsichtigung vereinbar ist.

(2) Beamte des Bedingten Entlassungsdienstes außerhalb der Anstalt sollen:

(a) vor der bedingten Entlassung eines Gefangenen in Zusammenarbeit mit den Anstaltsbeamten für Bedingte Entlassung und dem Ausschuß für Bedingte Entlassung Nachforschungen anstellen, um über die Angemessenheit der Pläne für die bedingte Entlassung zu entscheiden, die von Gefangenen unterbreitet sind, die für bedingte Entlassung in Frage kommen, und außerdem sachgemäße Vorbereitungen für deren bedingte Entlassung zu treffen;

(b) die bedingt Entlassenen darin unterstützen, sich den Bedingungen anzupassen, unter denen sie bedingt entlassen sind, und sich erfolgreich in eine Gemeinde einzufügen;

(c) die bedingt Entlassenen beaufsichtigen, und hierbei von Zeit zu Zeit die Wohnung eines jeden bedingt Entlassenen aufsuchen und verlangen, daß jeder bedingt Entlassene sich so häufig bei dem Beamten, dem er zugeteilt ist, meldet, wie dies im Hinblick auf seine Persönlichkeit und seine Anpassungsfähigkeit erforderlich erscheint, nicht häufiger jedoch als zweimal im Monat während des ersten Jahres der bedingten Entlassung, es sei denn, daß es sich um ungewöhnliche Fälle handelt;

(d) bedingt Entlassene warnen, wenn diese in Gefahr geraten, die ihnen auferlegten Bedingungen zu verletzen, und dem zuständigen Distriktsaufseher ernste oder wiederholte Verletzungen melden, die ein Eingreifen des Ausschusses für Bedingte Entlassung erfordern mögen, in dringenden Fällen auch das Recht der Verhaftung ausüben, wie es in Sektion 305.16 vorgesehen ist;

(3) Distriktsaufseher für Bedingte Entlassung sollen:

(a) regelmäßig dem Inspektor der Bedingten Entlassung über die Anpassung der ihrer Aufsicht unterstellten bedingt Entlassenen berichten:

(b) den Inspektor der Bedingten Entlassung davon in Kenntnis setzen, wenn nach ihrer Ansicht das Verhalten und die Gesinnung eines bedingt Entlassenen sein Freiwerden von der Beaufsichtigung rechtfertigt, oder wenn die Verletzung der Bedingungen durch einen bedingt Entlassenen ernst genug ist, um ein Eingreifen des Ausschusses für Bedingte Entlassung erforderlich erscheinen zu lassen, und in dringlichen Fällen das Recht der Verhaftung ausüben, wie es in Sektion 305.16 vorgesehen ist.

Zur Wahl gestellter Artikel 404.

# ABTEILUNG FÜR STRAFAUSSETZUNG ZUR BEWÄHRUNG UND FÜR BEDINGTE ENTLASSUNG

## Sektion 404.1
**Abteilung für Strafaussetzung zur Bewährung und für Bedingte Entlassung; Inspektor der Strafaussetzung zur Bewährung und der Bedingten Entlassung**

(1) Aufgabe der Abteilung für Strafaussetzung zur Bewährung und für Bedingte Entlassung ist die Handhabung des Dienstes bei Strafaussetzung zur Bewährung und bei bedingter Entlassung in der Gemeinde. Die Abteilung setzt sich aus den für den Dienst bei Strafaussetzung zur Bewährung und bei Bedingter Entlassung außerhalb der Anstalt notwendigen und denjenigen anderen Angestellten zusammen, die erforderlich sein mögen, die von diesen Diensten zu erfüllenden Aufgaben durchzuführen.

(2) Die Abteilung für Strafaussetzung zur Bewährung und für Bedingte Entlassung steht unter der Leitung eines Inspektors der Strafaussetzung zur Bewährung und der Bedingten Entlassung. Er soll vom Regierungschef (dem Direktor der Besserungsanstalten) für eine von ihm festzusetzende Zeit ernannt werden. Der Inspektor der Strafaussetzung zur Bewährung und der Bedingten Entlassung soll sachgemäße Erfahrung in der Handhabung der Besserungsmaßnahmen besitzen oder sachgemäße Schulung in den einschlägigen Disziplinen durch eine anerkannte Universität. Sein Gehalt ist vom Regierungschef (dem Direktor der Besserungsanstalten) innerhalb des hierfür bereitgestellten Budgets festzusetzen.

## Sektion 404.2
**Rechte und Pflichten des Inspektors der Strafaussetzung zur Bewährung und der Bedingten Entlassung**

Der Inspektor der Strafaussetzung zur Bewährung und der Bedingten Entlassung soll:

(1) die Handhabung der Strafaussetzung zur Bewährung und der Bedingten Entlassung in dem Staat beaufsichtigen und im Einvernehmen mit der Kommission zur Überwachung der mit Bewährungszeit Verurteilten und der bedingt Entlassenen Grundsätze, Maßstäbe und Verfahren festlegen und Regeln und Dienstvorschriften für den Bewährungs- und den Bedingten Entlassungsdienst außerhalb der Anstalten aufstellen, und zwar in bezug auf Nachforschungen und Beaufsichtigung der Strafaussetzung zur Bewährung und der Bedingten Entlassung, sowie in bezug auf die Behandlung der Einzelfälle, die Belastung der Bewährungsbeamten mit Einzelfällen und das Einreichen von Berichten;

(2) Distriktsaufseher der Strafaussetzung zur Bewährung und der Bedingten Entlassung ernennen, wie auch Beamte für diese Dienste außerhalb der Anstalten und andere Angestellte, die erforderlich sein mögen, um eine angemessene Aufsicht über diejenigen durchzuführen, deren Strafen zur Bewährung ausgesetzt sind, sowie eine angemessene Aufsicht über die bedingt Entlassenen, sowie Rechte und Pflichten dieser Angestellten bestimmen;

(3) mit der Kommission für Überwachung der mit Bewährungszeit Verurteilten und der bedingt Entlassenen, mit dem Ausschuß für Bedingte Entlassung, den Gerichten für Strafsachen, dem Stellvertretenden Direktor des Behandlungsdienstes, den Anstaltsbeamten für Bedingte Entlassung und dem anderen Anstaltspersonal eng zusammenarbeiten;

(4) dem Ausschuß für Bedingte Entlassung in Fällen der Verletzung der Bedingungen der bedingten Entlassung Vorschläge machen; auf Anweisung des Ausschusses Haftbefehle gegen diejenigen erlassen, die die Bedingungen der bedingten Entlassung verletzt haben, die Direktoren oder andere Verwaltungsleiter der Anstalten von Entscheidungen des Ausschusses in Kenntnis setzen, und auf Anweisung des Ausschusses Bescheinigungen über bedingte Entlassung wie auch über den Widerruf der bedingten Entlassung für die Anstalten ausstellen und für die bedingt Entlassenen Bescheinigungen über die endgültige Entlassung des bedingt Entlassenen.

### Sektion 404.3
### Organisation und Pflichten des Dienstes bei Strafaussetzung zur Bewährung und bei Bedingter Entlassung außerhalb der Anstalten

(1) Der Dienst bei Strafaussetzung zur Bewährung und bei Bedingter Entlassung wird außerhalb der Anstalten von den für diese Dienste bestellten Beamten gehandhabt, die unter der unmittelbaren Leitung des Distriktsaufsehers für Strafaussetzung und Bedingte Entlassung und unter der Oberleitung des Inspektors der Strafaussetzung zur Bewährung und der bedingten Entlassung stehen. Die Aufgabe dieses Dienstes besteht in der Erforschung des Verhaltens, der Beaufsichtigung und Unterstützung der bedingt Entlassenen, in Nachforschungen, die dem Strafausspruch vorausgehen, und über das Verhalten während der Bewährungszeit, und in der Beaufsichtigung derjenigen, deren Strafen zur Bewährung ausgesetzt sind. Der Dienst bei Strafaussetzung zur Bewährung und bei Bedingter Entlassung außerhalb der Anstalten soll mit einer hinreichend großen Anzahl von Beamten versehen sein, so daß kein Beamter mit mehr Fällen belastet wird, als mit einer sachgemäßen Nachforschung oder Beaufsichtigung vereinbar ist.

(2) Beamte des Bewährungs- und Bedingten Entlassungsdienstes außerhalb der Anstalten sollen:

(a) diejenigen Nachforschungen, die dem Strafausspruch vorausgehen, und über das Verhalten während der Bewährungszeit anstellen, die nach dem Gesetz erforderlich oder von dem Gericht, dem die Beamten angegliedert sind, gewünscht werden, sowie in Zusammenarbeit mit dem Anstaltsbeamten für bedingte Entlassung und dem Ausschuß für Bedingte Entlassung Nachforschungen anstellen, um über die Angemessenheit der Pläne für die bedingte Entlassung zu entscheiden, die von Gefangenen unterbreitet sind, die für bedingte Entlassung in Frage kommen; ferner sachgemäße Vorbereitungen für deren bedingte Entlassung zu treffen, die bedingt Entlassenen darin zu unterstützen, sich den Bedingungen anzupassen, unter denen sie bedingt entlassen sind, und sich erfolgreich in eine Gemeinde einzufügen;

(b) Bewährungspflichtige und bedingt Entlassene beaufsichtigen, und hierbei von Zeit zu Zeit die Wohnung eines jeden Bewährungspflichtigen und bedingt Entlassenen aufsuchen und verlangen, daß er sich bei dem Beamten so häufig meldet, wie dies ihm auferlegt ist, und zwar im Falle eines Bewährungspflichtigen durch Verfügung des Gerichts in Übereinstimmung mit Sektion 301.1, oder auch im Falle von Bewährungspflichtigen oder bedingt Entlassenen durch den Beamten selbst, wobei die Persönlichkeit und Anpassungsfähigkeit des Bewährungspflichtigen oder bedingt Entlassenen in Betracht zu ziehen ist, nicht häufiger jedoch als zweimal im Monat während des ersten Jahres der Bewährung oder bedingten Entlassung, es sei denn, daß es sich um ungewöhnliche Fälle handelt;

(c) Bewährungspflichtige warnen, wenn diese in Gefahr geraten, die ihnen in Übereinstimmung mit Sektion 301.1 bei der Strafaussetzung zur Bewährung auferlegten Bedingungen zu verletzen, und unter Beachtung des von dem zuständigen Distriktsaufseher aufgestellten Verfahrens dem das Strafurteil fällenden Gericht ernste und wiederholte Verletzungen melden sowie unter Beachtung des soeben genannten Verfahrens dieses Gericht beraten, wenn die Lage, in der ein Bewährungspflichtiger sich befindet, eine Abänderung der Bedingungen erforderlich macht, unter denen ihm eine Bewährungsfrist zugebilligt wurde, oder wenn die Anpassung des Bewährungspflichtigen eine Beendigung der Bewährungsfrist gemäß Sektion 301.2 rechtfertigen würde;

(d) bedingt Entlassene warnen, wenn diese in Gefahr geraten, die ihnen auferlegten Bedingungen zu verletzen, und dem zuständigen Distriktsaufseher ernste und wiederholte Verletzungen melden, die ein Eingreifen des Ausschusses für Bedingte Entlassung erfordern mögen, in dringenden Fällen auch das Recht der Verhaftung ausüben, wie es in Sektion 305.16 vorgesehen ist.

(3) Distriktsaufseher für Bewährungspflichtige und bedingt Entlassene sollen:

(a) Verfahrensgrundsätze für Unterweisung und Leitung der für Strafaussetzung zur Bewährung und Bedingte Entlassung bestimmten Beamten ihres Amtsbereichs aufstellen und sie im Hinblick auf die wirksamste Durchführung ihrer Amtshandlungen beraten;

(b) die zu ihrem Amtsbereich gehörenden Aufseher der Bewährungspflichtigen und bedingt Entlassenen beaufsichtigen und die Sachdienlichkeit ihrer Bearbeitung der Einzelfälle auswerten;

(c) regelmäßig dem Inspektor der Strafaussetzung zur Bewährung und der Bedingten Entlassung über die Tätigkeit der für Strafaussetzung zur Bewährung und Bedingte Entlassung bestimmten Beamten ihres Amtsbereichs berichten, wie auch über die Anpassung der ihrer Aufsicht unterstellten Bewährungspflichtigen und bedingt Entlassenen;

(d) den Inspektor der Strafaussetzung zur Bewährung und Bedingten Entlassung davon in Kenntnis setzen, wenn nach ihrer Ansicht das Verhalten und die Gesinnung eines bedingt Entlassenen sein Freiwerden von der Beaufsichtigung rechtfertigt, oder wenn die Verletzung der Bedingungen durch einen bedingt Entlassenen ernst genug ist, um ein Eingreifen des Ausschusses für Bedingte Entlassung erforderlich erscheinen zu lassen, und in dringenden Fällen das Recht der Verhaftung ausüben, wie es in Sektion 305.16 vorgesehen ist.

## Artikel 405
## BEWÄHRUNGSABTEILUNG

### Sektion 405.1
### Bewährungsabteilung; Bewährungsinspektor

(1) Aufgabe der Bewährungsabteilung ist die allgemeine Beaufsichtigung des Bewährungsdienstes im Staate; außerdem die Aufstellung von Bewährungsgrundsätzen und -maßstäben, sowie die Handhabung des Bewährungsdienstes außerhalb der Anstalten in jeden Landbezirk oder jedem anderen Verwaltungsabschnitt dieses Staates, die keinen eigenen Bewährungsdienst haben. Die Abteilung besteht aus den für den Bewährungsdienst außerhalb der Anstalten notwendigen und denjenigen anderen Angestellten, die erforderlich sind, seine Aufgaben durchzuführen.

(2) Die Bewährungsabteilung soll unter der Leitung des Bewährungsinspektors stehen. Er soll vom Regierungschef (dem Direktor der Besserungsanstalten) für eine von ihm festzusetzende Zeit ernannt werden. Der Bewährungsinspektor soll sachgemäße Erfahrung auf dem Gebiet der Handhabung der Besserungsmaßnahmen haben

oder sachgemäße Schulung in den einschlägigen Disziplinen durch eine anerkannte Universität. Sein Gehalt ist vom Regierungschef (dem Direktor der Besserungsanstalten) innerhalb des hierfür bereitgestellten Budgets festzusetzen.

### Sektion 405.2
### Rechte und Pflichten des Bewährungsinspektors

Der Bewährungsinspektor soll:

(1) die Handhabung des Bewährungsdienstes im Staat beaufsichtigen und im Einvernehmen mit der Kommission zur Überwachung der mit Bewährungszeit Verurteilten und der bedingt Entlassenen Grundsätze und Maßstäbe aufstellen und Regeln und Dienstvorschriften in bezug auf Nachforschungen, Beaufsichtigung, Bearbeitung der Einzelfälle von Bewährungspflichtigen sowie in bezug auf die Belastung und Befähigung der Beamten des Bewährungsdienstes und über die Führung schriftlicher Berichte erlassen;

(2) sich über die Tätigkeit aller Bewährungsabteilungen innerhalb des Staates auf dem laufenden halten und Nachforschungen in bezug auf ihre Leistungsfähigkeit anstellen. Zu diesem Zweck soll er Zutritt zu allen Bewährungsakten und Bewährungsbüros im Staate haben, soll auch Vorladungen erlassen können, um das Erscheinen von Zeugen oder das Vorlegen von Büchern und Schriftstücken zu erzwingen;

(3) in Fällen, die dazu Anlaß geben, die Entlassung eines Bewährungsbeamten aus jeglicher Abteilung des Bewährungsdienstes im Staate vorschlagen;

(4) Distriktsbewährungsaufseher, Beamte für den Bewährungsdienst außerhalb der Anstalten sowie andere Angestellte ernennen, die erforderlich sein mögen, um eine sachgemäße Beaufsichtigung von Personen durchzuführen, die in einem Landbezirk oder einem anderen Verwaltungsabschnitt des Staates, die keinen eigenen Bewährungsdienst haben, mit Strafaussetzung zur Bewährung verurteilt sind, und die Rechte und Pflichten dieser Beamten und Angestellten bestimmen;

(5) mit der Kommission zur Überwachung der mit Bewährungszeit Verurteilten und der bedingt Entlassenen sowie mit den Gerichten für Strafsachen eng zusammenarbeiten.

### Sektion 405.3
### Ausdehnung des Bewährungsdienstes außerhalb der Anstalten durch die Bewährungsabteilung

Im Einvernehmen mit der Kommission zur Überwachung der mit Bewährungszeit Verurteilten und der bedingt Entlassenen kann der Bewährungsinspektor die Ausdehnung des Bewährungsdienstes außerhalb der Anstalten auf jeden Landbezirk oder einen anderen

Verwaltungsabschnitt anordnen, wenn er findet, daß solch ein Bezirk oder Unterabschnitt die Strafgerichte nicht mit einem hinreichenden Bewährungsdienst versieht. Nach Beratung mit den (Strafgerichten in dem in Frage kommenden Bezirk oder Verwaltungsabschnitt) soll der Inspektor über die Ausdehnung und Dauer solchen Dienstes entscheiden. Der Inspektor kann mit den zuständigen Behörden Vereinbarungen über einen teilweisen oder vollständigen, der Verwaltung der Besserungsanstalten zu leistenden Ersatz der durch solchen Dienst entstandenen Kosten treffen.

### Sektion 405.4
### Organisation und Pflichten des Bewährungsdienstes außerhalb der Anstalten

(1) Der Bewährungsdienst außerhalb der Anstalten wird von Bewährungsbeamten gehandhabt, die unter der unmittelbaren Leitung des Distriktsaufsehers des Bewährungsdienstes und unter der Oberleitung des Bewährungsinspektors stehen. Die Aufgabe des Dienstes besteht in Nachforschungen über das dem Strafaufschub vorausgehende und sonstige Verhalten des Bewährungspflichtigen, und in der Beaufsichtigung von Personen, die von einem Gericht eines Bezirks oder einer anderen Verwaltungsunterabteilung, welche gemäß Sektion 405.3 Bewährungsdienste außerhalb der Anstalten empfangen, mit Strafaussetzung zur Bewährung verurteilt worden sind. Der Bewährungsdienst außerhalb der Anstalten soll mit einer hinreichend großen Anzahl von Beamten versehen sein, so daß kein Bewährungsbeamter mit mehr Fällen belastet wird, als mit einer sachgemäßen Nachforschung oder Beaufsichtigung vereinbar ist.

(2) Bewährungsbeamte sollen:

(a) diejenigen Nachforschungen über das dem Strafausspruch vorausgehende und über das Verhalten während der Bewährungszeit anstellen, die nach dem Gesetz erforderlich sein mögen oder von dem Gericht, dem die Beamten angegliedert sind, gewünscht werden;

(b) Bewährungspflichtige beaufsichtigen und hierbei von Zeit zu Zeit die Wohnung eines jeden Bewährungspflichtigen aufsuchen und verlangen, daß er sich bei dem Bewährungsbeamten so häufig meldet, wie dies ihm vom Gericht in Übereinstimmung mit Sektion 301.1 auferlegt ist, oder von dem Bewährungsbeamten selbst im Hinblick auf seine Persönlichkeit und Anpassungsfähigkeit gefordert wird, nicht häufiger jedoch als zweimal im Monat während des ersten Jahres der Bewährung, es sei denn, daß es sich um ungewöhnliche Fälle handelt;

(c) Bewährungspflichtige warnen, wenn diese in Gefahr geraten, die ihnen in Übereinstimmung mit Sektion 301.1 bei der Strafaussetzung zur Bewährung auferlegten Bedingungen zu verletzen, und unter Beachtung des von dem zuständigen Distriktsaufseher aufgestellten Verfahrens dem das Strafurteil fällenden Gericht ernste und wiederholte Verletzungen melden;

(d) unter Beachtung des soeben genannten Verfahrens das das Strafurteil fällende Gericht beraten, wenn die Lage, in der ein Bewährungspflichtiger sich befindet, eine Abänderung der Bedingungen erforderlich macht, unter denen ihm eine Bewährungsfrist zugebilligt wurde, oder wenn die Anpassung des Bewährungspflichtigen eine Beendigung der Bewährungsfrist gemäß Sektion 301.2 rechtfertigen würde.

(3) Distriktsaufseher für Bewährungspflichtige sollen:

(a) Verfahrensgrundsätze für Unterweisung und Leitung der Bewährungsbeamten ihres Amtsbereichs aufstellen und sie im Hinblick auf die wirksamste Durchführung ihrer Amtshandlungen beraten;

(b) die zu ihrem Amtsbereich gehörenden Bewährungsbeamten beaufsichtigen und die Sachdienlichkeit ihrer Bearbeitung der Einzelfälle auswerten;

(c) regelmäßig dem Bewährungsinspektor über die Tätigkeit der Bewährungsbeamten ihres Amtsbereichs berichten, wie auch über die Anpassung der ihrer Aufsicht unterstellten Bewährungspflichtigen.

Kolibri 360 GmbH
Ferdinand-Jühlke-Straße 7
99095 Erfurt, Deutschland
produktsicherheit@kolibri360.de